Sibylle Berg

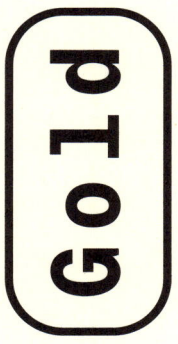

campe paperback

Die Deutsche Bibliothek – CIP-Titelaufnahme
Berg, Sibylle:
Gold / Sibylle Berg. - 1. Aufl. - Hamburg :
Hoffmann und Campe, 2000.
ISBN 3-455-00328-1

Copyright © 2000 by Hoffmann und Campe Verlag, Hamburg
Umschlaggestaltung: Kathrin Steigerwald
Satz: Utesch GmbH, Hamburg
Druck und Bindung: Clausen & Bosse, Leck
Printed in Germany

Inhalt

Alles über Werbung

Alles über die Freizeitaktivitäten von Lesern

Alles über Tiere und Gefühle im allgemeinen

Alles über Dinge, die rollen

Alles über gute Menschen

Alles über kulturelle Angelegenheiten

Alles über Herren mit seltsamen Berufen

Alles, über wie ich Lyrikerin werden wollte

Vorwort

Das ist ein schönes Buch. Das Äußere ist dezent und wertig, und der Inhalt kann sich sehen lassen.
Es sind Geschichten, die nach einer Forsa-Statistik von den Lesern am häufigsten gewünscht werden. Geschichten aus fünf Jahren meines ereignisreichen Lebens. Geschichten zum Lachen und Weinen, über Liebe, SEX (Sex Sells), Massenmörder und ferne Länder. Briefe von unerfreulichen Menschen gibt es und die schönsten Zitate mir lieber Kritiker. In kaum einem anderen Buch hat es ein solches Spektrum an gefühlserzeugenden Storys, kaum eines eignet sich besser zum entspannten Lesespaß in Bus/ Bahn/Badewanne. Ein Buch wie ein intelligent geschmückter Weihnachtsbaum, der an einem Fenster steht, in einem kleinen Bauernhaus, draußen Schnee und Berge, und Oma lebt noch.
Ein Buch, das Ihnen und Ihren Freunden viel Freude schenken wird.

Ihre Sibylle Berg

Alles über
geschlechtliche Dinge

»An ihrem Erstlingsroman *Ein paar Leute suchen das Glück und lachen sich tot* fand offenbar eine männlich orientierte Leserschaft Gefallen, womöglich motiviert vom angenehmen Äußeren der Autorin.«

Frank Gerbert, Focus

Liebe. Davor

Diese Nähe, nicht auszuhalten

Angst 1

Da ist das Mädchen. Steht herum. Schaut in die Luft. Oh, Mann, jetzt Luft sein vor ihren Augen, von denen gestreichelt, durchbohrt, geschleckt werden ...

Das Mädchen zieht den Blick aus der Luft, der Blick schwenkt und trifft ihn. Durch die Netzhaut in den Magen – wumm. Er fällt innerlich um, und dann explodiert es, die Kaldaunen fliegen, und in Sekunden hoppeln Ideen durch seinen Kopf: Mädchen, meins, haben, halten, alt werden, lachen, ficken, aufessen, zusammenziehen, Kinder machen, in Urlaub fahren, nicht mehr aus dem Bett.

Das Mädchen lächelt. Greift sich in die Haare. Spreizt die Beine, die Lippen, ihr Haar ist wie Gold, ihre Haut wie Samt, ihre Augen Seen, ihre Zähne Marmor, die Brüste Handgranaten. Das Mädchen wartet. Bestimmt nicht auf ihn. So eine kann jeden haben. So eine würde, wenn er jetzt zu ihr ginge, stolperte, stammelte, sagen: spinnst du, und dann käme ihr Freund Brad Pitt, und sie würden beide lachen, sich die trainierten Bäuche halten, während er am Boden läge. Und er denkt: Wenn sie nicht lachen würde, träfen sie sich zum Pizzaessen, dann gingen sie zu ihr, er würde auf ihr liegen, und es ginge nicht, weil sie doch so schön wäre, und sie würde lachen, und dann käme Brad Pitt und tät es ihr so recht besorgen.

Und sie wartet, der Abend naht, die Kneipe, die Stadt macht

gleich zu, und er steht und schaut sie an. Dann wird es dunkel, und das Mädchen steht auf, langsam, schaut ihn an, lächelt ihn an und geht weg, als wolle sie nicht gehen, und er steht auf, ganz schnell und denkt: Aha, sie geht, gut daß ich sie nicht angesprochen, sie geht ja, will ja gehen, so geht er heim.
Dort ist es kalt.

Angst 2

Was liegt da herum, denkt sie. So ein zerzaustes Ding. Wie ein kleines Hündchen. Sie hat es auf dem Esoterikmarkt aufgesammelt, weil es so süß und heimatlos geschaut und so schön geredet hat über den Indianerschmuck, den es bastelt, und den Spirit der Indianer. Dann später hat er Gitarre gespielt oder eine Technoplatte aufgelegt, ist egal, kommt aufs selbe raus, und hat noch eins geraucht; und sie hat gegähnt, aber echt nicht wegen ihm. Sie hat ihn angeschaut, und seine Haut war so weich, und hey, hat er gesagt, laß uns nach Vegas reiten, die Sonne putzen.
Das fand sie für einen Moment peinlich, wie eigentlich alles, was er gesagt hat, aber er war doch so süß, und jetzt liegt er hier, dann wacht er auf, zieht sich an, gibt ihr einen Kuß. Und sie lehnt an der Tür und weiß, wies weitergehen wird. Er wird sich nicht mehr melden, und dann wird sie leiden, oder er wird sich melden, und sie wird sich langweilen mit ihm und so leiden, wenn sie ihn dann wegschicken würde. Immer leiden, uff, immer das gleiche, aber wenns Liebe ist, kann man doch nix machen, irgendwas ist immer, das nichts ist. Das ist doch Schicksal, oder?

Angst 3

Wie die Luft schmeckt, frühmorgens um sechs im Herbst. Fließt in die Lungen, wie Leben, die Luft, die Welt lächelt, ab heute fängt ein neues Leben an. Eines, wie er es nur aus Filmen kennt, aus Träumen, aus kurzen Momenten, wenn er Musik hört, die Augen schließt und das Herz ganz schnell wird. Er hatte sie gestern wieder getroffen. Sie waren aufeinander geflogen, hatten sich ineinander verschlungen, und er hatte sie gefühlt, die Worte gekannt, den Sinn dahinter, ihren Geruch, alles machte ihn wissen, daß er angekommen war, nach Hause, ans Ufer, aufs Boot.

Die ganze Nacht, bis der Morgen kam, und die Trennung hatte weh getan, doch er wußte, es war nicht für lange. Er stand vor dem Spiegel, sah sein Eingerichtetsein. Das Bad, wie es glänzte, wie sein Leben funktionierte, und sein Gesicht so müde darin.

Er dachte an sie, und es wurde ihm warm, und er ging durch seine Wohnung, sein Leben und setzte sich ans Fenster, da war es kalt. Sie war ihm so nah gewesen, aber vielleicht hatte er sich das nur eingebildet. Vielleicht war er betrunken gewesen, und war das überhaupt wahr, oder hatte er sich das alles nur eingebildet, das Sich-gut-Verstehn, die Nähe, die Liebe. Liebe. Er lachte leise. Liebe gibt es nicht. Es gibt Prozesse, und dann paart man sich, und dann hören sie auf, die Prozesse, und dann wacht man auf, und da ist ein Mensch, und der geht, und das tut weh, dann ist die Wohnung durcheinander und das Leben, und das tut weh, und wahrscheinlich hat sie nur mit ihm gespielt, Mann, wie weh das tut.

War sie wirklich so schön? Hat es nicht irgendwo eine Schönere, eine, die besser zu ihm paßt? Sicher doch.

Und er schaut aus dem Fenster. Dann steht er auf und geht zu seiner Jacke. Holt ihre Nummer heraus. Dreht sie hin und her und denkt an sein Leben, wie es so schön ist und eingerichtet, und dann legt er die Nummer in eine Schachtel und schläft ein. Und kurz vor dem Eintauchen denkt er schlierig: Wenn sie anrufen würde, gäbe ich ihr noch mal eine Chance. Dann wäre es Schicksal oder so.

Angst 4

Er hat nicht angerufen. Und sie versteht die Welt nicht mehr. Sie war sich doch so sicher gewesen. Daß er es ist. Der eine. Der, den man findet und mit ihm einschläft und erst wieder erwacht, zur silbernen Hochzeit. Und nun ruft er nicht an. Sie ißt nicht mehr, schläft nicht mehr, weint aber viel und kann nicht glauben, daß es sein soll, wie es immer ist. Warum sollte es diesmal anders sein? Weil es sich doch anders angefühlt hat, darum. Und sie sieht sich an, im Spiegel, sieht ihr eingerichtetes Badezimmer, ihre schöne Wohnung und sich darin. Zu klein, zu häßlich, zu alt, zu dick, keiner würde sie je lieben. Niemand. Alleine bleiben in der schönen Wohnung, vertrocknen, verrunzeln, und nie im Leben riefe sie ihn an. Was soll er denken? Man darf Männern nicht hinterherlaufen, darf nicht zu viel lachen, nicht zu schlau sein, darf nicht am ersten Abend mit ihnen geschlechtlich werden, sie hat alles falsch gemacht, und nun ist die Chance vertan, vorbei, eine zweite gibt es nicht.

Und mit den Tagen und Wochen, da sie nichts von ihm hört, werden die Tränen weniger, und sie sieht wieder andere an. So schön war er gar nicht, so toll haben sie sich gar nicht verstanden, und nie wird sie einen finden, der sie erträgt, weil sie doch so individuell ist.

Angst 5–1000 Variante a)

Sie haben sich doch noch getroffen. Haben Pizza gegessen, haben Sex gehabt. War gut, hatten dann Angst vor dem Zusammenziehen. Sind zusammengezogen. Hatten Angst, sich aus den Augen zu lassen, Angst, daß es auseinandergeht, haben ein Kind gemacht, hatten Angst um das Kind. Haben sich gelangweilt. Ein Haus gebaut, Angst gehabt, daß das Haus brennen könnte. Sich angeödet. Sind zusammengeblieben aus Angst vor dem Alleinsein.

Variante b)

Haben sich nicht mehr getroffen. Nie mehr jemanden getroffen. Gewartet, auf die Lösung. Die gibt es nicht.
Begegnen sich nur in Ideen, träumen und leiden, Filme im Kopf. Jeder schön und wichtig und toll. Sie reden ins Leere, fassen ins Leere, gehen nach Hause, da ist es leer. Aber übersichtlich. Nur

das Ego da, Gott, sieht das wieder gut aus, das werd ich ficken, werd ich mir doch nicht kaputtmachen lassen, werd mich nicht einschränken lassen, mich nicht abweisen lassen, nicht zeigen lassen, daß ich nicht genüge, verbiegen lassen, mir bessere Chancen nicht nehmen lassen, glauben an nichts mehr, außer an Filme. Götter paaren sich nicht, Nachwuchs gibts da nicht, die Welt wird leer und ohne Angst.
Das ist irgendwie auch schön.

aus: Das Magazin (Zürich)

Halbiertes Leben

Draußen laufen verkleidete Männer rum und machen Krach. Was lärmt ihr Knallköppe, frag ich, und ein Herr sagt: Wir sind Metallarbeiter und fordern mehr Freizeit. Sollt ihr haben, sag ich, und jetzt ab nach Hause. Die Metallarbeiter verdrücken sich. Ruhe kehrt ein, und ich frag mich, ob die noch ganz dicht sind. Noch mehr freie Zeit, wo es doch auch so schon schwer genug ist, den Totraum zwischen Arbeit und Bettruhe mit Leben zu füllen. Aber Metallarbeiter fühlen da wohl anders (können Metallarbeiter fühlen), und das liegt daran, daß Metallarbeiter als Paar leben. Die Metallarbeiter. Nicht das Metallarbeiter. Paare wissen, was sie mit freier Zeit anstellen. Drum mag auch niemand gern alleine sein. Weil das doof ist und langweilig. Nicht wegen der Liebe, der Vermehrung oder der Steuern wollen wir Paare bilden, sondern schlicht weil der alleine Mensch nichts mit sich anzufangen weiß. Das ist die Wahrheit. Hört man doch immer: »Seit ich mit Peter zusammen bin, ist mein Leben so ausgefüllt.« Frau lächelt debil, hält den bis zum Bersten gefüllten Kopf schief – kennen sie auch solche Frauen, die immer die Köpfe schief halten? Die Paarmenschen sind also ausgefüllt und froh, und ich kann frühestens in zwei Stunden schlafen gehen, weil vorher hell und

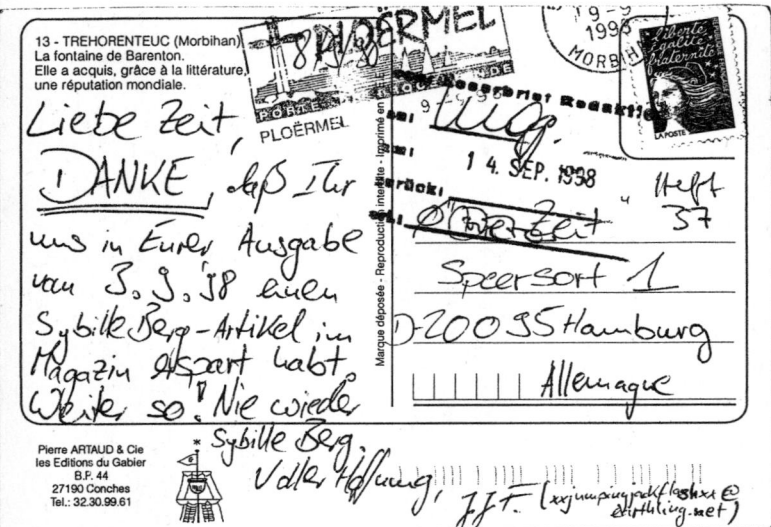

13 - TREHORENTEUC (Morbihan)
La fontaine de Barenton.
Elle a acquis, grâce à la littérature,
une réputation mondiale.

Liebe Zeit,
DANKE, daß Ihr
uns in Eurer Ausgabe
vom 3. 9. '98 einen
Sybille Berg-Artikel im
Magazin abspart habt.
Weiter so! Nie wieder

Sybille Berg.
Voller Hoffnung! JJF. (xxjumpingjackflashxx@
dirtfling.net)

Pierre ARTAUD & Cie
les Editions du Gabier
B.F. 44
27190 Conches
Tel.: 32.30.99.61

PLOËRMEL

1 4. SEP. 1998

Die Zeit " Heft 37
Speersort 1
D-20095 Hamburg
Allemagne

riecht zu sehr nach sinnlos. Wie füllt eines aktiv zwei Stunden? Es schaltet den Fernseher ein. Da ist eine besorgte Mutter drin, die hysterisch ihrem Kind die Windel unter dem Hintern wegreißt und stöhnt: Urin auf der Haut kann nicht gut sein. Es schellt. Einige Vertreter der Natursektliga stehen mit Transparenten vor meiner Wohnung rum. Das ist Quatsch. Stimmt nicht. Es schellt also, und vor der Wohnung steht ein Paar. Paare sind, wenn einzelne Menschen aufhören zu existieren. Die beiden sagen: Wir leben jetzt zusammen. Und lächeln, als wollen sie für das einen Orden. Dufte, sag ich, und was macht ihr so zusammen, wenn ihr lebt? Die beiden schmiegen sich dichter, um die verfluchten letzten Grenzen zu verwischen und antworten stolz: Wir gehen ins Kino, fahren mit dem Wohnmobil weg, machen Sport, gehen spazieren und so. Das Paar ist blöd, wird aus der Wohnung geschmissen, ein Tritt, purzelt die Treppe runter. Zerschellt. Auch gelogen. Da war gar kein Paar. Aber ich bin da, noch zwei Stunden bis schlafen. Ist nicht alles nur ein Warten, auf den Schlaf? Den großen, Sie verstehen, was ich meine, alles nur Ablenkung. Und ist es so, daß nur Paare die wirklich spannenden Sachen machen, während der allein lebende Mensch bloß Zeit rumbringt, bis er ein Paar ist, um dann spannende Sachen zu machen? Bei Paaren muß es doch richtig abgehen. Das muß doch nur so krachen, vor Ausgefülltheit, anders wäre diese Paarsucht doch nicht zu erklären. Nie langweile ich mich, sagen schlaue Menschen, und mein Tag könnte 95 Stunden haben, sagen sie auch. Ja bin ich denn blöd. Vermutlich nur faul. Und das wird jetzt aber anders. Ich werde ab gleich meine Freizeit gestalten. Ich springe in ein Wohnmobil, was gerade führerlos an meiner Wohnung vorbeirrt. Fahre damit ans Meer. Meer fand ich schon immer blöd, weil platt. Sitze zusammengekrümmt in einer beigen Wohnmobilsitzgruppe und sehe das Meer an. Einem Partner würde ich jetzt sagen : Siehst du das Meer. Und er würde antworten: Denkst du, ich bin blöd oder blind, und im Handumdrehen wären wir in eine saftige Schlägerei verwickelt. Die würde uns einige Zeit beschäftigen. So schlage ich mich nur kurz selber und fahre wieder weg. Zurück gehe ich spazieren. Das ist die Lieblingsbeschäftigung von Paaren. Latsche um den Block, durch Haufen, an Autos vorbei und gucke mir Häuser an. Einem Partner könnte ich jetzt sagen: Siehst du die Häuser – und er würde antworten: Denkst du ... Na und so weiter. Danach mache ich einen Hauch Sport, was bei Paaren auch sehr beliebt ist. Liegestütze und solche albernen Sachen. Da könnte ich, hätte ich, mit einem Partner reden: Mann, eyh, ist schon wieder ein Stütz mehr. Und er dann: Ja.

Das wär gut. Jetzt sind zwei Stunden rum, ich kann zu Bett. Ich habe meine Freizeit gestaltet und erkannt, ob gestaltet oder nicht, es ist nur ein großes Lauern, auf einen Partner, der mein Leben teilt. Also, es halbiert, damit es schneller rumgeht.

aus: ZEIT-Magazin

Liebe. Danach

Ist doch egal. Oder?

Eine helle Nacht. Zu hell zum Schlafen. Der Mond direkt vor dem Fenster, zu hell im Gesicht, im Zimmer, macht, daß die Möbel blau aussehen, als ob sie lebten, die Möbel, sie werfen lange Schatten. Der Kleiderständer, wie ein Mörder im Raum, und du kannst nicht schlafen, setzt dich auf im Bett und siehst neben dich. Da liegt er, liegt sie, egal was, es liegt da und ist deine Liebe, dein Leben. Hast du gedacht. Und du schaust es an, wie einen dir unbekannten Schaffner, wie ein Insekt, studierst, wie es Speichel läßt, auf dein Kissen, wie es Geräusche macht, wie ein häßliches, aber typisches Schnorcheltier, und du siehst es an, und du merkst in jener verschissen hellen Nacht, daß deine Liebe gestorben ist. Und kannst es gar nicht glauben. Wühlst in deinem Herzen, da muß sie doch irgendwo sein, verdammt, ich hatte sie doch hier hingelegt, du hast geglaubt, sie wäre da, für immer, hast geweint vor Glück, hättest es nächtelang anschauen können, das Geliebte, und weinen, weinen, vor Glück, es gefunden zu haben und nie mehr allein. Und nun liegt da ein fremdes Insekt, und du fühlst nichts, denkst daran, das Kissen zu wechseln, morgen, und wieder ein Traum gestorben. Ist ja nur ein Traum.
Du wirfst dir ein Mäntelchen über und gehst in die Nacht, die helle, läufst unter fremden Bäumen herum, und dein Kopf kann es noch gar nicht begreifen. Dort habt ihr euch geküßt, auf der Bank gesessen, ineinander verschlungen, euch gestreichelt, bis der Morgen kam, und nun ist alles vorbei. So leer bist du, wie

taub. Die Füße zu heben, so eine Kraft, die hast du nicht. Und du denkst an dein Leben, ohne ihn oder sie. Ab morgen. Und wird es wirklich so schlimm sein?

Du wirst zu deiner Arbeit gehen, es ist eine gute Arbeit, Selbstverwirklichung oder auch nicht, es ist egal, sie ist gut bezahlt, die Arbeit. Und du wirst dein Geld nehmen und wirst Dinge kaufen. Gute Marken, ist klar, was ist gerade in, ist doch nicht wichtig, ob die Röcke lang sind oder kurz, wichtig ist zu kaufen, und das kannst du, denn du verdienst ja genug mit deinem Beruf.

Du wirst wegfahren, ja, Mann, wegfahren. Kalt wird es draußen, wo wollen wir denn mal hin? Nicht schon wieder Amerika, laß mal. Asien, warst du gerade, vielleicht eine Schönheitsfarm, Fitneßfarm, die Betty-Ford-Klinik oder ein neues Gesicht. Oder mal wieder umziehen, das Viertel kennst du, die Stadt kennst du, hast richtig Lust auf neue Leute. Au ja, neue Leute kennenlernen, die spannende Berufe haben, eine neue Stadt, das ist eine gute Idee, Aufregung für ein halbes Jahr, sich als Tourist fühlen. Nach Rom gehen oder Frankreich oder doch nach Amerika. Ist doch egal, Hauptsache, was Neues.

Oder eine neue Sportart lernen. Dein Mountainbike ist im Keller, die Rollerblades liegen daneben, und Joggen ist wirklich langweilig, aber Sport ist gut. Zeitschriften kaufen, schön gestaltete Seiten mit Geschichten darauf, lässig erzählt, in denen es um nichts geht. Dazu Musik hören, viel Musik. Egal welche, niemanden regt mehr irgendwelche Musik auf, es ist gleich, welche Musik, es ist gleich, welcher Film, nichts regt mehr jemanden auf, alles ist austauschbar, na und?

Bald ist ein neues Jahrtausend, und das Schlimmste wird sein, daß die Welt nicht untergeht. Daß alles genauso bleibt wie jetzt, das ist das Schlimmste, daß alles so egal ist, keiner mehr etwas fühlt, weil das Herz, das Gefühl so voll sind, so zugepappt sind, so satt, vollgefressen, und Herzen können nicht kotzen. Ein Krieg irgendwo, 100 000 Flüchtlinge ins Land. Ist doch okay, ist mal was los. Und eine neue Liebe, Liebe, Liebe, Liebe, Liebe, da passiert was, Liebe, ja bitte, Hormone sind wie Drogen, und du kannst vergessen, für kürzer oder länger, daß alles so egal ist, daß du nichts mehr fühlst und der nagende Schmerz in dir nur Mitleid mit dir selber ist, nur eine Langeweile ist, dein Wissen, daß nichts dich beleben kann, dich munter machen kann, daß du nicht an Gefühle glaubst, weil du keine hast. Außer Langeweile und der Angst, daß noch nicht mal die Welt untergeht, in zwei Jahren. Daß ein Neuer kommt, eine Neue, und es so egal ist, weil sie oder er genau so satt ist wie du, ihr euch nur im Drogenrausch der Hormone treffen werdet und dann wieder verlieren, wie zwei Flugobjekte im Himmel, die sich noch nicht mal mehr streifen.

Und die Nacht ist hell, zu hell für deine Erbärmlichkeit, du gehst wieder in deine Wohnung, hängst den Mantel an den Garderobenständer, der noch nicht mal ein Mörder ist, legst dich neben ihn oder sie, denkst an morgen, an die Tränen, die du vergießen wirst im Schmerz, weil doch wieder eine Illusion gestorben ist, die dann die Zahnbürste einpackt, die Tür schließt, und du weißt schon, wie du danach lüften wirst und staubsaugen und Musik hören, und welche, ist doch egal.

aus: ZEIT-Magazin

Alles über fremde, möglicherweise auch verwandte Städte und Länder

»Das Ganze ist aus einer wild-leidenden, expressionistischen Ich-laß-die-Sau-raus-Haltung geschrieben, zeigt keine echten Gefühle, sondern immer nur die rotzige Geste, quasi die Maske der Großleidenden.«

Andreas Schäfer, Berliner Zeitung

Weimar. War schön.
Darf ich aber jetzt leider
nicht mehr hin.

Tanz den Goethe

Damals, als Weimar noch im Osten war, in der Zone, hinter der Mauer, am Ende der Welt, war das nicht mehr als eine verfluchte Kleinstadt, die ihre beste Zeit mal hatte. Irgendwann vor 200 Jahren. Muß es mal richtig abgegangen sein. Weimar, der Monte Verità in Thüringen. Musiker, Dichter, Maler und Goethe als Puffmutter. Da wurde so richtig nachgedacht, geredet und Kunst gemacht, was das Zeug hielt.

Aber davon war nichts mehr, außer Fassaden. Und komisch fanden wir, die wir in der kleinen Stadt kurz vor dem Ersticken waren, die Busse aus dem Westen. Die gepflegte Fünfzigjährige freigaben, mit überall Lederflecken drauf, die Idioten, die kollabierend die alten Häuser ansahen, den Boden küssen wollten, im Goethepark Steinchen klauten. Ganz krank wurde es, wenn diese Leute, kurz bevor sie wieder in ihre Busse gefüllt wurden, das Gespräch mit dem Eingeborenen suchten. Sie wohnen in Weimar, Sie Glückliche, was ich Sie beneide. Dachten wir: Tausch doch mit uns, du Nase. Wohn' hier, zwischen all den alten Leichen, in ungeheizten Häusern, vorne angestrichen, für euch, in dieser engen, spießigen Stadt, dem dämlichen Land, und sei dir sicher, daß du da nie rauskommst. Sie fuhren dann doch immer weg, in eine Welt, wo die Jeanshosen auf den Bäumen wuchsen. Wir nicht, blieben da, schlurften durchs Leben, und Goethe interessierte uns einen Dreck.

Die schlau waren, verdrückten sich. Einer nach dem anderen.

Saßen im »Residenzcafé«, dem Verschwörerloch, rauchten die Wände gelb, und wenn wieder einer abwesend lächelte, wußten wir, vielleicht schon morgen wäre er weg. Immer mehr Lächler, und irgendwann waren nur noch Leute übrig, die Goethe gut fanden. Bildungsbürger, Bürokraten und die anderen. Die es immer gibt. Die Bevölkerung sind, die sagen: muß ja – und überall wohnen können, in Industriegebieten, Schweinfurt, Adorf oder eben Weimar.

Ich ging dann auch. Und dachte nicht mehr an Weimar, bis ich erkannte, daß die Welt überall häßlich ist, und fing das Träumen an. War immer Frühling, in engen Gassen, wenn dann nachts da welche standen, sich küßten, wie ein Bild von jemand, der besser nicht malen sollte. Träumte vom Park im Nebel, morgens, Goethes Gartenhaus und künstlichen Ruinen, wo wir gesessen hatten, uns anarchisch fühlend, weil durchgetrunken die Nacht. Träumte, es wären dort bessere Menschen gewesen, träumte von langen Gesprächen in ungeheizten Häusern, leise, damit es niemand hörte, und viel Bärenblut-Rotwein drauf, damit es warm würde. Alles gute Menschen, verbunden durch ehrlichen Haß und lange Nächte, in denen schlechte, aber sehr kritische Lieder gesungen wurden und Gedichte gedichtet, und hatten das Gefühl, die Elite zu sein. Von was, wußten wir nicht. Immer zuviel Bärenblut.

Erschien mir Weimar am Morgen nach solchen Träumen als kleine Insel, die Zeit stehengeblieben, und Sehnsucht. Nach etwas, was ich nirgends gefunden hatte. Als ich erfuhr, daß Weimar Kulturhauptstadt Europas werden würde, war ich verwirrt. Etwas Großes mußte in meiner Abwesenheit geschehen sein – ein göttlicher Strahl in das Provinznest gefahren, es mit kosmischem Leuchten erfüllt, die Langeweile in galaktischen Staub zerrieben, die Spießer zum Explodieren gebracht haben – das zu sehen, fuhr ich heim.

Der Hauptbahnhof zu Weimar. Ein paar *Blitz Illu*-Reklametafeln und Würstchenstände, geweißelt das Ding und vor der Tür dieselbe Luft wie früher. Zuwenig. Menschen, die sich merkwürdig langsam bewegen, Pkw in Zeitlupe vorüber und keine Rührung in mir, und nichts möchte Heimat rufen. Nichts. Eine breite Straße in die Innenstadt. Nach fünf Minuten ist man drin. In fünf Minuten ist man in Weimar überall. Die 10 000 Jahre alten Häuser auf Intensivstation. Es wird gebaggert, gespachtelt, geputzt: Das ist eine Hauptstadt, und so wird sie gemacht. Nach genau fünf Minuten bin ich im »Residenzcafé«. Innen ist nichts mehr gelbgeraucht, neue Bestuhlung, und es sieht aus, als wäre überall Messing, ist aber nur so ein poliertes Messinggefühl. Keine ungepflegten ostdeutschen Studenten sitzen mehr hier, nur Touristen mit Lederflecken am Ärmel und ein dunkler Akzent.

Der erste Beweis für den kosmischen Lichtstrahl. Die Tänzer gewordene Revolution. Ismael Ivo ist seit Beginn der Spielzeit 96/97 Leiter und Chefchoreograph am Deutschen National Theater. Der Herr aus Brasilien, dessen Alter noch nicht einmal er selber weiß, lächelt wie festgenäht und macht nach außen was her. Wenn so eine internationale Größe es in der Provinz aushält, dann muß das wohl ein guter Ort sein, denken sich anderweitige Künstler, und Ivo, der Lockvogel, darf neben dem Locken ein bißchen inszenieren und tanzen, und daß das alles kaum der Rede wert ist, merkt eventuell hier keiner so schnell. Vielleicht lassen sich die Weimarer Zuschauer noch ein bißchen blenden von einem hübschen Mann, der kein begnadeter Tänzer ist, aber gerne nackig.

Herr Ivo weiß, warum er schon lange in Deutschland und erst recht, warum er jetzt in Weimar steckt. Ich kann aber noch mal nachfragen:

Herr Ivo, ich frag' jetzt mal nach: Wie geht's Ihnen denn so in Weimar. Ist es nicht ein bißchen eng?

»Wissen Sie, ich bin ja Afrobrasilianer. Aber im Herzen fühle ich mich Deutschland sehr nahe. Ich glaube, Weimar ist ein guter Ort für mich. Sehr offen für Experimente.«

Und, mag das Publikum Sie?

»Ich spüre Reaktionen und Erwiderungen.«

Na, und so weiter. Herr Ivo kennt Weimar eigentlich nur vom Autofahren, von seiner Wohnung ins Theater (fünf Minuten). Und vielleicht ist es so auszuhalten.

Ich laufe durch Weimar, da hat man nicht viel zu tun. An fast jedem Haus ein Schild, das beweist, daß das Haus wichtig ist. Hier wohnte Goethe (das gucken sich zu Stoßzeiten bis zu 800 Menschen täglich an, im Halbstundentakt eingelassen), hier trank er Kaffee, hier wohnte ein Freund von Goethe, hier urinierte Schiller. Und Boutiquen in den Häusern unten drin. Endlich gibt es hier auch alles, was keiner braucht. Gipsbüsten, Gingko-Blätter aus 18/10 Edelstahl. Für blöde Weiber Tücher mit Ketten drauf für 890 Mark.

Der Marktplatz, originalgetreu bebaut mit als alt verkleideten Häusern. In der Musikhochschule sind junge Menschen bei geöffnetem Fenster am Singen und anderweitig Krachmachen. Klingt, wie alles aussieht. Als käme der Krach von CDs oder, weil alles so modern wird, von CD ROMs. Was auch immer es ist, es schwappt auf die Straße, rüber in den Goethepark, in die Seifengasse. Wabert durch die Luft und versetzt den Probanden in eine klassische Verzückung. Eins sein mit der Zeit der Aufklärung macht einen jeden zur Zelle im Gehirn verendeter Dichter und Denker. Erhaben. Enge, kleine Gassen, kleine Häuser mit Butzenscheiben. Frieden, macht ein Lächeln auf dem Probandengesicht. Ein leeres. Und das Gefühl, in eine Badewanne zu steigen, sich nicht mehr bewegen wollen, das Auge guckt auf nette Hunde, nette Topfpflanzen, nette Bäume, dann fängt man an, bibliophile Erstausgaben zu lesen, und dann tritt meist in rascher Folge der Tod auf.

Darum mag auch niemand Herrn Bernd Kaufmann. Der gelernte Anwalt und Wessi versucht, dem Weimarer Bürger die bibliophilen Ausgaben aus der Hand zu schlagen und durch Cyber-Spiele zu ersetzen. Herr Kaufmann ist der Generalbeauftragte der Weimar 1999 Kulturhauptstadt Europas GmbH. Im Ernst, das heißt so. Im vergangenen Jahr hat er das Weimarer Kunstfest »Salve«

organisiert. Zehntausende auf die Straßen gelockt, Paolo Conte gucken, Charles Aznavour, Aboriginals, Ballett aus Tokio und so weiter. Da war was los, das war richtig gut, aber mögen mag Herrn Kaufmann trotzdem niemand.

Weil Neues nicht zu mögen hat in Weimar Tradition. Der Imaginationsraum eines Kleinstädters ist proportional dem der Nutzfläche, auf der er lebt. Als Goethe nach Weimar kam, war es ein Dorf mit Ackerbauern, Viehzüchtern, und die Nachttöpfe wurden auf die Straße entäußert. Dann ging mal eben die Post ab, ein kurzes Feuerwerk, das nach Goethes Tod erlosch und einen Haufen leerer Raketenkörper zurückließ. Und jeder Versuch, die Dinger wieder in die Luft zu bekommen, scheiterte. Franz Liszt, Hofkapellmeister in Weimar seit 1848, versuchte es als erster. Er hatte die gute Idee, mit einer Goethe-Stiftung und einer Olympiade der Künste ein Neu-Weimar zu gründen. Schöne Idee. Aber, hoppla, nicht bei uns. Eine aktive Bürgerwehr brachte Liszt rasch zum Aufgeben, und müde murmelte er: »Alle Arten von Mißgunst und Dummheit draußen wie drinnen haben die Verwirklichung dieses Traumes zunichte gemacht.«

Harry Graf Kessler war der nächste, der 1902 versuchte, eine Idee nach Weimar zu bringen. Die Idee hieß Henry van de Velde, der in Weimar ein paar revolutionäre Villen baute, eine Kunstgewerbeschule gründete. Das ging nicht lange gut. Graf Kessler scheiterte mit seinen Kulturbemühungen, als er eine Rodin-Ausstellung nach Weimar brachte. Die *Weimarische Landeszeitung* eröffnete den Fall Kessler mit der Schlagzeile: »Tiefstand der Sittlichkeit«. Kessler gab auf. Auf das Bauhaus ist Weimar immer noch stolz, obwohl es nach langen Protesten der Bevölkerung und reaktionärer Heimatkünstler auf Beschluß der Landesregierung 1925 dichtgemacht wurde. So geht es mit Neuem in Weimar, und viel Glück auch, Herr Kaufmann.

Hat er vielleicht, denn immer wieder mal sind die Weimarer überraschend offen für revolutionäre Gedanken. Geschlossen standen sie einst auf dem Marktplatz und riefen: »Liebor Füror, gomm heraus, aus däm Elefandnhaus.« Das ist Thüringisch und sollte Hitler auf den Balkon seines Lieblingshotels »Elephant« locken. Klappte auch. Denn Hitler mochte Weimar. Hier wurde die Hitlerjugend gegründet, hier war Hitlers Lieblingsversammlungsort, und das machte Weimar zu einem geistigen Zentrum des Nationalsozialismus. Eine Sache, die so richtig eingeschlagen hat, und nirgends ein Schild.

Schilder nur für Versager. Schilder, die des Besuchers Illusionen nähren. Von einem Weimar, so lebendig, wie es nie war. 100 000 kamen und träumten im vergangenen Jahr. Menschen mit dem Durchschnittsalter von 55. Die jünger sind, gehen weg aus Weimar. Manche bleiben auch und rebellieren. Sitzen im ACC, das hat was mit autonom oder alternativ zu tun und sieht auch so aus. Es gibt Yogi-Tee und Gegenausstellungen, Gegenaktionen. Gegen was eigentlich? In der Gerberstraße, in einem besetzten Haus, sitzt der Underground. Plant leise die Revolution, die aber immer vertagt wird, weil es einfach zu viele Feinde gibt. Eigentlich alles Feinde, da draußen. Und ganz speziell der Kapitalismus. Jedes zweite Haus beinhaltet eine Bank. So viele Banken, wer hat das Geld, um sie zu betreiben. Oder betreiben Banken sich selbst?

Ein Tag in Weimar. Über den Friedhof, durch den Park, Goethes Gartenhaus, Liszts Wohnhaus, überall werden Weimarensien verkauft. Goethe auf Schokoladentalern. Laufen wie unter Narkose. Nach einem Tag will man noch schreien, den Jumper aufreißen, um Platz zu haben. Zum Atmen. »Fuck Goethe«, hat einer an die Wand gesprüht. Ohne Goethe wäre vielleicht die ganze Stadt schon zubetoniert worden, eingestampft und prima Hochhäuser drauf. Siebzigstöckig. Und Autobahnen, damit der Mief weggeht. Weimar, nicht mehr als eine Kleinstadt, die ihre beste Zeit mal hatte, irgendwann vor 200 Jahren. Heute aber gut zum Museum taugt. Deutschland besichtigen, solange es noch steht. Weimar wird eine hervorragende Kulturhauptstadt werden. Denn jeder bekommt die Hauptstadt, die er verdient.

aus: ZEIT-Magazin

Fanpost

Zeitverlag
Redaktion/Leserbriefe
Pressehaus, Speersort 1

20095   Hamburg

Weimar, 07.07.1997

Leserbrief
Zeit-Magazin

Tanz den Goethe

Es ist viele Jahre her, da gab es eine subtile Impression der Gräfin Dönhoff zu Weimar. **Die Reise in ein fernes Land** hieß ein Buch, das ein Ergebnis ernsthaften Beobachtens war.

Eine Frau S. Berg - den Namen wird man sich nicht merken müssen - hat statt subtiler Beobachtung einen geistlosen Rundumschlag ausgerechnet ins Zeit-Magazin gebracht. Klischees soweit die Druckzeilen reichen. Anleitung zu Haß und Zwietracht pur. Schlimm zuerst, daß die deutsche Sprache auf der Strecke geblieben ist, vor allem jedoch die Wahrheit!

Nein, es stimmt nicht, daß niemand Herrn Kauffmann mag. Er hat eine große und aktive Schar von Anhängern und ob Herr Ivo nackt auf der Bühne des DNT steht oder nicht, ist hier nicht einmal Gegenstand eines Foyergesprächs in der Pause. Es gibt großes vielbeachtetes Theater, nicht zuletzt in der Zeit gewürdigt.
Theater, in dem bedeutende Regisseure gründlich gegen den Strich bürsten, Ivo ist lediglich Teil dieser Bewegung.

Eine große Zahl alternativer Galerien und Theatertruppen, eine interessante Kneipenszene machen die Stadt neben den traditionell orientierten Institutionen aus, nicht der Mief den Frau B. gerochen haben will.

Schade ist eben nur, daß eine so geachtete Zeitung derart unflätige Beleidigungen druckt, Beleidigungen derer, die mit Fleiß und Ideen dieser Stadt ein vernünftiges Gesicht geben wollen. Die Fratze, die Frau B. zeichnet, existiert außer in Frau B.'s Kopf nur noch im Hirn dürftiger Provinz - Kulturredakteure.

Schlimm nur, wenn die, die durch Flucht in bequemere Regionen Arbeit und Mühe scheuten, uns, die wir zupacken, allein ließen mit dem "Mühen der Ebene" durch die Bedienung von Klischees und Halbwahrheiten beschädigen wollen.

Für Frau Berg eventuell noch ein kleiner Tip:

Vielleicht mal bei Gräfin Dönhoff nachlesen oder im Feuilleton der **Zeit,** das kann sehr hilfreich sein, insbesondere, was Fragen der Redlichkeit der Recherche, des Stils sowie der geistigen Noblesse betrifft.

Vielleicht hilft's!

Ein Weimarer Leser

Redaktion Zeit-Magazin
Zeitverlag
Pressehaus Speersort 1

20095 Hamburg

Sehr geehrte Damen und Herren –

Was will ein Artikel „Tanz den
Goethe" von Sibylle Berg in Ihrer
Zeitung?
Mit Befremden begann ich diese
polemischen Ausführungen zu lesen,
bis mir diese primitive Vulgärsprache,
gepaart mit Unsachlichkeit Übel-
keit verursachte.
Diese Dame bringt wohl einiges durcheinander, wenn sie Goethe als Puff-
hunker bezeichnet; hätte sie ihn
aufmerksamer gelesen, könnte sie
sich einer besseren Sprache be-
dienen.

Leserin G. L. aus Bad Weilach

Dresden am 9. 7. 97
Aus Zeitmagazin Nr. 28 / 4.7.97

Tanz den Goethe.
Mag so sein mit dieser Stadt der
toten Dichter. — für S.B.
— Eigentlich ist Weimar ... aber wer
ist eigentlich Sibylle Berg?
— Eigentlich sollten Sie aufpassen,
daß Sie sich mit derartigen finster-ge-
normten Berichten nicht total lächerlich machen. Eigentlich langweilen
doch diese Ost-Klischees inzwischen.
Ist in diesem Fall eigentlich mieser
Party-Journalismus eine exaltierten
Dame.
— nicht nur Weimar — eigentlich wird
alles in den Neuen Ländern routiniert
beschmutzt. Eigentlich sollte das
nicht mehr die Regel sein. 'Na,
etwa und so weiter?'
Was mag sich da eigentlich in Ihren
Westen Köpfen abspielen?
                    fragt sich mit
                    freundl. Gruß 6.).

Leser G. J. aus Dresden

Wien. Nette Stadt.
Darf ich auch nicht mehr hin.

Wiener Realitäten

Ich war in Wien. Das wäre nicht weiter erwähnenswert, denn Wien ist nicht viel anders als Berlin, nachdem ein paar Gallonen Pferdeberuhigungsmittel darüber entäußert wurden. Alle Einwohner der Stadt, die Leute, denen noch nie Leid widerfuhr, mit: »so schön morbid« beschreiben, grüßen sich, so deucht es mich: »Ein gepflegtes Heil Hitlerchen« und der Rest ist auch so. Gleich vor dem Bahnhof fuhr mir eines dieser Instant-Autos entgegen, auf dem ein Schild befestigt war. Auf dem Schild stand, wenn man ein Auto mit irgendeinem anderen Schild sähe, solle man es anhalten und dann dürfe man eine halbe Stunde damit herumfahren. Ich hatte die Werbebotschaft nur unzulänglich gelesen und hielt ein Auto an, dessen Fahrer sehr verstört auf mein Anliegen, das Steuer zu übernehmen, reagierte. Schweig, Ösi, wies ich den Herrn an seinen Platz und fuhr los. Nach ein paar Runden merkte ich, daß es besser sei, diese Stadt sofort wieder zu verlassen. Graue Häuser, graue Menschen, ein paar depressive Tiere, ein Ameisenbär und ein Wapiti, und da war auch noch ein stark verschmutzter Tapir. Sie saßen im Kreis und versuchten sich die Pulsadern zu öffnen, da sagt das Wapiti ...
Nein, nichts wie wieder weg hier, bevor die Bakterien der Morbidität in meinen goldigen kleinen Körper kröchen. Kurz vor dem Bahnhof lockte ein Laden mit verschmierter Fassade. In dem Laden gab es neben diesem und jenem Realitäten zu kaufen. Mit

meiner Realität war ich schon länger uneins. Drum sprang ich –
hast du nicht gesehen – in den Laden. Der Verkäufer sagte »Grüß
Gott« und »Ein gepflegtes heil Hitlerchen« und wies mich darauf
hin, daß nicht Wien voller Bakterien sei, sondern Bakterien die
Realität seien. Maden wohnen in Pelzmänteln, Pullovern, und
auch mein Körper sei von Tieren bewohnte, die sich durch
Talgdrüsen schmatzen würden, und das, was man als Haut wahr-
nehme, sei tote, schuppige, schlunzige Leichmaterie. Klug-
scheißer, dachte ich und ließ mir meine neue Realität einwickeln.
Vor der Tür probierte ich davon. Ein Schrummeln und Schlattern
und an meinem Körper bildete sich eine feste Kruste, wo vorher
wellige Zellulose gewesen. Meine Füßchen steckten in hohen
Klumpen, meine Knöchlein in einem Beinkleid, dessen Schritt in
Kniehöhe schwebte. Ich war wieder jung. Die Realität eines 22jäh-
rigen, gut verdienenden Menschen hatte ich aufgegessen. Ich sah
um mich: die staubigen Straßen, die vielen Pkws, die bleichen
Menschen, die grauen Gebäude, sie waren cool, irgendwie echt
morbid, und in mir ein Ziehen, ein Ziehen, das schmerrzte. Ja-
wohl, rrrzte. Ich wollte, ich wollte. Mit aller Gewalt meines Seins
wollte ich, mit einer ungeheuren Verbissenheit wollte ich. Und
nämlich wollte ich nichts. Das Gefühl der Jugend, da war es
meins geworden. Nichts wollen, aber richtig. Das war also meine
neue Realität, und ich lief damit herum und schaute, wie es einem
ergeht, der nichts mehr fürchtet. Ich lief lässig herum und lang-
weilte mich, mein Kopf war von einer Blase gefüllt, mein Herz kalt
und ängstlich. Noch 80 Jahre Stumpfsinn, dachte ich, und schnell
machte ich, daß ich zurück in den Laden gelangte. »Eine neue
Realität« verlangte ich, und der Verkäufer nickte und sagte: Wußten sie, daß 70 % des Hausstaubes abgestorbenes Fleisch ist. Die
ganze Luft ist voll davon. Ist ihnen klar, daß in den Drüsen ihrer
Wimpern Tierchen wohnen, die von ihnen essen, daß … schnell,
unterbrach ich ihn, geben Sie mir meine neue Realität, forderte
ich den Lumpen auf. Nun, wollen mal schauen, sagte der Händler
und stöberte in seinen Artefakten. Die Artefakte, das ist so etwas

wie ein Hangar. Ein kriegerisches Volk aus dem Norden mit Hörnern am Helm. Der Mann zog aus einem lottrigen Ikea-Regal eine Tier-Realität hervor. Wie wäre es mit dem Leben eines Schäferhundes, hm, schlecker, eines Schäferhundes, da sag ich doch: Ein gepflegtes ... schnurrte der Dumpfkopf, und nein danke, sagte ich. Ah, hier habe ich etwas Interessantes, sagte der wienerische Schmierlapp. Eine Überraschungsrealität. Da ist nicht mehr zu erkennen, was für eine das ist. Ich geb sie Ihnen billiger. Im Zug nach Hause aß ich die Realität. Und auf einmal wurde ich ein prächtiger, ungeschminkter Mensch mit kräftigen Knochen. Ich wußte, was gut und was böse war. Ich schaute verächtlich auf ein paar Menschen mit langem Haar, in meinem Abteil. Ein jeder war mir unterlegen. Die Welt war etwas Gutes, Heiles, wenn nicht die Menschen gewesen wären, die, die anders waren als ich. Ich war gebildet, sehr gebildet. Ich fühlte mich wie ein Gott der Gerechtigkeit. Unsterblich geradezu. Neugierig schaute ich auf der zerknüllten Realitätstüte nach. Von der Beschriftung waren nur noch ein paar verwuschelte Buchstaben zu erkennen: Z t .. ..
... er waren die Buchstaben.

aus: ZEIT-Magazin

Fanpost

An die Redaktion der „Zeit", Hamburg.

Leserbrief zu „Wiener Realitäten" auf Seite 7 im „Zeit-Magazin" Nr 8 vom 18.2.1977.

Nach mehrfachem Lesen dieses verrätselt beswilligen wie teilweise wirren Geschreibsels stellt sich die Frage: Hat das die Zeit nötig? Hat das irgendjemand in der Redaktion gelesen bevor das in Druck ging? Ist es mir entgangen, daß er jetzt eine neue bankentische Spalte hat, Wiener anzu-pöbeln?

Ein enttäuschter Wiener Leser.

Leser C. P. aus Wien

L. A. Auch hübsch.
Sollte ich aber
nicht mehr hinfahren.

Träumer in Hollywood
Ein Drehbuch

Eröffnungsszene: Eine Pkw-Vergnügungsbucht am Mullholland Drive. Ein Pkw vergnügt sich (tanzt zu Lurchkapellenmusik). Ein junger Mann, Typ T. Schweiger, daneben, sieht auf die Stadt. Die Beine breit, steht da wie Kolumbus, ganz Eroberer, sieht gut aus, wie ein Schauspieler. Eitel. Blickt mit einem Ich-zeig's-euch-Blick runter.

Musik: »Hope & Glory«.

Off-Stimme: »Da unten ist L.A. Fängt nirgends an, hört nirgends auf – das ist Amerika, so wird es gemacht, in die Wüste gestampft, maßlos, konturlos, geschmacklos, groß, gefräßig. Die Sonne scheint drauf, und ob man hier steht oder aus dem Flugzeug schaut, immer holt man Luft, eingeschüchtert, fühlt, was man ist als Mensch: nichts. Nimmt sein bißchen Mut zusammen, in die Stadt zu gehen, die leuchtet, zu locken scheint: Komm, hier ist der Traum, ich bin der Traum, bin die Erfüllung, liege dir zu Füßen. L.A. ist eine Herausforderung für Größenwahnsinnige.«

Der junge Mann steht wieder einmal hier oben, wie am ersten Tag. Vor ein paar Monaten ist er aus Deutschland gekommen. Dort sahen ihm die Mädchen nach, dort war er ein Filmstar, und hier ist er nichts. Ein Anfänger mit schlechten Startbedingungen. Aber wem soll man folgen, wenn nicht seinen Träumen, drum ist er gekommen, wohnt in einem Loch mit Insekten, läßt sich ab-weisen, vertrösten, verarschen, denn er muß es versuchen. Versuchen, Gott zu werden und sich nicht damit zufriedenzugeben, auf ewig Ministrant zu bleiben. Der junge Mann schaut auf die Stadt und denkt ganz laute Gedanken, um seine Angst nicht zu hören.

Junger Mann, denkt laut: »Dich zwinge ich! Scheiß auf die dreizehn Millionen Glücksritter. Scheiß auf alle, die dasselbe wollen wie ich. L.A., ich mach' dich alle, du hast auf mich gewartet, du Sau, weißt es nur noch nicht.«

Der junge Mann steigt in sein Auto, fährt vom Himmel der Verheißung hinunter in die Wirklichkeit. Straßen so lang, als führten sie um die Welt, ohne Bürgersteige, wer hier läuft, ist ein Loser. Hochhäuser, Obdachlose, Verrückte und Geklonte, alle Gier in den Augen, alle wollen nur das eine: es schaffen, siegen, alle anderen allemachen oder nur überleben. Der junge Mann fährt durch die Sonne, die Augen hinter einer Ray-Ban versteckt, abgedichtet, innen, gegen die Angst, die in Lichtform seine Augen penetriert.

Off-Stimme: »Jeder zweite in L.A. will Gott werden. Ohne diesen Wunsch wäre keiner hier, in dieser großen Stadt, in der nur für Geld gelächelt wird, in der das tolle Licht durch Smog entsteht, wäre keiner hier, der nicht zum Film will. Film ist die letzte Flucht, die letzte Wahrheit unseres Jahrhunderts. Filme sind das Himmelreich, Filmstars die letzten Götter, und so kommen sie aus ganz Amerika, aus England, aus Deutschland, von überall her mit großen Träumen, wollen den Olymp stürmen, kommen nach L.A., und das erste, was sie sehen, ist die Stadt von oben, die ihnen alles verspricht und fast nie etwas hält, doch das zu begreifen, braucht es meist zu lange.«

Der junge Mann fährt den Sunset Boulevard runter. Entlang Läden. Kaufen, kaufen, überall kann man Dinge in L.A. kaufen, die man nicht braucht, und das rund um die Uhr, damit man das Gefühl hat dazuzugehören, trägt man die Dinge heim, doch Ruhm geben sie nicht, die Einsamkeit nehmen sie nicht, Wärme geben sie nicht, das Geld rauben sie einem, die Dinge, und immer muß man sich entscheiden. Das macht müde.

Das Auto ist gemietet, und das Geld des jungen Mannes langt vielleicht noch für einen Monat. In einem Monat wird er es schon schaffen. Muß er es schaffen, ist doch schon sechs hier. Hat schon hundertmal vorgesprochen. Morgen wird es soweit sein. Morgen. Da ist das Meer.

Das Meer und Venice Beach. Flaniermeile der Geistesgestörten. Muskeln aus Gehirn geworden, Knieschützer an Grillhühnern, stumpfe, blond umhangene Augen: Die Strafe Gottes wird über euch kommen. Ist schon da. Zu helles Licht. Ein um Einsturz bettelndes Holzhaus. In der Erdgeschoßwohnung eine Frau, mit harten Falten im Gesicht, in bunte Batikklamotten gestümpert.

Off-Stimme: »Das ist Ziri. Sie ist dreißig und kam vor drei Jahren nach L.A., um endlich ihren Film zu machen. Kein Scheiß mehr, jetzt mal die richtig fetten Sachen, dachte sie, ging allein in die Stadt mit ihrem Drehbuch und ohne Geld. Sie hatte früher Dokumentarfilme für alle großen Fernsehanstalten Europas gemacht, und daß sie es mit ihrem ersten Spielfilm in Hollywood schaffen würde, war für sie klar. Sie hatte keine Kontakte, aber das Drehbuch hatte sie und diese Anfangseuphorie, die Amerikaner mögen. Bei einem Bekannten konnte sie wohnen, und einen Job findet man immer am Anfang in L.A.: als Kellnerin, als Babysitter. Irgendwas. Und Ziri stürmte los. In L.A. ist es kein Problem, von großen Produzenten empfangen zu werden. So viele traf sie in der ersten Zeit, die sahen sich ihr Drehbuch an, sagten: ›Interessant, Sie hören von uns.‹ Und Ziri wartete, weil sie den amerikanischen Code noch nicht kannte. ›Interessant‹ heißt soviel wie: Vergiß es. ›Sie hören von uns‹ heißt: Rufen Sie nicht wieder an. In L.A. ist keiner direkt, jeder hält sich noch eine Option offen.«

Ziri steht auf, holt das Drehbuch. »Backgammon« heißt ihr Werk (eine Mischung aus »Soylent Green« und »Twelve Monkeys«). Inzwischen hat Ziri mehr als zweihundert Produktionsfirmen angesprochen und ist jetzt dahintergekommen, daß es ihren Film nie geben wird, wenn sie ihn nicht selbst produziert. Viel Erfolg dabei, Ziri.

Ziri geht die Strandpromenade entlang in ihr Stammcafé »Cows'
End«. Lauter Verendete hier. Ein Treffpunkt der Morgen-geht's-
los-Filmemacher, Drehbuchschreiber und Schauspieler. Im Hintergrund rotes Licht. Sonne aufs Meer. Genuß für alle, die ohne
Sorge sind. Sind hier nur die Touristen.
Ziri: »Ehe du begreifst, daß du selber etwas machen mußt, dauert es. Du fühlst dich immer kurz davor. So nah. Siehst du sie alle.
De Niro, Nicholson, Stone, die triffst du auf Partys, sie reden mit
dir, ganz normal, als ob du schon dazugehörst. Dann gehst du
wieder nach Hause und hast vergessen, daß du in einer miesen
Bude wohnst, einen miesen Job hast, weil morgen, morgen ist es
ja schon soweit. Ich bin nicht deprimiert. Gar nicht. Ich habe meinen Traum verwirklicht. Ich könnte nie mehr in Deutschland leben. All die Zwänge. Hier ist es egal, was du gelernt hast, wenn
du sagst, daß du einen Film machen willst, fragt keiner nach deinem Studium. Sondern: wann? Hier lernst du, daß es nur auf dich
ankommt. Und zu kämpfen. Tausende Deutsche habe ich hier getroffen. Irgendwann reisen alle wieder ab, geben ihre Träume auf
oder verrecken *(Kameraschwenk: ein paar verreckende Deutsche)*. Ein Freund von mir ist gerade obdachlos geworden.«
Ziri geht zurück in ihre Höhle. Telefonieren, Faxe versenden. Es
könnte ja morgen schon losgehen.
Schneller als anderswo kommt die Dunkelheit. Als ob die Sonne
den falschen Glanz nicht länger ertrüge und sich gern dem Meer
übergäbe. Dann kommen die Kranken aus ihren Löchern. In
Lumpen wanken sie die Straßen entlang, den Irrsinn derer im
Blick, die nicht gebraucht werden, von keinem.
Unser junger Mann fährt mit seinem Leihwagen zurück in die
Stadt, die es nicht gibt. *(Aus dem Radio kommt amerikanische Musik: Frank Sinatra)*. Den Sunset hoch fährt er zum Hotel »Mon-
drian«. Dort in der »Sky Bar« trifft sich im Moment alles, was wichtig ist oder sein will in Hollywood. Der junge Mann passiert trotz
Rissen in seinen Jeans die Türroboter, weil Amerikaner nicht
nach Kleidung schauen, sondern nur nach der Kraft, die jemand

ausstrahlt. Darum ist der Gesundheitswahn in Amerika. Wer krank ist, fällt durch den Rost. Jobs werden nicht nur nach Ausbildung, sondern nach Sympathie verteilt. Darum das ewige Lächeln in Amerika.

In der Bar drängen sie sich um den Pool: die Sitzkissen, die Fackeln, die Frauen, die alle gleich aussehen, die Männer, die alle gleich aussehen, und der Kampf geht weiter. Bin ich schön, bin ich interessant, werde ich jemanden treffen, der mir weiterhilft? Alle lernt man kennen hier. Falsche und richtige Filmleute. Helfen tut das niemandem.

Im langen Abendkleid mit einer rehähnlichen Audrey-Hepburn-Haltung steht eine Dame am Pool und läßt sich von einem Herrn, der vorgibt, Produzent zu sein, Avancen machen. Wenig später verläßt sie die Bar – ohne einen Herrn, der vorgibt, Regisseur zu sein, und fährt nach Hause, in das Erdgeschoß eines kleinen Holzhauses im russischen Viertel.

Off-Stimme: »Das ist Mireille, sie ist seit vier Jahren in L. A. Die meiste Zeit hat sie gekellnert und alle Stars bedient. Davon erzählt sie gern. In Deutschland war Mireille Friseurin, bis sie auf einer Weltreise ihr schauspielerisches Talent entdeckte. Sie nimmt Schauspielunterricht. In irgendeinem Film durfte sie schon einmal eine Gans durchs Bild tragen, und mit anderen Wartenden führt sie Theaterstücke auf. Mireilles großes Vorbild ist Audrey Hepburn.«

Mireille in ihrer Wohnung: »Du mußt hier an dich glauben, und das tue ich. Es wird bald soweit sein. Jeden Morgen bekomme ich alle Rollen, die an diesem Tag in L. A. besetzt werden, in den Computer. Dann suche ich mir was aus und versuche, zur Audition zu kommen. Das ist schwierig, wenn man nicht eingeladen ist. Ein paar hundert, manchmal tausend Schauspieler bewerben sich für die kleinste Rolle, egal, ob für eine Soap, für einen Werbespot oder einen richtigen Film. Die Konkurrenz darf dich nicht stören. Ich versuche, zum Casting-Direktor zu kommen. An der Sekretärin vorbeizurobben, als Bote vom Pizzaservice. Einmal habe ich die Assistentin einer Casting-Direktorin angerufen und gesagt, ich wäre die Assistentin von dem und dem und suchte nach einem Weihnachtsgeschenk für die Direktorin. Die Assistentin hat mir verraten, was ihre Chefin mag, und dann habe ich der einen Präsentkorb geschickt, nur mit meinem Namen. Beim nächsten Mal wird sie sich daran erinnern. Neulich hat mich Steven Seagal angerufen. Ich will anspruchsvolle Filme machen und sehe mich irgendwie wie Lena Olin. Immer, wenn ich den Sunset langfahre, denke ich: Bald wird mein Bild auf den *billboards* sein.«

Off-Stimme: »Wird es vermutlich nicht. Warum sollten deutsche Schauspieler mit einem Akzent Stars werden, da die Stadt überfüllt ist von Talenten ohne Akzent. Warum Deutsche glauben, Hollywood warte auf sie, ist unklar. Wie kommen junge Menschen darauf? Besuchen wir den Hollywood Acting Workshop, der ersten Anlaufstelle vieler Deutscher.«

Ein altes Haus am Hügel im mexikanischen Viertel. Abendstimmung. Junge Menschen auf der Terrasse.

Off-Stimme: »Der Ort des Bösen. Der falschen Versprechungen. Zwei Deutsche machen mit den Träumen der Deutschen Geld. Sechs Wochen lang lernen hier deutsche Schauspieler, wie Hollywood funktioniert. Daß es eigentlich einfach funktioniert. Ein bißchen Schauspielerei, ein wenig Kameraarbeit. Eine schöne Zeit. Viktorianische Zimmer, lecker Essen, Kontakt zu Hollywood-Größen, alles erscheint einfach, und so bleiben viele. *(Kameraschwenk auf junge Sozialarbeiterin aus Deutschland.)* Sie ist schon verloren.«

Musik: »Schicksalsmelodie«.

Eine Sozialarbeiterin (Typ Langzeittherapie-Patientin): »Ich war sechs Wochen hier. Ich bleibe. Ich bin zum Drehbuchschreiben geboren. In Deutschland wäre das alles so zäh. Eine Schule machen, keinen Studienplatz bekommen und so. Hier machst du einfach. Die Lehrerin sagt, ich habe viel Talent, ich muß nur weiter Unterricht bei ihr nehmen.«

Off-Stimme: »Und so bleiben sie hier und kommen in den üblichen

Kreislauf aus Hoffnung und Müdigkeit, arbeiten bis in die Nacht, um Kurse zu bezahlen, Fotos zu bezahlen; ein gutes Geschäft ist es, mit all den Hoffnungsvollen. Sind am Tag zu müde, sind geschlaucht, und ihre Ausstrahlung geht flöten, ihr Akzent bleibt, und die Zahl deutscher Bösewichter, die Hollywood braucht, ist begrenzt. Bis sie das merken, die Hoffnung aufgeben und zurückkehren, vergehen Jahre, in denen sie zu Hause den Anschluß verpassen.«

Ein Mann, eine Mischung aus frühem Rutger Hauer und mittlerem Marlon Brando, lehnt in engen Jeans am Kamin.

Alexander: »Ich mach' mir nichts vor. Ich bin seit einem Jahr hier, und später werde ich, wenn überhaupt, immer nur Aliens spielen. Ist mir im Moment egal. Ich lerne und kümmere mich noch nicht um den Audition-Mist. Ablehnen lassen kann ich mich auch noch später. Der Weg ist das Ziel. Ich lebe meinen Traum, statt nur zu träumen. Morgen? Interessiert mich nicht. Heute kann ich lernen. Ich arbeite als Mädchen für alles beim Acting Workshop, fahre ans Meer, und zu Hause haben meine Freunde Winterdepressionen. Ich bin hier, ich habe es gewagt, ich sehe Palmen und Sonne. Was später wird, ist mir egal.«

Off-Stimme: »*Well.*«

Musik: »Strangers In The Night«.

Der junge Mann fährt ruhelos den Hollywood Boulevard hoch. Vorbei an den Sternen im Boden, an den Premierenkinos, in die schlechtere Gegend. Hält vor einer Titti-Bar.

»Jumbo's Clowns Room«. Innen ein paar Mexikaner. Auf einer kleine Bühne schlängeln sich Frauen unter Psychopharmaka. Die Brustwarzen wegen Moral und Gesetz mit Heftpflastern abgedeckt *(Kameraschwenk: Ein Heftpflaster löst sich vom Nippel, darunter ein Gnukopf).* Hier arbeitet Barbara.

Off-Stimme: »Die 45jährige Barbara und ihre 23jährige Tochter Nadja kamen vor viereinhalb Jahren nach L. A. Sie hatten ein Auto in der Lotterie gewonnen, verkauften es und fuhren los. Ohne konkrete Träume. Am Anfang spielte Tochter Nadja in ein paar B-

Movies mit und hatte ein paar Modeljobs. Die Mutter arbeitete in einem Magieladen. Träume haben beide immer noch nicht. Nur nicht mehr nach Deutschland gehen. Vielleicht passiert ja auch noch was Großes, denken sie sich, arbeiten die Nächte durch, die Tochter verschweigt, wo, die Mutter in der Titti-Bar, schlafen bis nachmittags. Das ist L. A. Das ist Freiheit, die sie meinen. Sie werden nichts schaffen, weil sie nichts schaffen wollen. Und das ist gut.«

Ein neuer Tag in L. A. Der Junge Mann hat Depressionen. L. A. funkelt nur für wenige. In den Hügeln wohnen die, für die es funkelt. Hinter hohen Toren in großen Häusern mit Blick über die Stadt aufs Meer. Der Weg von der Stadt in die Hügel scheint so nah.

Der junge Mann hat zu viele gesehen, die dasselbe wollen. Ist zuviel Auto gefahren, zuviel allein gewesen, hat zu viele Kaugummis gekaut. Doch zurück nach Deutschland, wo er mit großen Worten abgereist ist, kann er doch nicht. Und so fährt er durch die Hügel, an Rasenbewässerern vorbei – in einem Vorgarten steht eine lebensgroße Negerbedienstetenfamilie –, fährt hoch, über die Stadt. Den Mullholland Drive entlang. Eine kleine Baracke am Mullholland Drive. Darin ein Jungschauspieler.

Christian: »Für mich lief es super. Ich wollte gar nichts, wollte nur nicht in die Bank wie mein Vater. Ich bin durch Zufall hier gelandet, habe zufällig eine Frau kennengelernt, die mich zu einer Audition mitnahm. Sie wurde abgelehnt, ich entdeckt. Ich mache viele Werbespots, verdiene gut, kann mir gute Lehrer leisten. Ich war in einer Soap und bin Teenie-Star geworden und dadurch in Deutschland entdeckt worden. Da habe ich schon in drei Filmen gespielt. Ich will alles. Mein eigener Produzent werden. Reich werden und berühmt. Natürlich geht es mir um die Kunst. Ich kenne sie alle. Mit Tom Cruise habe ich neulich Fußball gespielt. Sie geben dir hier eine Chance. In Deutschland nicht. Im Moment stagniert es ein bißchen. Für den Teenie-Star bin ich zu alt. Bin ja schon 25. Aber ich habe schon vier Jahre durchgehalten. Da kannst du nicht nach Deutschland zurück, erträgst es dort nicht

mehr. Manchmal ist es Scheiße. Die Auditions sind wie Fleisch-
beschau. Und bis du eine noch so winzige Rolle bekommst, mußt
du manchmal bis zu fünfmal vorsprechen. Originell sein, echt
sein und wirst am Ende abgelehnt, weil deine Nase nicht stimmt.
Da brauchst du Selbstbewußtsein. Aber das habe ich, darum
werde ich es schaffen.«

Vor Christians Hütte: Autobucht am Mullholland Drive. Der junge
Mann sitzt in seinem Pkw.

Off-Stimme: »Da unten L. A. Wie ein eiskalter, glitzernder Diamant,
der anderen gehört, der reflektiert, wie die Welt ist, bald überall.
Ein Kampf ums Überleben, für einen, der seine Träume jagt und
nur dabei verloren hat. Die Unschuld, die Heimat, das Selbstbewußtsein. Und ein Zurück gibt es nicht. Manche tragen zu schwer
an dem Wissen, daß sie selber ihr Leben machen. Daß es keine
Wunder gibt, keine Liebe, nichts, was einem dabei hilft. Und daß
selbst seinen Träumen zu folgen nicht die Lösung ist. Weil sie nie
erfüllt werden, oder weil man merkt, daß sie erfüllt nichts wert
sind. Was die Lösung ist, sehen wir selbst.«

Junger Mann legt den Gang ein, singt die Nationalhymne und
fährt über den Rand in den Abgrund.

Off-Stimme: »Keiner wird ihn vermissen. Nur einer von Tausenden
weniger, die ihr Glück suchten.« *(Kameraschwenk: Ein Schwein
fliegt herum.)*

(Produzent, dem dieses Drehbuch vorgelegt wird: »Sehr interessant. Wir rufen Sie an.«)

aus: ZEIT-Magazin

Fanpost

An
Die Zeitmagazin-Redaktion

LASSEN SIE "TRÄUMER" TRÄUMER SEIN!

Ich bin kein Deutscher, sondern der ewige Fremde, aber mit diesem
Schreiben will ich Ihnen mitteilen, daß ich mich über den Bericht
von Sybelle Berg im DIE ZEIT-MAGAZIN von 12.2.98 sehr geärgert
habe. Ich verstehe einfach nicht, wie jemand so arrogant sein
kann, einen solchen einseitigen und ungerechten Bericht zu
schreiben. Ich finde ihre Bilder und Beschreibungen sehr
oberflächlich, ihre Urteile nicht nur demotivierend, sondern auch
vielen Amerikanern gegenüber ungerecht. Immerhin in LA lacht nicht
nur die Sonne, sondern auch der Mensch, der das Leben leicht
nimmt, während der ewig leidende, unfreundliche, neurotisch-
pathologisch veranlagte Deutsche, der nicht nur den anderen,
sondern auch sich selbst haßt, das ganze Jahr mit dem schlechten
Wetter Wetbewerb macht. Ihre Kritik ist so trivial und einseitig,
Frau Berg! Diese jungen Menschen sind ausgewandert, weil sie
gemerkt haben, daß dieses eiskalte, kranke und krankmachende Land,
ihnen die Träume tötet. Jeder gebildete Mensch weiß doch, daß
Deutschland, was dem Film anbelangt, ein armes, mitleiderregendes
Land ist. Ja, es ist Stolz auf seine genialen Liebeskomödien, die
der Rest der Welt zum Glück nicht verstehen kann! Was bleibt einem
aber übrig, wenn man davon die Nase voll hat? Natürlich ist es in
den USA für jeden schwer, ins Filmbusiness einzusteigen. Manche
schaffen es, manche nicht, manche früher, manche später. Aber was
hat Deutschland seinen konzequenten "Träumern" zu geben? Dort hast
du mindestens die Möglichkeit, mit den Filmleuten Kaffee zu
trinken. Was ist schlimm dran? Und wie sind die "Stars" (?) hier?
Wie gehen überhaupt in diesem Land die Menschen miteinander um?
Diese ewige schlechte Laune! Warum wollen Sie dem Auswanderer
einreden, daß er dort "heimatlos" und "einsam" ist?. Frau Berg muß
eine Hanseatin sein, deren Natur dieser naßen, kalten nordischen
Dunkelheit entspricht. Wie schön, wenn sie sich über den
Sonnenuntergang am Vinice beach lustig macht! Aus Neid?
Sie will mit ihrer Besserwisserei Angst und Panik machen, ich sage
aber: Wer kann, der soll weg!!!

Leser M. F., ohne Ort

Bangladesch

Ist das Glück?

*Bangladesch ist arm. Regelmäßig wird es von Wirbelstürmen und
Überschwemmungen heimgesucht. Dennoch leben hier die glück-
lichsten Menschen der Welt. Das ergab jedenfalls eine Studie in 54
Ländern von Robert Worcester, Professor an der renommierten Lon-
doner School of Economics. Sibylle Berg hat sich im vermeintlichen
Paradies umgesehen – und schreibt dem Professor einen Brief*
Lieber Professor Worcester, ich stehe hier vor dem Flughafen
Dhaka in Bangladesch und denke, ich sollte Ihnen einmal schreiben. Das ist gerade ein wenig mühsam, denn ich bin umringt von
ungefähr 20 Menschen, die mich anfassen. Der Flughafen ist ein
Naherholungsgebiet in Dhaka. Jeden Abend drängen sich rund
100 Bengalen an den Fenstern der Abflughalle und besichtigen
Flugreisende.
Aber was ich eigentlich sagen wollte: Vielen Dank, lieber Profes-
sor für Ihre wissenschaftliche Studie über die glücklichsten Men-
schen. Mit ihr bestätigen Sie, was wir in Europa alle ahnen: Geld
macht nicht glücklich. Da Deutschland nur auf Platz 42 Ihrer Un-
tersuchung gelandet ist, dachte ich, Zeit, was zu unternehmen.
Da ich, ohne daß ich näher darauf eingehen möchte, mit meinem
Leben nicht zufrieden bin (Deutschland, Platz 42), dachte ich,
Bangladesch könnte der richtige Ort für einen Neubeginn sein.
Vielleicht ist es hier ja gar nicht so übel, wie wir denken, was? Ich
werde Sie auf dem laufenden halten.
Das ist also die Hauptstadt des Paradieses, denn wie sonst soll

man einen Ort mit fast 100 Prozent glücklichen Menschen nennen. Die Luft ist wie ein wollenes Kleid. Sie legt sich behutsam auf
die Haut, Wollfäden kriechen in Nase, Ohren und Lunge, es riecht
nach verrottetem Metall, nach faulenden Früchten, und nach kurzer Zeit ist der Leib mit einer dunklen Schicht überzogen. Polizisten, Atemschutzmasken vor der Nase, prügeln mit Stöcken auf
Rikschafahrer ein. Tausende Räder, Mopeds, Busse, Lastwagen
fahren herum, als ob die Insassen auf einem wirklich üblen Trip
wären. An den Rändern der Straße Häuser, die wie mit Schimmel
überzogen scheinen, weil sie mit Schimmel überzogen sind. Davor Müllhaufen, darauf urinierende Männer, daran nach Essensresten suchende Menschen.

Menschen überall, sie stehen, und hocken und sitzen, starren
den Verkehr an. Viele wohnen neben den Müllhaufen. Sie haben
Planen an Zäune geknüpft. Einige sind nackt. Die Zahl der Einwohner Dhakas kann nur geschätzt werden. Die des ganzen Landes, das um einiges kleiner als die Bundesrepublik ist, beträgt
120 Millionen. In Dhaka, wird vermutet, leben viele Millionen auf
der Straße und in Slums. Durch den Smog scheint die Sonne lila.
Das Glück hätte man auf Trinidad vermutet, in Thailand, irgendwo, wo gelächelt wird und getanzt. Hier tanzt kein Schwein.
Aber ich möchte Ihre Studie, Herr Professor, nicht in Frage stellen. Bestimmt ist das Glück eine sensible Sache, und der Charakter eines Landes offenbart sich nicht direkt. Man muß sich mit
dem Land vertraut machen, wie mit einem Menschen. Ich werde
versuchen, in einer Woche das Land zu verstehen, das Glück zu
begreifen, und dafür durchquert man es am besten in einem
gemächlichen Tempo.

Das Auto, mit dem ich reise, fährt 30 km/h, schneller ist nicht drin,
denn die Straße wirkt wie etwas, das Bagger liegengelassen haben. Vor der Stadt sieht es nicht viel anders aus als in ihr. Hütten,
Staub, zu viele Menschen auf zu wenig Platz. Bangladesch ist ein
Agrarstaat. 80 Prozent derer, die überhaupt Arbeit haben, machen
in Landwirtschaft. Ab und zu eine Fabrik, die Ziegel brennt oder

chemische Dinge herstellt. Bangladesch ist so stolz auf diese häßlichen kleinen Fabriken, daß Postkarten damit bedruckt werden. Nach fünf Stunden komme ich zur größten Attraktion des Landes: der Gumona Bridge. Eine lange Brücke über den Jamuna, einem der beiden dicken Flüsse in Bangladesch. Die Brücke ist einfach eine Brücke, Touristen sitzen in einem Doppeldeckerbus und fahren auf der Brücke hin und her. Dabei sehen sie den Fluß nicht, sondern nur eine Asphaltstraße. Sie fotografieren sich darauf. Nach der Brücke wieder Reisfelder. Wasserbüffel machen ihren Job, die Luft ist sauber, solange keine kleine Fabrik in der Nähe ist, und wie in vielen Ländern der Dritten Welt fragt man sich: Warum gehen die Menschen von der Armut der Dörfer, wo man wenigstens atmen kann, in die Armut der Stadt, die um vieles unmenschlicher scheint?

Der Boden in Bangladesch ist sehr fruchtbar, solange er vorhanden ist. Ein Bauer zeigt mir seine Hütte. Sind Sie glücklich? frage ich ihn, als wir in den dunklen acht Quadratmetern stehen, die er sich mit seiner Frau und fünf Kindern teilt. Der Bauer sagt »Ja. Sehen Sie, da (er zeigt auf einen breiten, gelben Fluß) stand vergangenes Jahr unser Dorf. Jetzt haben wir nichts mehr. Eine Wellblechhütte an der Straße, denn da darf man ohne Genehmigung bauen, aber keine Arbeit mehr. Wir müssen weg, sonst verhungern wir.«

Bangladesch liegt fast auf Meeresspiegelhöhe und bietet keine Hindernisse für die wasserreichen Flüsse, die sich aus den Gebirgen Indiens über das Land ergießen. Und so wird es regelmäßig überschwemmt oder von einem der Wirbelstürme, die sich in diesem idealen Kesselland bilden, verwüstet. Falls das Land nicht weggeschwemmt wird, verlieren es viele Bauern durch Betrug. In Bangladesch gab es nie eine Landreform. Die Bauern, die oft nur winzige Landstücke besitzen, deren Ertrag gerade zum Überleben reicht, werden immer wieder enteignet. Das geht einfach. Ein kleines Schriftstück, das einen als Besitzer eines Bodenstücks ausweist, genügt. Wenn man lesen und schreiben kann, beherrscht man mehr als fast alle Bauern. Ein bißchen Bestechung, und schon ist der Bauer sein Land los. Eine Chance, sich zu wehren, gibt es für ihn nicht, denn dazu braucht er einen Anwalt. Der wohnt in der Stadt und kostet mehr Geld, als ein Bauer in einem Jahr verdient. Und ob nun durch Unwetter oder durch Betrug – wenn die Bauern einmal ihren Besitz verloren haben, haben sie so gut wie keine Chance, auf dem Land zu überleben. Und so fahren sie in die Stadt, um dort das Glück zu suchen. Fahren mit Träumen, die sie nicht genau formulieren können, weil es keinen Fernseher gibt, der Träumen lehrt, in einem überfüllten Zug in die große Stadt. Sie kommen an, am Bahnhof in Dhaka. Dort sind schon die anderen. Heute eingetroffen, gestern oder vor Wochen. Sie liegen zwischen den Gleisen, an der Straße und sind verwirrt, denn so schlimm hatten sie es sich nicht vorgestellt. Die Stadt scheint sie anzuspringen wie ein böses Tier. Sie will sie nicht haben, die Stadt.

Wenn die jungen Frauen vom Lande Pech haben, werden sie vom Bahnhof weg gekidnappt. Von Banden, manchmal von der Polizei, werden vergewaltigt und zur Prostitution gezwungen. Eine Frau, die von einem anderen Mann besessen wurde, hat kaum eine Chance, zu ihrem Ehemann zurückzukehren. Die meisten Frauen sind nicht speziell glücklich in Bangladesch. Sie haben keine Rechte, und in den Dörfern werden sie vom Imam, dem Vorbeter, wegen Gesetzesverstößen gegen den Islam verurteilt. Oft sind es vertuschte Vergewaltigungen, die den Frauen ein Todesurteil durch Prügel, Steinigung oder Vertreibung aus der Gemeinschaft einbringen. Seit neuestem werden Frauen zur Strafe mit Säure entstellt. Solche Vergehen gegen Frauen, Morde an Frauen werden nie untersucht oder verhandelt. Nur langsam wächst eine Widerstandsbewegung. Hauptsächlich in Dhaka setzen sich Schriftsteller, Journalisten und Frauen, die studieren konnten, für die Gleichberechtigung ein. Doch sie leben gefährlich, denn mit Billigung der Regierung werden Feinde des Islam attackiert, getötet oder, wie die feministische Schriftstellerin Taslima Nasreen, auf schwarze Listen gesetzt. Sie mußte das Land wegen der Morddrohungen verlassen.

Zurück zum Bahnhof. Dort sitzen sie also, die Frauen, und bewachen die wenigen Habseligkeiten. Sie sitzen im Dreck, den Blick gesenkt, und warten auf ihre Männer. Die suchen Arbeit. Doch solche wie sie gibt es genug. Keine Arbeit, keine Wohnung, und so wandert die Familie zur nächsten Etappe ihres Lebens, in den Slum.

Um die Ecke des Bahnhofs beginnt einer der vielen großen Slums von Dhaka. Die Armut ist nicht versteckt in diesem Land, so daß nur Sensationsreporter sie aufspüren könnten. Sie ist überall. Die Slums sind nicht am Rande der Stadt, nicht irgendwo in einer Ecke, sie sind mittendrin.

Lieber Professor, bestimmt waren Sie auch in einem Slum für Ihre Glücksuntersuchung? Dieser hier befindet sich auf dem Gelände einer Müllhalde. Tausende Verschläge aus Plastiksäcken und Stoffetzen, nicht größer als eine Hundehütte. Darin wohnen bis zu sieben Menschen. Die Wege bestehen aus Schlamm, aus Kot und Abfall. Neben den Hütten verwesen Abfallhaufen. Toiletten gibt es nicht im Slum, Betten gibt es nicht im Slum. Leben ist das nicht.

Viele Menschen haben etwas Irres im Blick, weil viele irre geworden sind. Der Mensch ist für ein Minimum Menschenwürde eingerichtet. Nimmt man sie ihm, ist es, als ob das Gehirn irgendwann gnädig aussetzt. Der Gestank füllt jeden Millimeter der Lunge. Aber die Lunge kann nicht kotzen. Die Männer sind meistens auf Jobsuche, ab und zu finden sie etwas, für einen Tag. Manche der Frauen arbeiten auf großen Steinhaufen am Straßenrand. Sie zertrümmern Ziegel zu Split für den Straßenbau, zehn Stunden täglich. Die kleinen Kinder haben sie dabei, die größeren passen auf sich selber auf. Zehn Stunden Steine zerschlagen, den roten Staub einatmen, der sich mischt mit den Abgasen der vorbeidonnernden Laster. Am Abend kochen sie, versorgen ihre Kinder und werden zum Abschluß des Tages häufig von ihren Männern verprügelt, die mal wieder keine Arbeit bekommen haben.

Sie kommen meistens mit dreizehn, vierzehn Jahren in den Slum, die Frauen, nachdem sie mit einem Unbekannten verheiratet wurden. Mitte Zwanzig haben sie an die vier Kinder, die andere Hälfte ist gestorben. Sie haben die Kinder in der Hütte gezeugt, beobachtet von der Familie, gestört von Geräuschen aus den anderen Hütten, sie haben die Kinder in der Hütte geboren. Am Boden, im Staub liegend.

Eine Frau liegt wimmernd in einer Hütte. In der Hütte riecht es nach Kot, Müll und Mensch, die Frau ist ausgezehrt und sieht aus wie eine Greisin. Sie ist dreißig. Mit vierzig sterben die meisten sowieso, an Tuberkulose, Cholera, Geschlechtskrankheiten oder einfach an der Müdigkeit. Die Frau hat sich bei einer Prügelei die Rippen gebrochen. Und nun liegt sie da und hat Angst, nicht mehr aufstehen zu können, denn wer einmal liegt, kommt oft nicht wieder hoch. Was soll ich aufstehen, scheint sich der Körper zu denken, wozu? Eine Frau, die liegt und dennoch wieder auf die Beine kommt, kann das Pech haben, daß ihr Mann sich unterdessen eine gesunde Frau gesucht hat. Dann muß sie gehen, und das ist meist ihr Todesurteil, denn eine Frau ohne Mann kann vergewaltigt werden, getötet, niemanden interessiert das.

In einige der Slums kommen deutsche Ärzte. Sie arbeiten in ihrem Urlaub bei Ärzten für die Dritte Welt. Stundenlang warten die Frauen vor der Ärztebaracke auf das Gefühl, das ihnen jemand zuhört, sich für sie zu interessieren scheint, ein paar Minuten lang. Ein bißchen albern ist es schon, aber Sie, lieber Professor, waren sich ja auch nicht zu schade dafür.

Also frage ich eine junge Frau in der Warteschlange, ob sie glücklich ist. »Ja«, sagt die Frau. Dann erzählt sie, daß sie ihr Kind gestern verloren hat, und daß sie solche Schmerzen hat. Die Frau zeigt mir ihr offenes Bein. Wie soll das hier heilen im Dreck. Vielleicht wird sie von den Ärzten in ein Krankenhaus gebracht. Dann wird sie schreien und sich wehren. Denn wenn sie aus dem Krankenhaus kommt, ist ihr Platz in der Hütte vielleicht schon von einer anderen besetzt.

Die Krankenhäuser in Dhaka sind ein etwas schwieriger Ort, um das Glück zu suchen. In einer großen Halle liegen ungefähr 100 Patienten in Betten mit Plastikmatratzen, die in der Mitte ein Loch haben. Dort läuft der Urin, der Kot, der Eiter ab in Schüsseln, die darunter stehen. Die Patienten leiden oft tagelang, ohne einen Arzt zu sehen. Die Medikamente, das Essen müssen sie mitbringen, und allein der Aufenthalt kostet am Tag rund fünf Mark. Zuviel für jene, die nichts haben. Die liegen am Straßenrand, wenn sie krank sind, oder taumeln im Delirium auf der Fahrbahn. Wenn sie Glück haben, werden sie von einer Schwester des Mutter-Theresa-Krankenhauses gefunden. Dort werden die aufgenommen, die sonst keiner mehr will. Geistesgestörte, Sterbende oder Kinder. Vor allem Mädchen werden vor die Tür des Heimes gelegt oder behinderte Säuglinge. Ob nun Mutter Theresa gut oder böse war, ist eigentlich egal. Man ist froh um jeden, der in dieser Hölle Dhaka irgend etwas tut für die, die von allen vergessen wurden.

Kein Glück hier, aber vielleicht ist das Glück bei jenen, die es besser haben in Bangladesch. Sie leben in einem guten Viertel, und um dorthin zu gelangen, muß ich wieder durch einen Slum. Tut mir leid, wenn ich mich wiederhole, ich weiß, Armut im Übermaß kotzt an. Dieser Slum ist eher die Normalität, der Großteil der Bevölkerung der Stadt lebt so. Er liegt an einem großen Abwassersee. Richtige Strohhütten hat es hier, zwischen denen enge Matschgassen hindurchführen. Wenn die Flut kommt, der Monsun, meist einmal im Jahr, stehen alle Slums unter Wasser. Das heißt für Millionen Menschen wochenlanges Waten durch Schlamm, schlafen auf Kisten, unter denen das Wasser gluckert und Ratten schwimmen. Im Winter, wenn die Temperaturen nachts bis auf vier Grad absinken, haben die Menschen nicht mehr an als im Sommer, ein paar Fetzen Stoff. Im Winter ist die Kindersterblichkeit sehr hoch.

Kinder hat es überall. Horden von Kindern. Können die nicht ein bißchen Obacht geben, denkt man sich. Zwar versuchen zum Beispiel die deutschen Ärzte, den Frauen den Gebrauch von Kondomen nahezubringen. Doch es ist schwierig, einen Mann, der seine Potenz an der Zahl der Söhne mißt, davon zu überzeugen und in einem Land, in dem Kinder die einzige Altersversorgung sind, auf einen Dreipersonenhaushalt zu drängen.

Hier im Slum kostet eine Hütte ungefähr soviel wie der Monatslohn einer Arbeiterin. Die meisten Frauen im gehobenen Slum arbeiten in Textilfabriken. Sie stehen um fünf Uhr auf, versorgen ihre Kinder, kochen und gehen dann in die Fabrik. Manchmal werden sie über Nacht eingeschlossen und müssen weiterarbeiten, manchmal bekommen sie ihren Lohn nicht ausgezahlt. Oft werden sie von Arbeitern vergewaltigt. Machen können sie dagegen nichts.

Einer der modernen Unternehmer in Bangladesch ist der Inhaber der Textilfabrik Defoin, Zafar Siddigue. Er zeigt uns eine Ausnahmefabrik. Mit Feuerlöschern, mit hellem Licht und normalen Arbeitszeiten. Herr Siddigue sagt: »Ich kann nur reich werden, wenn es meinen Arbeitern gut geht. Die meisten sehen das anders. Für sie sind Arbeiter aus den Slums so etwas wie Nutzvieh, das ausgetauscht wird, wenn es nicht mehr funktioniert. Mit meinem Leben bin ich sehr glücklich. Mit der Politik meines Landes nicht. Was unser Land bräuchte, wäre eine Revolution. Doch das werden vielleicht erst meine Söhne erleben.«

Herr Siddigue lebt im Nobelviertel Banani, zusammen mit den acht Prozent der Reichen in Bangladesch. Sie teilen sich ein Vermögen von rund 2,7 Milliarden Dollar. Das sagt mir Doktor Rashid, der auch hier wohnt. Rashid ist Ingenieur, und seine Frau ist seine Frau. Sie leben seit 40 Jahren zusammen. »Ach, wissen Sie«, sagt er, »unsere Ehe wurde arrangiert. Aber wir sind glücklich. Schauen Sie sich den Westen an mit seinen Liebesheiraten. Das Glück unserer Bevölkerung«, sinniert er, »liegt in ihrer fatalistischen Einstellung. Alles ist Schicksal. Wenn du krank bist, dein

Land verlierst, betrogen wirst. Die Menschen schicken sich halt drein. Was sollen sie tun? Sie sind sehr friedlich, fast naiv und sehr gläubig. Man kann das Volk hervorragend manipulieren.«

Schrankwand, Couchgarnitur, Bedienstete – bei Rashids geht es zu wie bei uns zu Hause. Es gibt einen kleinen Teil Normalität in Bangladesch, nicht nur Elend und Armut. In Banani ist es wie in jedem Reichenviertel der Welt. Hohe Zäune, Tiere, Ruhe, Villen, nur daß gleich nebenan ein Slum beginnt, daß auf den Straßen Menschen nach Nahrungsmitteln suchen.

Auch Anando ist in diesem Viertel, die Hilfsorganisation eines deutschen Pfarrers. Nach dem Dreck auf den Straßen, dem Staub auf den Straßen, dem dauernden Angestarrt- und Angebettelt-werden auf den Straßen wirkt Anando wie ein Bild aus dem *Wachtturm*. Vögel und Bäume, schöne, junge, lachende Menschen. Die sich sehr freuen, mich zu sehen.

Man liebt Deutsche. Das ist ein ungewohntes Gefühl. Ob die Ärzte für die Dritte Welt oder Anando, hier im Chaos bewährt sich der pragmatische, deutsche Helfertyp. Und fast bin ich ein wenig stolz auf meine furchtlosen Landsleute. Pfarrer Beuerle hat, wie es scheint, halb Bangladesch gerettet. Seine Idee war, daß die Menschen Ausbildung und Kultur brauchen. Und so hat er Erwachsenenbildungsstätten für Männer und Frauen eingerichtet und Kulturzentren. Überall in Bangladesch trifft man jemanden, der Pater Beuerle kennt und ihm sein Leben verdankt.

»Ein Land kann sich nicht ändern, wenn die Menschen nicht Denken lernen«, sagt er. Im Anando-Zentrum in Dhaka arbeiten gleichberechtigt junge Männer und Frauen, die alle gut ausgebildet sind. Sie unterrichten, organisieren, arbeiten in den Slums und auf dem Land. Sie haben eine Energie, die wir kaum kennen. Sie wollen mit aller Kraft, die sie haben, ihr Land verbessern. Eine schöne junge Frau sagt:»Ich bin glücklich, denn ich sehe, daß es unserem Land besser gehen wird. Vielleicht werde ich es nicht mehr erleben, aber es wird sich etwas ändern.«

Ein schöner Abschluß. Das Glück in der Zukunft. Und um einen

wirklich runden Eindruck von diesem Land zu bekommen, besuche ich noch seine Vergangenheit. Die Gräber eines Landes geben immer Aufschluß über die Mentalität der Lebenden. Die Gräber auf dem islamischen Friedhof in Dhaka sind hoch genug, daß
der Tote sich aufsetzen kann, wenn man eine Frage an ihn richtet. Ich frage: Wie kommt Professor Worcester als Intellektueller
eigentlich darauf, so etwas Flüchtiges wie das Glück zu untersu-
chen? Ist Glück nicht ein Gefühl wie Hunger, Durst, Müdigkeit
und Ekel? Kommt und geht es nicht? Und kann es sein, daß Professor Worcester ein Schlitzohr ist, das einfach ein bißchen
Rummel machen wollte? Könnte es ferner sein, daß irgendeine
politische Geschichte dahintersteckt, wenn er dem Rest der
wohlhabenden Welt die Argumente für die Beruhigung ihres Ge-
wissens liefert? Der angesprochene Tote setzt sich auf und sagt:
»Ich bin glücklich.«
Und da ist er endlich, der glückliche Bengale. Ich und die Leiche
kommen zu dem Schluß, daß von dem Geld, das für diese Studie
verbraten wurde, die Menschen in den Slums wahrscheinlich ein
Jahr hätten leben können. Macht ja nichts, lieber Professor. Ich
werde wieder heimfahren und vielleicht öfter mal glücklich sein,
wenn ich an Bangladesch denke. Ein Land, in dem ich viele Menschen getroffen habe, die noch an etwas glauben, und in dem ich
vielleicht begriffen habe, worum es geht. Und bestimmt, lieber
Professor, würden Sie sich hier sehr wohl fühlen.

aus: Zeit-Magazin

Fanpost

Betr.: Kommentar über Bangladesch-Reportage "Glück"
von Sibylle Berg

Sehr geehrte Frau Berg,

die von Ihnen verfasste Reportage über die
-glücklichen Menschen in Bangladesch-
war mir zu blauäugig und geistlos.
Denn Sie alles mit einem 'verwöhnten'
westlichen Auge betrachten, werden Sie
in diesem Fall die Bedeutung des Glücks ge-
schweige noch das Glück selber finden.
Wie können Sie in nur einer Woche, ein
so armes', und für Sie so kulturfremdes Land,
verstehen, um zu ~~beur~~ beurteilen wer glücklich
ist und wer nicht!

Mit freundlichen Grüßen

Leserin R. T. aus Hamburg

ZEIT*magazin* Nr. 14 vom 31. März 1999, S. 22 Ist das Glück?

von Sibylle Berg und Bert Heinzlmeier

Sehr geehrte Frau Berg! Sehr geehrter Heinzlmeier!

Nur zu Ihrer Information, nur damit Sie nicht glauben, daß lediglich der Islam solche fatalen
Blüten treiben kann, wie Sie sie beschrieben haben:

> Denn wer hat, dem wird gegeben, und er wird im Überfluß haben; wer aber nicht hat,
> dem wird auch noch weggenommen, was er hat.   Matthäus 13,12

> Denn wer hat, dem wird gegeben, und er wird im Überfluß haben; wer aber nicht hat,
> dem wird auch noch weggenommen, was er hat.   Matthäus 25,29

> Denn wer hat, dem wird gegeben; wer aber nicht hat, dem wird auch noch
> weggenommen, was er hat.   Markus 4,25

> Denn wer hat, dem wird gegeben; wer aber nicht hat, dem wird auch noch
> weggenommen, was er zu haben meint.   Lukas 8,18

> Ich sage euch: Wer hat, dem wird gegeben werden; wer aber nicht hat, dem wird auch
> noch weggenommen, was er hat.   Lukas 19,28

Für die Gleichberechtigung der Frauen gilt im Christentum ähnliches, zumindest

wenn man nicht heutigen Theologen glaubt, sondern Jesus und seiner Jüngern,

insbesondere dem Kirchengründer Paulus.

Ist Glück doch eine Täuschung der Sinne? Lieber unwissend, aber glücklich?

Mit freundlichen Grüßen   *Leser M. S. aus München*

_____

Der Artikel "Ist das Glück?" von Sibylle Berg im ´ZEIT-Magazin´ Nr. 14 vom 31.3.99

Sehr geehrte Frau Berg,

Frau Berg, Sie begannen Ihre Ausführungen als Brief an jenen Herrn Worcester. Hätten Sie es
nur bei einem Brief belassen und uns diesen Erguß erspart. Meine Bitte an Sie: Verfassen Sie
Ihren nächsten länderkundlichen Beitrag über die Toskana. Vielleicht wäre damit allen
Beteiligten besser gedient.

Mit freundlichen Grüßen

Leser R. K. (Ethnologe, M. A.) aus Berlin

63

Moderne Städte im Osten.
Abgelehnt von der »Woche«.
Weil: nicht modern genug

Quietschende Städte

Eine Ansammlung von Häusern, mehr oder weniger verputzt, ein Kiosk, eine Grünanlage, die man nicht betreten sollte, besser nicht, wegen des Kots. Das ist die Stadt. Die ist modern. Unmoderne Städte gibt es nicht.

Es hat ein Kino in der Stadt, wenn sie klein ist, hat es eins, sonst mehr, das ist die Kultur. Ein Theater. Sicher, es hat ja in jedem Nest ein Theater. Mit einem Orchester. Alte Herren, die den jungen Dirigenten hassen, Schauspieler, die sich selber hassen. Ab und zu mal was Wildes im Spielplan, neben Boulevard, Beckett. Dann wird nackig auf der Bühne gelaufen. Die Stadt schüttelt sich. Vergißt und schläft wieder ein. Die Stadt besteht aus Menschen. Die Menschen wohnen in mehr oder weniger verputzten Häusern. Sie leben in Kleinfamilien, das macht man jetzt so. Zwei Eltern, die dachten, ein Kind würde ihnen Aufgabe sein. Da könnten sie sich sorgen, wüßten, worum es geht. Wissen dann nichts, außer, daß alles zu dicht, zu laut, zuwenig Platz, wollten es doch besser haben als ihre Eltern, die auch schon hier lebten, es besser haben wollten. Besser als ein Leben ist nicht drin.

An der breiten Straße noch mehr Kultur. Die Bibliothek. Da geht keiner hin, weil es nach Bohnerwachs stinkt, weil die Augen brennen, in Neonlicht. Ab und zu überlegt sich die Bibliothekarin, immer ohne Kleinfamilie, etwas Verrückes. Mit Luftballons. Dann kommen drei Rentner, trinken Kaffee und haben einen Luftballon in der Hand. In der Woche geht die Stadt so: Die Erwachsenen stehen früh auf. Ihre Gesichter sind sehr alt oder jung, müde immer, sie wollen nicht aufstehen, die Erwachsenen. Sie sitzen in Küchen an abwischbaren Decken, es riecht nach Kaffee, die Uhr tickt, sie könnten weinen. Weinen nicht, sind erwachsen. Sie verabschieden sich von sich, fahren oder laufen in ein Büro, eine Fabrik, einen Laden, es ist egal, es ist immer falsch. Vergessen über die Stunden, daß es falsch ist, weil es dann dunkel ist und Abend und nach Hause, Wurstbrote oder Käse und Tee und Bier und Fernsehen und schlafen.

Die Kinder waren in der Schule, haben vergessen, daß sie weinen wollten am Morgen, und kommen heim und sehen fern oder spielen mit anderen Kindern Fußball.

Die Pubertierenden waren in der Schule oder in der Lehre und treffen sich danach im Park, sitzen auf der Bank und haben Hemmungen, oder laufen durch die Fußgängerzone und kichern oder sitzen am Fenster und träumen. Irgendwann, träumen sie, werde ich erwachsen sein und weggehen von hier, wohin, da es spannend ist. Und dann versuchen sie das Wort spannend in ihren Träumen zu bebildern und beginnen zu weinen, weil ihnen das nicht gelingt.

Und dann die Wochenenden. Meine Güte, die Wochenenden. Am Sonnabend gehen die Erwachsenen und die Pubertierenden ins Kino. Manche ins Theater. Oft schlafen sie dabei ein, weil widerwillig verbrachte Wochen so müde machen. Im Theater schlafen sie, im Kino nicht so oft. Wenn der Film gut war und aus Amerika kam, haben sie danach ein betrogenes Gefühl.

Und dann der Sonntag. Der ist zäh und klebrig und viele fahren mit dem Fahrrad in der Stadt herum oder laufen in der Grünanlage und Himmel, möge doch der Sonntag an uns vorübergehen, der einem mit seiner Leere die Luft abschnürt. Der geht aber extra nicht vorbei, der Sonntag.

In der Fußgängerpassage haben sie einen Brunnen gebaut. Der Künstler hat daran 100 000 Mark verdient, heißt es. Ein Scheiß. Kugeln und Quader und Künstler müßte man sein. Ausschlafen und nie Sonntage, weil man nach dem Ausschlafen immer mit Weibern auf dem Tisch tanzt.

Eine Stadt verändert sich. Langsam geht das. Da wird mal was neu asphaltiert. Dann gibt es eine Straßenbahn oder ein Hochhaus. 5 Stockwerke. Vielleicht wird auch ein Museum gebaut. Sieht dann aus, wie alle Museen. Will man nicht rein. Drinnen Kunst. Könnt ich auch. Die Künstler habens gut.

Langsam verändert sich eine Stadt. Nichts schockiert in der Stadt. Macht die Menschen in den Häusern wachsen. Langsamer als ein Menschenleben geht das, mit der Veränderung. Keine neuen großen Gedanken für die Menschen, nichts zum Toben, nichts zum Größenwahnsinnig-Werden und Fliegen. Gar nicht. Es bleibt, wie es ist, so scheint es, das Leben, zäh, wie ein andauernder Sonntag, die Hochhäuser wachsen so langsam, die Brunnen sehen immer gleich aus, und ein Bild ist immer nur ein Bild. Aus sich heraus kommt keiner, wohin auch?

Die Straßenbahn quietscht die Menschen in den mehr oder weniger verputzen Häusern aus dem Schlaf, morgens um 5. Das ist der Fortschritt. Der neue Wohnblock ist der Fortschritt, ein neuer Laden. Oder mal ein Konzert. Toll, ein Konzert, eine Gruppe aus dem Ausland. Dann stehen die Jungen und denken, jetzt passiert es. Es passiert Musik, und wenn die zu Ende ist, werfen sie eine Parkbank um, die Jungen, und träumen von Revolution, und am nächsten Morgen quietscht sie die Straßenbahn aus dem Schlaf. Und das einzige, was passiert, ist die Liebe, die Liebe, die Liebe für die Jungen, das Gefühl, wie weit weg irgendwo und auf den Kopf und durchgeschüttelt. Und dann wieder auf die Beine und erwachen, in einer Kleinfamilie oder allein, als Bibliotheka-rin. Oder in Urlaub. Ans Meer. Wie schön, das Meer. Zwei Wochen ausschlafen sind zu lang. Zurück. Und warten. Daß doch etwas passiert, und weil nichts passiert, und vergessen darüber. Nichts Neues. Nichts zum Aufregen. Vielleicht mal ein Skulpturenpark, ein Erlebnispark, ein neuer Schnellimbiß. Sieht alles gleich aus. Und warten worauf? Aufs Altwerden, in der Stadt, die sieht immer noch gleich aus, ein paar neue Hochhäuser, sehen aus, wie die alten, einen neue Passage, überdacht, im Park Holzkunstwerke gleich Nachgeburten, zu alt, um sich aufzuregen, und dann endlich der Tod, der Sarg, die Grube, Ruhe. So war das in irgendeiner Stadt im Osten, vor 20 Jahren. Oder jetzt gerade, vielleicht war es auch Gütersloh oder Wanne-Eickel, wer soll das wissen, wer will das wissen. So modern sind Städte. All die kleinen, alten Städte im Osten, im Westen, egal wo, und was wäre da schon modern, außer sie zu sprengen, 89stöckige Häuser hinzustellen und Helikopter, Tokio zu bauen, doch das gibt es schon, und unten, in den Hochhausschluchten laufen Menschen, nachdem sie erwacht sind morgens um 5 vom Quietschen der Straßenbahnen.

Erstdruck

Castrop-Rauxel
Da darf ich noch mal hin.
Aber wozu?

Deco Domo

Die Menschen im Raucherabteil der Deutschen Bundesbahn sind
ja nun mal speziell häßlich. Die Frauen tragen weiße Pumps zu
schwarzen Feinstrumpfhosen, wo sie mit künstlich verlängerten
Fingernägeln dunkle Querstreifen draufgemacht haben. Der Herr
trägt Schnauz oder ist Soldat, wohinter immer eine ähnliche
Gemütsverfassung steht, und die ganze vergnügte Rasselbande
trinkt Bier und raucht, als ob es kein Morgen gäbe. Ich fühle mich
wohl, unter diesen Menschen. Sie vernebeln die Luft und wirken
wie eine Mauer gegen die Ungeheuerlichkeit; Deutschland Mitte
vor dem Zugfenster. Teilentlaubte Bäume, nach Liebe bettelnde
Fabrikschornsteine und in auswurfgelben Häusern Menschen
oder Schnapphamster, die zu allem fähig sind. Bochum. Der Zug
hält wirklich in Bochum. Ich drücke mich tief in den Sitz, und
habe Angst. Davor, daß Herbert Grönemeier ins Abteil kommt,
mich fesselt und dann vor mir kniet, um mir zehnmal das Lied
seiner kleinen Heimatstadt vorzusingen. Und ich, gefesselt, muß
mir das anhören und auf Herberts schütteren Scheitel schauen,
und da bin ich sehr froh, als der Zug weiterfährt. Selbst wenn
mein Ziel Castrop-Rauxel ist. Nein, im Ruhrpott ist es schon
schön. Das sagen ja alle, die da wohnen. Sie erzählen von dem vielen Grün (die entlaubten Bäume) und von dem duften Kulturan-
gebot (Herbert Grönemeier). Ich weiß nicht, was für einen
Scheiß ich gebaut habe, denn nach Castrop Rauxel müssen ist so
was, wie nach Sibirien geschickt zu werden. Vielleicht war es

nicht in Ordnung, diese Experimente mit meiner Großmutter zu machen, und spätestens hier wird der liebe Leser erleichtert feststellen, daß ich der kleinen Stadt im Ruhrgebiet völlig objektiv begegnen werde. In Castrop regnet es sehr, und so kehre ich erst mal in ein besseres Restaurant ein, bevor ich mit meiner Enthüllungstätigkeit beginne. Enthüllen ist mein Beruf, und um jede Stadt hat es ein Geheimnis, das sich wie ein Virus in seine Bewohner schleicht und sie zu den unterschiedlichsten Dingen treibt. Zum Wahnsinn, zur Kunst oder zu gar nichts. Ein Geheimnis dieser Stadt da draußen im Regen ist mal ihr Name. Überall wo nicht Castrop-Rauxel ist, ist Castrop-Rauxel das Synonym für Häßlichkeit und Beschränktheit. Vielleicht weil der Name so französisch tut, oder so, als stände dahinter ein prima Skidorf in den Alpen. Immer wieder macht die Geschichte Fehler, jetzt liegt da draußen also eine Stadt und kann nicht mehr ignoriert werden. Um alle weiteren Geheimnisse zu lüften, müßte ich jetzt los. Aber draußen ist es dunkel. Das ist kein Regen mehr. Eher der universelle Versuch, die Straßen zu untergraben, wegzuwischen, die Häuser in den Gully zu spülen, die kleine Stadt in Schlamm zu zerreiben, die ganze Erde aufzulösen wie ein intergalaktisches Instantgetränk. So ein Regen ist das, seit einer Stunde, keine ordentlichen Tropfen mehr, C-Rohre entäußern sich auf dem Glasdach eines verandagewordenen Auswurfs schlechten Geschmacks. Der Kellner, der vorher angenehm zurückhaltend in der Ecke lehnte, so daß ich davon ausging, er wäre tot oder aus Pappe, steht auf einmal vor mir und beginnt ungefragt zu erzählen, was seine Heimatstadt an touristischen Attraktionen bietet. Er schwärmt vom neuen Technologiezentrum am Europaplatz, vom Forum Castrop-Rauxel, wo kulturmäßig echt was los sei, und von prima Wanderungen rund um den Hammerkopfturm. Irgendwann, nach der zehnten Tomatensuppe, die sie übrigens in Castrop ausgezeichnet zuzubereiten verstehen, sämig süß mit Schlagobers, und wer hat eigentlich Tomatensuppe erfunden, weiß ich alles über diese großartige Stadt, und nichts hält mich jetzt mehr in diesem Restaurant, denn ich will mir diese kulturelle und landschaftliche Oase unbedingt anschauen. »Castrop-Rauxel, Stadt für Wohnen, Arbeit und Freie Zeit« lockt ein Prospekt, das mir der Kellner in die Hand gegeben hat. Der Asphalt dampft, und die Menschen kommen auf die Straße. Geheimnisse von Städten liegen in den Straßen. Du mußt sie nur oft genug laufen, dann kommt es über dich. In Venedig zum Beispiel wird mir immer ganz melancholisch, und ich möchte dichten, in Hamburg will ich nur ganz reich werden, und auch dein Geheimnis, Castrop, werde ich erfahren. Ich laufe also in der Stadt rum, wobei sich sehr schnell erschließt, daß Castrop-Rauxel eine Kleinstadt ist. Sie hat einen hübschen Marktplatz, frischgemalte Häuser, ein Kino und ein paar italienische Restaurants, ein paar Läden, »85 Boutiquen reihen sich aneinander und bilden einen attraktiven Anziehungspunkt«, lehrt der Prospekt. Neben dem Anziehungspunkt für was eigentlich, gibt es den Simon-Cohen-Platz. Der besteht aus Backsteinen und einer Frittenbude, und auf dem Platz stehen ein paar Randgruppen herum. Die Castrop-Rauxler schlagen einen großen Bogen um das.

Es ist eine absonderliche Ruhe auf den Straßen, die von Autos frei sind. Die Menschen schauen mir nach. Sie wittern, daß ich nicht zu ihnen gehöre, und vielleicht auch, daß ich ihnen ihr Geheimnis wegnehmen möchte. Alle Wege in der Innenstadt führen zu Tchibo und die 79 800 Einwohner stehen an den gelben Stehtischen. Sie haben Kissen aus der Serie Deco Domo gekauft und trinken jetzt Kaffee im Nieselregen. Von hier kann ich alles gut überblicken. Wohlstand funkelt in den Schaufenstern, und es gibt auffällig viele Läden mit Einrichtungs- und Putzgegenständen. Mit dieser Beobachtung kann ich im Moment noch nichts anfangen, aber selten habe ich so saubere Straßen gesehen. Außer in Fulda oder Rosenheim, grad mal noch in Celle gibt es solche Sauberkeit. Ich frage mich, wo sich die ganzen Arbeitslosen versteckt haben, die es hier nach dem Ruhrgebietskollaps ja geben muß. Ob die alle irgendwo eingesperrt werden, damit das Stadtbild ordentlich bleibt. Im Kino läuft der neue Schwarzenegger. Die Spielhalle ist verräuchert. Ein paar Hunde bellen. 85 fröhliche Boutiquenbesitzerinnen rufen sich Scherze zu. Es ist Nachmittag in Castrop-Rauxel. Ich führe interessante Gespräche mit jungen Menschen, in denen ich viel vom aufregenden Alltag in Castrop-Rauxel erfahre. Und überhaupt, hat es soviel Grün hier (dazu wieder der Prospekt: Über 60 % der Stadt bestehen aus Grünflächen. Sie bilden überraschende Landschaftsbilder). Alle sind gerne hier, weil sie hier wohnen, arbeiten und Freizeit haben können. Weil überall anders nicht Castrop ist und sie hier alles haben. Sie lernen, arbeiten in Reisebüros und Sekretariaten, sie fahren Rad und treffen sich bei Tchibo oder im Eiscafé, in einer halben Stunde sind sie bei den Spielen von Borussia Dortmund. Abends sehen sich alle auf ein Bier im Spektrum. Keiner will hier weg. Weder in eine Großstadt noch nach Amerika. Mehr gibt es da nicht zu sagen. Es wird achtzehn Uhr. Die Geschäfte machen zu, und alle Menschen gehen jetzt über die sauberen Straßen (die wahrscheinlich nachts von Arbeitslosen saubergeleckt werden) nach Hause. Sie haben ordentliche Konfektionskleidung an und tragen ihre Tchibo-Kissen in ihre blitzblanken Wohnungen. Alle sind zu Hause, nur ich stehe noch rum und suche nach der Wahrheit. Und die kann doch nicht sein, daß Castrop-Rauxel einfach nur eine nette kleine Stadt ist. Also besuche ich einen Menschen, der um alle Schatten wissen muß. Jürgen Stehl, der Lokalredakteur der WAZ, des Tagesblattes in Castrop. Der Kollege ist äußerst hilfsbereit, obwohl er gerade an einer großen Sache dran ist. Eine Omma, schreibt man hier so: Omma, beschwert sich über die unzumutbaren Zustände in den öffentlichen Toiletten. Das wird eine heiße Story. Der Jürgen verrät mir, daß es hier neben den vielen Arbeitslosen (wo die versteckt gehalten werden, weiß er auch nicht) 220 Drogensüchtige gibt, daß im Sommer ein Mord passiert ist. Er erzählt, daß in Castrop bald die erste Cannabis-Messe Deutschlands stattfindet, das wirkliche Geheimnis, verrät der Kollege aber in einem belanglosen Nebensatz. »Ja, und dann gibt

es noch überdurchschnittlich viele Selbstmorde hier. In Spitzen-
zeiten rückt das DRK bis zu 15mal in der Woche zu Selbstmör-
dern aus.«

Nachdenklich verlasse ich den Kollegen. Ich glaube, ich habe ein
Stück des Geheimnisses in der Hand. Kann es aber noch nicht zu
einer großen Wahrheit zusammensetzen. Es ist derweil Abend geworden. Ich komme an einer Eisenbahnbrücke vorbei. Ob die
Menschen sich hier umbringen? Sich pünktlich vor den 4.34er
werfen. Oder laufen sie, wie ich, im Dunkel den Naturlehrpfad so
lange hin und her, bis ein Unhold aus dem Unterholz springt? Und
wenn sie eine Idee haben, wie sie sich töten, warum? Warum nur?
Wo doch alles so schön sauber ist und keiner aus Castrop weg-
ziehen möchte? Mein Hotel liegt am Waldesrand rum, die dicke
Wirtin schaut mich schweigend aus den Augenwinkeln an. Das
große Frühstückszimmer liegt im Dunkel. Die Glasaugen der Por-
zellanpuppen, die auf allen Stühlen sitzen, reflektieren das
schwache Licht eines Aquariums. Ich sollte schlafen. Doch ich
weiß nicht, wie ich in mein Zimmer gelangen soll. In einer
Flurecke stehen drei bunte Plexiglasröhren, hell beleuchtet mit
blubberndem Wasser drin. Orange grün, lila. Tun, als ob sie
Raumschmuck wären, ich weiß es besser. Ich ahne, daß die Dinger in der Sekunde, wenn ich an ihnen vorbeilaufe, explodieren
werden, und das blubbernde Wasser wird eine Substanz sein,
sich über mich machen und mich in die Wirtin verwandeln. Mit
einem lauten Schrei trete ich die Röhren um, springe drauf, zer-
malme den Feind und renne in mein Zimmer. Im Cremeweiß des
Badezimmers beruhige ich mich. Da steht auch eine Waschlo-
tion. 400mal Händewaschen steht auf der Flasche. Ich schaffe es
nur 356mal. Ich schlafe ziemlich unruhig. Das Geheimnis, finde
das Geheimnis, spricht eine Stimme, ich glaube, sie gehört der
Wirtin, im Schlaf zu mir.

Am nächsten Morgen scheint die Welt in Ordnung zu sein. Ich
blicke an mir herab und stelle fest, daß ich mich in eine Muräne
verwandelt habe. Das stimmt natürlich nicht. Quatsch. Ich habe

mich selbstverständlich in einen Iltis verwandelt. Die kleine Stadt wartet schon auf mich, die Sonne scheint und junge Vögel fallen aus ihren Nestern. Ich gehe auf einen Kaffee zu Tchibo, und es ist, als ob ich schon zu Castrop gehöre. Ein paar Menschen grüßen mich, die Tchibo-Frau macht einen Witz über ihre letzte Gallenblasen-OP und hebt an, ihre Narben zu zeigen. Rund um die Kirche sind Häuser gruppiert, es ist ganz ruhig, bis auf das Gemurmel der Leute in der Fußgängerpassage. Alle reden miteinander und kaufen Kissen ein. Ich versinke, in der Sonne, auf diesem wundervollen Platz und stelle mir vor, wie ehrlich es wäre, in so einem Haus hier an der Kirche zu leben.

Ich würde den netten 29jährigen Axel von der SPD heiraten, den ich gestern traf. Er würde irgendwann Bürgermeister werden. Ich hielte, während er sich überlegt, wie die Menschen hier noch besser wohnen, noch mehr arbeiten und noch sinnvoller mit ihrer freien Zeit umgehen, das kleine Haus sauber. All meine Anziehsachen würfe ich weg und tät bald nur noch mit weißen Blusen und netten knielangen Röcken rumlaufen. Unser Haus wäre voller Kissen aus der Serie Deko Domo. Abends gäbe es Pfefferminztee und Teewurstbrote. Ich würde meinen Mann lieben, und er würde mit seinen rechtschaffenden Händen viele Nägel in die Wand hauen, damit wir Fotos dranhängen. Bilder, die unser Erstgeborenes zeigen, und wie wir Rad fahren, in den 60prozentigen Grünflächen. Das Leben würde langsam sein und gut. Auf einmal bin ich neidisch auf alle Leute hier. Denen ist es so egal, was ich von ihrer Stadt halte, ich bin nur eine Fremde, die verbissen nach einer Geschichte sucht und dann wieder wegfährt, irgendwohin, wo nicht Castrop ist. Und da ist es auch egal, daß aus dieser Stadt außer dem Heimatdichter Heinrich Hasslinde, mit dem epochalem Werk »Geliebte kleine Stadt« nie etwas Großes hervorkam. Ich glaube, ich bin dem Geheimnis dicht auf der Spur, es hat irgendwas mit Hasslinde und Grünflächen zu tun, aber ich muß noch ein wenig laufen, um ganz zu verstehen.

Die Zeit ist zu schnell vergangen. Ich könnte noch lange hierbleiben, bei den netten jungen Menschen, bei Tchibo, aber ich muß zurück. In eine Stadt, in der keiner den anderen kennt, in meine Stadt, wo es Techno gibt, Drogentote, und viel Einsamkeit. Mir wird ein wenig traurig. Ich sitze im Raucherabteil, schaue nach draußen. Alle Einwohner von Castrop haben sich auf dem Bahnsteig versammelt. Schweigend schauen sie mich an. Ernst ihre Gesichter. Ein Vorwurf darin. Und auf einmal ist mir alles klar, ich renne zum Zugführer und zwinge ihn mit einer verhüllten Frucht zur sofortigen Abreise. Weg, nur weg hier. Fast hätten sie mich erwischt. Fast hätte mich das Virus infiziert. Das Virus der Friedlichkeit, der Sauberkeit von Straßen und Geist. Das den Verstand benebelt, Zufriedenheit macht und Angst vor allem Neuen macht, daß sensible Menschen sich töten, daheim ersticken in ihren Tchibo-Zierkissen. Das Geheimnis von Castrop-Rauxel ist das Geheimnis aller Kleinstädte. Weg, nur weg, aber wohin?

aus: Allegra

Alles über Werbung

»Stilistisch würde man ihr auch die Zwölfjährige abkaufen. In von keinerlei Weltkenntnis oder Reflexion getrübten elliptischen Sätzen hat sie eine Form von infantilem Realismus kultiviert,wie er offensichtlich bei akademisch verbildeten Senioren und bei ganz jungen Lesern, vor allembei Leserinnen, prima ankommt ... Da kommt dannso ein Gefühl von so einer Unmittelbarkeit auf.«

Holm Friebe, jungle world

Als ich Werbespots gemacht hatte

1. **Jingel: Klaviermelodie.**
   Kinderstimme: Mama, du siehst so anders aus.
   Frau: Ja, du kleiner Racker, Mama hat keine Brüste mehr.
2. **Jingel: Erkennungsmelodie**
   Frau: Schatz, ich habe eine Überraschung.
   Mann: Was denn, Schatz?
   Frau: Ein 12-Liter-Klistier.
   Mann: Wow.
3. **Jingel**
   Frauenstimme: Entschuldigen Sie.
   Herr: Ja, bitte.
   Frau: Könnten Sie mir mal Ihren Gehirnhaken leihen.
   Herr: Selbstredend.
4. **Jingel**
   Mann: Entfalten Sie ihre Talente.
   Lernen Sie
   Modellieren.
   Aquarellieren.
   Enthaupten.
5. **Jingel**
   Frau: Was für ein süßer kleiner Pudelwelp (*winsel, winsel*),
   mal spielen, du süßer kleiner Hund. Wie, du willst nicht. Na,
   dann komm mal her, du kleiner Racker. (*Hund schreit auf.*)
6. **Jingel**
   Mann: Schatz, wie war eigentlich dein Stuhl gestern, ich hab
   völlig vergessen zu fragen.
   Erschrockene Frau: Oh, ich weiß gar nicht mehr.
   Mann: Du Dreck. (*Schläge*)
   Sprecher: Archivieren Sie Ihren Stuhl ...

Alles über die
Freizeitaktivitäten von Lesern

»Es muß Spaß machen, Schriftstellerin zu sein!«

Diemut Roether, Badische Zeitung

Besonders schöne Post

Hamburg, 6. April 1997

Liebe Sibylle

(dies wird ein Fanbrief. Mein erster. Mein erster Leserbrief
überhaupt. Ich mach sowas normalerweise ja nicht. Aber
jetzt ist es über mich gekommen und ich kann nicht
anders.)

Zuerst war da dieser Bericht vom Containerschiff. ("... Ron
und Linda gehen in ihre Kabine. Wollen puzzeln. Oder
fummeln.") Ich war hingerissen. Zum Glück gab es ein
Autorenbild beim Inhaltsverzeichnis. Ein winziges Bild.
Ja, das passt, dachte ich mir, so könnte sie aussehen. (Wie
sieht sie aus wenn sie nicht grinst? Ist sie hübsch?)

Später dann mein Freund Clemens: hatte auch den Artikel
gelesen. Hatte auch das Bild angekuckt. (Wie alt ist sie
wohl?) Fast hätten wir einen Fan-Club gegründet. Hatten
aber doch anderes zu tun.

Kurz danach der Artikel über den Frauenmörder in Polen.
Die gleiche Sprache. Aber das Thema so entgegengesetzt
wie es nur sein kann.
Und ich war erst recht beeindruckt von der Sprachgewalt,
der Originalität, der Ernsthaftigkeit, und auch deiner
Ehrlichkeit angesichts der zwiespältigen Position zwischen
dem Gefangenem, 'dem Leser' und der Medienmaschine.

Dann kam lange nichts mehr im Zeitmagazin. Ich war
trotzdem auch ein bißchen erleichtert. So behält sie ihre
Kraft, dachte ich. Schont sich. Bleibt kostbar.

Und heute, die ersten Zeilen in dem Kambodschaartikel - ja
ist das nicht...? Blätter zurück, wo steht denn der Name?
Sibylle Berg, ja tatsächlich. WIEDER DA!
Sibylle Berg, Sibylle Berg, hab ich das nicht gerade schon
gelesen? Da, das Foto. Um Gottes Willen, die Frau ist
womöglich auch noch SCHÖN!!! Nicht nur die
eigenwilligste und talentierteste Journalistin, die ich jemals
gelesen habe sondern auch noch schön. Und Angst vor nix.
Container im Nordpazifik! Frauenmörder in der polnischen
Provinz!! Kambodscha, die Roten Khmer!!!

Da kam es über mich.

81

Früher wäre für Leute wie mich in solchen Situationen ein Heiratsantrag fällig gewesen. Geht aber nicht mehr. Schließlich sind wir alle aufgeklärte Menschen. Keine Metallarbeiter.
Obwohl...
Sibylle, ich bin nur ein kleiner Wurm. Ein Leser. Jemand, der versucht, eines Tages ein guter Architekt zu werden (sorgfältig und ehrlich). Ich bin ein Niemand neben deinem leuchtenden Stern, deshalb wünsche ich nur, daß du diesen Brief in den Karton mit den anderen dreihundert Heiratsanträgen steckst.

Und dennoch frage ich Dich so ernst, wie diese Form ernst sein kann:

Sibylle, willst Du meine Frau werden?

Dein Dich hoffnungslos liebender

PS: Damit ich nicht völlig
mißverstanden werde:
Ich bewundere Deinen Mut, Deine
Originalität und die
Tiefe Deiner Sprache.
Das wollte ich nur sagen
(– wollen wir uns nicht
mal treffen.

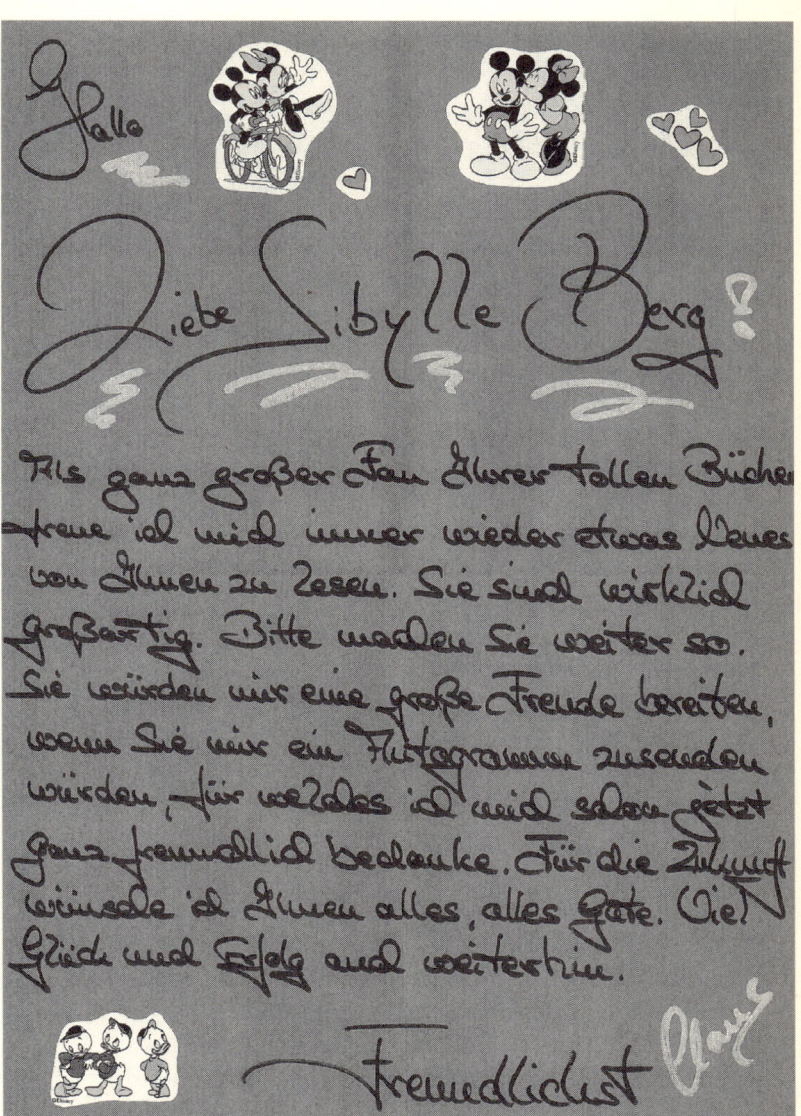

Hallo

Liebe Sibylle Berg!

Als ganz großer Fan Ihrer tollen Bücher
freue ich mich immer wieder etwas Neues
von Ihnen zu lesen. Sie sind wirklich
großartig. Bitte machen Sie weiter so.
Sie würden mir eine große Freude bereiten,
wenn Sie mir ein Autogramm zusenden
würden, für welches ich mich schon jetzt
ganz freundlich bedanke. Für die Zukunft
wünsche ich Ihnen alles, alles Gute. Viel
Glück und Erfolg und weiterhin.

Freundlichst

Hallo Allegra!

Wie geht es Dir? Mir geht es gut.
Aber hier regnet's.

1. Wäre es nicht interessant, Frauen zu interviewen, die
   ihr Baby von der Samenbank haben?

2. Du kennst doch ~~Sybille~~ Sibylle Berg.
   Kannst Du die mal fragen, ob sie meine Brieffreundin werden will

3. Was könnte ich mit meinem Leben Kreatives anfangen!!??

        Vielen Dank im Voraus
        und bis bald !!

                              Leserin K. W. aus Erlangen

Liebe Frau Berg,

vom Gefühl her haben Sie schon recht: niemand kann jemand so recht, so richtig, also echt tröstend trösten, auch nicht irgendwie. Trotzdem will ich es versuchen. Und das, obwohl ich ziemlich sicher bin, daß Sie überhaupt keinen Trost brauchen.

Bevor Sie die folgenden Komplimente nicht nur überglücklich schlucken, sondern auch noch überbewerten: ich bin 72 Jahre alt. Vom "jungen Deutschland", wie es vorwiegend die Medien sehen und darstellen, halte ich so wenig wie möglich. Wenn ich die Fotos jener Gruppen sehe, die unsere Youngsters in ekstatische Begeisterung versetzen, glaube ich tatsächlich, nur durch Zufall auf dem Planet der Affen übriggeblieben zu sein. Dennoch bin ich zuversichtlich, nämlich bis zum absehbaren Ende meiner irdischen Bemühungen um Gleichgewicht und, ja auch, ein bißchen Erfolg. Dazu tragen Typen wie Sie, ja S i e , eine Menge bei. Sie bringen mich zum Schmunzeln, zum Lachen, zum Nachdenken u n d zu der Überzeugung: die Leichtigkeit des Seins hat nichts Illusionäres, manchmal ...

Ihren Weltuntergang habe ich sogar meiner Frau vorgelesen. Nicht ganz, ich kenne sie. Und sie kennt die Schweizer, ihre Bunker und ihre Schokolade. Also haben wir beide herzlich gelacht über Ihr wunderschönes Zugeständnis an die Möglichkeit, daß ein paar überleben werden. Echt positiv das: ich werde nicht dazugehören. Aber ich werde wohl, wie Sie, am Ende Händchen halten und einen hübschen Mund suchen.

Das habe ich allerdings schon einmal erlebt. Wird Sie nicht interessieren. Überspringen Sie diesen Absatz (was Ihnen erfahrungsgemäß nach dieser Aufforderung kaum noch möglich sein dürfte). Also: September 44. Die Amis hatten Luxemburg in zwei Tagen überrannt, die Our mit 40 Panzern überschritten. Wir, eine zuverlässige "Elite" junger Offiziersanwärter, wurden in das klaffende Loch geworfen. Bei Sinspelt gruben wir uns über einer wichtigen Straßenkreuzung ein. Gegen Abend verließen wir unsere Löcher, drückten uns am Gegenhang unter schützende Felsen, in offene Höhlen. Da kam keine Granate hin. Aber die Zivilbevölkerung war auch da, hatte die Flucht nicht mehr geschafft, war alles zu schnell gegangen. Ich war gerade mal 18 - und tatsächlich einigermaßen fassungslos über die Sexorgie im Finstern unter einer Feuerglocke, die immer wieder in den Gegenhang schlug. Einander völlig fremde junge Menschen lagen sich in den Armen, hielten Händchen, küßten sich. Das war tatsächlich I h r Weltuntergang, liebe Sibylle ...

Aber natürlich war sie noch da, die Welt, am nächsten Morgen. Wir drückten die Amis zurück über den Fluß. Sechs Wochen lang kamen sie nicht mehr vorwärts, die Bevölkerung konnte evakuiert werden, Weltuntergang wieder mal vertagt. Warten wir weiter. Unglaubliches Schwein gehabt. Und jetzt zusammen mit Ihnen! Ist das nicht eine Wucht?!

Nach "längerer Beobachtung der Autorin Berg" reicht es mir noch lange nicht. Ihre "stilistischen Katastrophen" entschädigen mich fürstlich für den gedruckten täglichen Dumpfsinn hier und da und eigentlich überall.

Aber daß man ausgerechnet Sie zur Formel 1 nach England geschickt hat! Sie sind sehr ehrlich, wenn Sie zugeben: Das hat mich beeindruckt. Darf es auch. Der Mensch als Bändiger und Beherrscher unglaublicher Kräfte fasziniert, das Vehikel schon weniger. Weit mehr jedoch begeistert mich heute eine noch sehr junge Solistin (Mirijam Contzen), die zusammen mit dem Jugendorchester Baden-Baden das Violin-Konzert von Max Bruch zelebrierte, ohne Noten.

Eigentlich schade, daß Ihr unverkennbarer Respekt vor Menschen am dünnen Rand der Katastrophe in einem technischen Wunderwerk Ihre liebenswerte Fähigkeit zu verbalen Kapriolen anscheinend vorübergehend außer Gefecht gesetzt hat. Aber das kommt wieder, ganz sicher.

Ermutigen dazu muß ich Sie nicht. Trost, ich wiederhole mich, brauchen Sie nicht. Also wünsche ich mir und bestimmt vielen Gleichgesinnten, daß Sie der ZEIT noch recht lange treu und erhalten bleiben.

Mit herzlichen Grüßen

Leser H. W. aus Neckargemünd

Leser schicken Geld und anderes

HALLO SIBYLLE

DU ERHÄLTST VON MIR
EINEN CHECK ÜBER
1'000'000.- $.
LEIDER IST ER
NICHT GEDECKT.
HAST DU TROTZDEM
ETWAS ZEIT
FÜR MICH?

PHILIPP

Scherzkeks P. S. aus Zürich

Hochgeschätzte Frau Berg,

mit grosser Freude las ich allwöchentlich Ihre Kolumne, selbst wenn Sie zufälligerweise von Dingen wie mir sprachen, d. h. von rotwangigen, gutmütigen, netten, etwas langweiligen Schweizern, die getrost unter Betten weggelegt oder in Schränken weggestellt werden können. Zwischen den Zeilen deuteten Sie in der Folge an, dass Sie Ihre Kolumne zu einigen heissblütigen Briefen an Sie geführt habe und sezieren das Einsenden von selbstgemachtem Quittengelee, selbstgestrickten Socken und selbstverbrochenen Texten durch die von Ihrer Frechheit Übermannten an Sie.

In Folge 15 verraten Sie den geneigten Lesenden nun aber, dass Sie auf einen dieser ganz speziellen Leserbriefe warten, die Ihnen das Wandern in Bergschuhen, das Vogelbeobachten und vor allem das Schiffchenfalten allererst ermöglichen, und deuten daselbst auch an, was Ihr Mangelgefühl verursache. Dabei lassen Sie eine tiefe Verachtung gegenüber dem Wert des Geldes durchblicken, die ich nur teilen kann. „Der Frau, der kann geholfen werden…" dachte der Moor in mir, der hofft, die beiliegenden dreistelligen Millionen sollten sich in weniger als drei Jahren „verfalten" lassen und der zweifelhafte Wert der aufgedruckten Zahlen werde von Ihnen nicht als Affront, sondern als Solidarität in Ihrem Mut zur Armut gedeutet. Das fast vollständige Fehlen von kleinen Scheinen in meiner Einsendung kommt nicht von ungefähr: Obwohl Ihre letzte Kolumne etwas in Einfallslosigkeit und Frühjahrsmüdigkeit ausfranste, möchte ich auf die nächste nicht drei Jahre warten müssen. Ja, gut, bevor ich wusste, dass es Simone Borowiak gibt, habe ich auch nicht auf ihre Texte gewartet…

In diesem Sinne hoffe ich, Ihnen aus Ihrer monetären Mangelsituation helfen zu können und grüsse Sie recht herzlich

Beilagen: - erwähnte Millionen

Mäzen F. J. aus Ennenda

Sehr geehrte Frau Berg,

ich erlaube mir, Ihnen in der Anlage folgende Unterlagen zu überlassen:

1. Die CD „*peanuts Revolution 2000*", getextet von mir und gesungen mit meinem Sohn Denis (17).
2. Das von mir verfasste „Politische Manifest der peanuts Revolution 2000" mit einem Beschrieb der von mir bisher getätigten Aktionen (auch einsehbar im Internet unter der homepage: **www. peanuts-revolution 2000. com**)
3. Die „*peanuts*-Definition"
4. Zwei „*peanuts*" buttons.

Ich habe Ihre Artikel „Auf den Hund gekommen" und „Die Liebe siegt" im Zeitmagazin gelesen und stimme grundsätzlich mit Ihnen überein, was den gegenwärtigen Zustand und die zukünftige Entwicklung unserer Gesellschaft betrifft.

Ich möchte jedoch nicht eines Tages in die Verlegenheit geraten, meinen Kindern, auf die Frage "warum habt Ihr nichts getan", wie meine Eltern antworten zu müssen: Wir wollten das nicht, reden war gefährlich, schweigen war gold. Denn das würde dann nicht der Wahrheit entsprechen. Deswegen habe ich mich als Durchschnittsbürger Dicky Kaminke (51), der von den letzten 30 Jahren 23 Jahre im Ausland gelebt hat und politisch noch nie tätig war, aufgemacht, etwas zu tun und suche Verbündete - auch wenn mein Vorhaben von allen in meiner Umgebung belächelt wird (obwohl die dann gleichzeitig wieder sagen, man müsste eigentlich was tun !).

Sollte es Ihre Zeit erlauben, bitte ich Sie, das Manifest zu lesen und auf seinen politischen Inhalt sowie die Form des angesprochenen gewaltlosen, ausserparlamentarischen Widerstandes zu prüfen. Wären Sie bereit, sich in der angesprochenen Form zu engagieren - vorausgesetzt, Sie können sich mit dem politischen Inhalt des Manifestes identifizieren ? Besteht die Möglichkeit, dass Sie mir eventuell bei der Verbreitung der CD über Ihre Plattenfirma Polymedia behilflich sind, um die „*pR2000*" einem grösseren Personenkreis bekannt zu machen?

Wir sollten konkret anfangen uns zu wehren, bevor wir gänzlich unsere Selbstachtung verlieren. Meinen Sie nicht auch ? In diesem Sinne würde ich mich über eine rasche Antwort ihrerseits freuen, denn es verbleibt nicht mehr viel Zeit, wenn wir bis zur Wahl vielleicht noch etwas bewegen wollen.

Aktivist D. K. aus Kaiserslautern
(die Anlagen bleiben ungedruckt)

Alles über Tiere und Gefühle im allgemeinen

»Es ist ein schlankes, mutig gesetztes Buch, elegant wie eine langbeinige Frau, die gelassen durch einen lauten Raum gleitet.«

Roman Pliske, metamorphosen

Gefühle

Als ich mal das Rauchen aufgegeben hatte

»Und irgendwer warf einen Hund ihm nach in die Schlucht.« Das
ist der Schlußsatz des Buches »Unter dem Vulkan«, der Hund war
ich, die Schlucht das Leben und der ganze Satz Literatur. In Un-
verständlichkeit gehüllter Müll oft und verachtenswerte Dinge,
die etwas anderes sind, als wonach sie aussehen. Ich zum Beispiel sehe aus wie immer. Wie eine Schlampe ungewissen Alters,
die Männer auslutscht, Zigaretten verschlingt, auf hohen Hacken
hockt, in ihrem Dekolleté nach Dingen sucht, nach Spaghetti oder
ausgelutschten Kippen, nichts findet und sich darauf einen Mann
ansteckt. Immer wollte ich verrucht sein, durch verendete Män-
nerleibe stöckeln, rote Kleider tragen, nie klare Antworten geben,
lügen, was das Zeug hält, Brillanten geschenkt bekommen, sie
gähnend runterschlucken, und was wurde? Dreck, sprich, eine
Dame wurde, die nicht trinkt, keine Orgien, Natursekt nein danke,
nur arbeiten, Männer woher, früh zu Bett und früh wieder auf, ein
Gläschen Orangensaft, den Müll in die dafür ausgebildeten Säcke,
lauf langsam, wisch dir den Mund ab, danke. Fades Leben einer
faden Person, und wer so lebt, hat die Bezeichnung nicht verdient.
Welche Bezeichnung, fragen wir uns, und ich sage, Schwamm
drüber, denn seit kurzem rauche ich auch nicht mehr, und jetzt
wird es aber ganz blöd. Nichts verachtenswerter als bewußt lebende Menschen. Sich in jeder Sekunde jeder Sekunde bewußt
sein heißt doch begreifen, daß Sekunden Erfindungen sind, kurze

Klarheit über die Form der Erde, und ab in die Gummizelle. Doch ich schweife ab. Geraucht habe ich seit Jahren, drei Pakete am Tag, die dünnen Fingerchen immer mit Aschehäubchen und nervös an der Schachtel genestelt, die Zigaretten, eine an der anderen entflammt, ein bißchen Feuer in meinem Leben, ein bißchen Krankheit um mein gesundes Inneres, und schlecht ging es mir nicht damit, doch wer in Amerika war, weiß, daß bald Schluß ist mit der Beinfreiheit des Rauchenden, von ordentlichen Menschen geächtet, geschmantet, all die Bekannten, die sich Eigenheime und Eigenkinder mit Eigensperma bauen, und würdest du bitte draußen rauchen, die Haut schrumpelt, der Atem muffelt, der Krebs klopft an und irgendwann ist mal klar, muß man mit dem Rauchen aufhören. Rauchen ist aber kein Spaß, sondern eine Sucht, und wie macht man das? Man benötigt zum Rauchen-Aufhören Geld, ein Buch und Urlaub. Das Buch heißt »Endlich Nichtraucher« von Allen Carr, der Urlaub heißt Kurt, und das Geld muß für zwei Wochen langen. Dann fährt man weit weg von allen Menschen, vor denen man den Eindruck erhalten will, man sei schön und stark, und fängt das Lesen an. Nach den ersten Seiten wird klar, daß es sich nicht um Spaß handelt, sondern um 1A-Gehirnwäsche, und daß ich, wie versprochen, am Ende des Buches wirklich nicht mehr rauchen würde, flink steckte ich mir darauf eine Schachtel an und las weiter. Ein prima Buch war das. Ich lag auf der Terrasse meines Hotels, guckte auf ein Meer, das gerade eine Riesenkippe schmauchte, und freute mich mit jedem Tag mehr auf das Nichtrauchen. Kaum konnte ich es erwarten, den letzten Tag, den letzten Zug, freute mich auf ein neues Leben, und das kam dann leider auch. Die letzte Zigarette, ungeduldig heruntergeschlungen und dann nichts mehr. Das Meer, die Terrasse und ich. Es war überwältigend. Großartig. Eigentlich war es total Kacke und langweilig, aber ich rauchte nicht mehr. Drei Nächte hatte ich Schlafstörungen, Muskelzuckungen, Schwindelanfälle, dann kam eine große Energie über mich, und ich rannte einmal um die Insel. Gut ging es mir, und das Aufhören war das Beste am Rauchen, wie im Rausch war mir, der erste und letzte meines Lebens. Die Umwelt verschwommen, ich leicht und am Fliegen, über das Meer, in ein Land in dem ich eine üppige, sinnliche Frau war, die von Herren getragen und mit Pralinen gefüttert wird, die Portwein trinkt und Zigarren pafft. Und flog wieder zurück auf die Insel, und schön war es, nach so vielen Jahren zu spüren, wie die Welt riecht und das Rasseln in den Lungen verstummen zu hören. Die Haut, die sich klärt, der Atem der eines Frischlings, ein Kilo mehr – na und? Keine schlechte Laune, keine Depressionen, keine Lust auf Schokolade, nur auf Leben. Laufen, rennen, sich im Gras rumrollen, wie das alle Nichtraucher tun, schreien vor verdammter Freude, den Abgrund runter, die Kippen hinterher und ficken. War aber nicht und darum kehrte ich wieder zurück nach Hause. Von allen Süchten befreit mit der Klarheit eines Yogis, sehe ich, was um mich und in mir ist. Keine Schleier über dem Abgrund, klarer Atem für ein klares Leben. Allen Carr verdient den Nobelpreis, ich verdiene ein anderes Dasein. Verrucht leben kann ich vergessen. Ich tauge nicht dafür, aber ich kriege mehr Luft, werde vermutlich länger leben als vergleichbare Raucher. Nur – wozu?

aus: Annabelle

Dinge, die man lieben kann.
Die Frauen

Bald ist oder war der Weltfrauentag, nicht zu verwechseln mit dem Weltottertag, und der ist oder war wieder schön. Jedes Jahr denkt sich die Welt etwas Neues, Tolles aus, um die Frauen zu feiern. Mal gibt es für alle leckere Kekse und ein andermal eine tüchtige Tracht Prügel. Die Überraschung dieses oder vielleicht auch nächstes Jahr ist besonders prima, denn ich habe sie mir ausgedacht. Eingereicht, abgestempelt und so sei es. Am Morgen nach

dem nächsten Weltfrauentag wird allen Frauen die Lampe ausge-
blasen. Das ist das Motto und die Frauen, die besseren Menschen, können noch mal einen Tag lang, ihrem letzten dann sozusagen, tun, was sie schon immer mal tun wollten. Ich filmte das
dann. Und auf dem Film wäre folgendes enthalten: Am Morgen ihres letzten Tages stehen die Frauen auf. Sie tapsen auf ihren
wackligen Frauenbeinen aus dem Bett ins Bad und malen sich Gesichter, auf das sie sich von Männern unterscheiden mögen.
Dann bei der ersten Tasse Kaffee mit Rum realisieren sie, daß ihnen nicht mehr viel Zeit bleibt. Keine Zeit mehr, um Kinder zu gebären, keine Aufopferung für die Liebe, keine Selbstverleugnung,
Selbstverachtung, keine Zeit für Migräne, Fettabsaugung, Depressionen, ein Tag nur für sich, und was tut eine Frau damit. Die
meisten legen eine Richard-Clayderman-Platte auf und fangen
wie besemmelt an, Aquarelle zu malen und Hemden zu batiken,
dann lesen sie noch ein paar Rilke-Gedichte und merken, daß es
das nicht ist, was sie wollen, drum trinken sie schnell die ganze
Flasche Rum aus und spülen mit Kaffee nach. Spüren hernach,
worum es geht. Um die letzten Stunden, um lange Unterdrücktes,
um die gottverdammte Wahrheit. Und so torkeln sie auf die
Straßen. Singen das prima Lied: »Siegreich wolln wir Frankreich
schlagen« und beginnen mit dem zaghaften Einwerfen unter-
schiedlicher Schaufenster, reißen sich ihre Büstenhalter runter,
lassen ganz schnell die Haarfarbe rauswachsen und wischen sich
die Schminke aus dem Gesicht. Dazu lallen sie: Wir sind keine
Sklaven der Männer mehr, wir sssnnhhh keineee Slafen ... so lallen sie und kommen allmählich richtig in Fahrt. Rotten wilder
Frauen toben durch die Gassen und treten kleine Dackel platt, sie
verprügeln ein paar Schulkinder, weil sie sich nicht mehr von Kindern und Dackeln unterjochen lassen. Danach verprügeln sich
die Frauen gegenseitig, warum, wissen sie auch nicht so genau,
brechen sich die Zähne heraus, erbrechen auf das Trottoir und
schubsen einige Pkws um. Einige Frauen stürmen die NATO und
zetteln mehrere Kriege an, vergewaltigen im Anschluß ein paar

Studienräte (warum Studienräte? Schnauze, sagen die Frauen, ist
doch egal), stopfen sich währenddessen mit Crèmeschnittchen
voll und rülpsen. Dann schlafen sie betrunken ein, die Frauen, ich
hab sie lieb, jeden Tag sollte Weltfrauentag sein.

aus: WochenZeitung (Zürich)

Noch mehr Gefühle

Der lange Abschied

Das ist nun fast die letzte Kolumne in einem der fast letzten
*ZEIT*magazine. Und das macht mich nicht mehr böse. Heute bin
ich nur noch traurig, ein klein wenig traurig, unter uns, und
müde. Müde vielleicht auch. Das liegt am Licht. So schwer das
Herz, der Fuß, der Schritt.
Es ist Halbzeit. In Sichtweite das letzte Heft, der letzte Hauch, das
letzte Hemd, der Blick in die Jahre, die noch kommen werden.
Und besser sicher nicht. Das Fleisch so fremd, der Blick wie leere
Teiche, das Knie so schwer. Wer hat gesungen von der Schönheit
des Alters? Vom greisen Schreiten auf herbstlichen Wegen? Es
stimmt. Daß du weißt, was kommen wird. Du stehst am Fenster
und mit dir etwas, das ist, wie die Nacht im Frühling kommt. Zu
schnell. Ist, als wenn die Welt nicht mehr atmet. Der Frühling. Der
früher Gefühle gemacht. Etwas Wildes. Und heute weißt du nur,
wie alles wäre. Besser nicht. Laß gut sein. Ist schon gut. Ist zu
laut. Zu anstrengend. Führt zu nichts. Ist das gut, zu wissen, daß
nichts zu etwas führt. Und du schließt darum das Fenster, trinkst
einen Blasentee, die Prostata ist auch nicht mehr das, und
schläfst ein. Dein Schlaf ist das, der leicht und ängstlich wartet,
daß vielleicht der Tod eintritt, denn so will keiner vorgefunden
sein. Im langen Hemd, mit fahler Haut, die Fettcreme verzieht das
kleine Fettcremegesicht. Da geh' ich nicht rein. Soll das tun, wer
will. Und das war es nun, und hat denn wer was anderes versprochen? Wohl. Haben dir Schwätzer von Liebe geredet, von

Flammen, die nach deinen Lenden schnappen, das Herz im Leib dir drehen, von Leidenschaften und wüsten Ländern.

Die Länder hast du gesehen, sind eben Länder und Kreditkarten überall gold. Die Leidenschaft, was war das nur, du wolltest und wolltest, und jetzt hast du. Hast es so satt. Macht nichts mehr. Reich sein, berühmt sein, tun können, was man will, was soll man nur noch wollen.

Und die Liebe. Die Liebe. Die Liebe. Fremde Hände, fremde Haare, fremd die Gedanken, werden nie deine werden. Denn deine sind bei jedem, den man haben können wollte. Will ich das? Das Mensch. Sehen, schon am Beginn, wie es seine Hoden in die Tasche packt und geht. Du es gehen heißt. Liebe heißt, abends Gürkchen essen. Und ein Frösteln im Raum, mal schnell die Mikrowelle an, einen Teckel rein.

Nichts ist für immer. Du nicht. Ich nicht. Dieses Heft nicht, und das ist gut so. Ehrlich so. Nichts von Dauer, nichts zum Halten, kein Boot, keine Planken, Halme nicht, nichts als du, alleine in der Nacht, und die ist fast zu Ende, senile Bettflucht ist das. Die dich starren macht aus blätternden Fenstern, in das was kommt. Was kann noch kommen? Hättest du doch Kinder gehabt. Dann wären sie jetzt erwachsen, und ihr hättet euch nichts zu sagen. Wär' das gut. Dieses Schweigen. So ist es bei dir und möchte gern gehen, weil es den Geruch nicht mag, der klingt nach Krähen, die um deine Bahre kreisen.

Nichts mehr müssen und wollen gar nicht, und gähnen heißt frei sein. Für was? Für deinen Koffer packen, mein Kind und Träume fangen. Mit dem Orientexpreß durch Turkmenistan reisen. Einfache, herzensgute Bauern treffen und Slibowitz saufen, bis es bricht.

Und dann im Orient ankommen. Da gehen Autobomben hoch, aber nicht für dich. Meine Güte, immer diese Autobomben, denkst du am Fenster deines gelben Hotels. Schnell das Fenster zu. Denn davor ist der Orient, der ist eklig und Menschen darin, die leben.

Wie geht das? Leben gehen nicht, du Tropf. Leben wollen fertig-
gemacht werden. Is ja gut, ich mach' dich fertig, bring' dich um,
und es gab doch keinen, der mich brauchte. Wer braucht schon
was. Bessere Menschen als du wachsen überall. Wenn jetzt ein
Loch aufginge in der Wand, eine göttliche Hand, gar Eichel er-
schiene und dich zu sich zöge. Keines weinte Tränen, keines
schnitte sich auch nur so ein bißchen den Hals. Weg ist weg, und
was hast du gemacht in deinem Leben? Och, ich habe ein paar
Texte geschrieben, Kräne gebaut, Dinger gefickt, Rohre verlegt,
doch das ist jetzt vorbei, und ich habe niemanden, der meinen
Kopf hält, wenn die Kälte kommt, die Raben kommen, um die
Bahre fliegen, auf der ich liege, mit Augen gleich toten Teichen in
den Himmel sehe, an dem ich gern geflogen wäre. Denn zu mehr
hat es nicht gereicht.
Als den Himmel zu sehen und zu denken: Für mich war der nicht.

aus: Zeit-Magazin

Erwachsene Flugscharren

Die Welt ist verrückt geworden. (Klingt nach dem Ende eines
guten Films: Die Welt ist verrückt geworden, John. Ja, Beth, was
'ne verrückte Welt.). Verrückte Welt, in der Worte Waffen sind
und aus Schwertern Flugscharren werden. Die Flugscharre ist ein
ca. 3 cm großer Paarhufer und die gefährlichste Waffe, wo richtig
Blut fließt, Augen matschen, Gehirn den Heizkörper runter, Ein-
geweide auf den Boden . . .; ist das Wort: erwachsen.
Werd endlich . . . hebt der Feind an – nein, nein, sag's nicht, bitte,
wimmer . . .
O.k., grimmt der Feind. Ich sags nicht, dafür mache ich deine
süße kleine Flugscharre tot. Was ein häßlicher Einstieg, das, ab
in den Müll. Die Hand greift den Einstieg, doch das Herz sagt halt:

Wollen wir wirklich alles Häßliche ausmerzen? Nur das Schöne, Gesunde am Leben lassen? Jetzt muß ich mich mäßigen, sonst geht die Geschichte in eine Richtung, für die ich nicht zuständig bin. Da gibt es andere, deren Beruf das Empören ist und die nicht ruhen, bis der letzte Faschist zerborsten, die letzte Glatze behaart ist. Damit tun sie recht. Sie tun etwas. Ich nicht. Ich warte nur. Darauf, daß ich eines Morgens erwache und merke: Potzblitz, jetzt bin ich erwachsen. Und dann wäre alles anders. Das richtige Leben würde anfangen. In jedem Moment des richtigen Lebens würde ich wissen, was ich tue und warum. Ich wäre total glücklich, hätte keine Fragen mehr, und das Leben strömte durch mich (und das Leben durchströmte sie, steht im Drehbuch des Filmes vom Anfang). Aber das Wunder passiert nicht. Ich warte und altere. Kleine Kinder würden in Bussen aufstehen und mir Platz machen, wenn sie könnten, ich benutze Cremes, die die Folgen des Älterwerdens der Haut bekämpfen (Folgen wie z. B. Gürteltiere), und ich weiß immer noch nicht, was Erwachsensein ist, und wozu alles gut ist, weiß ich gleich gar nicht. Bis es soweit ist, tue ich so. Ich tue z. B., als wohnte ich. Laufe mit einem Pannesamt-Hausanzug durch meine Zimmerfluchten, stehe in den Fluchten und schaue mich im Spiegel an. Mache ein wichtiges Gesicht. Gehe mit dem in die Küchenzeile, rühre mit Mixgeräten herum, trage das Gemixte in die Eßzeile, stelle es auf Platzsets. Ich schüttle singend mein Bett auf, und sehr oft wasche ich mit der Waschmaschine Sachen, denn dabei fühle ich mich fast eins mit meiner Erwachsenenrolle. Verstehen Sie, was ich meine? Verstehen Sie es wirklich? Das mit der Waschmaschine auch? Ich nicht. Ich verstehe auch nicht, wie man erwachsen fliegt. Also, in Flugzeugen sitzt, ohne darauf zu warten, daß eine Flugbegleiterin einem so einen Kinderverschickungsbeutel um des Hals hängt. Ich weiß auch nicht, wie man sich korrekt in einem Hotelzimmer verhält, einer sehr erwachsenen Einrichtung. In Hotelprospekten sitzen Erwachsene immer in beigen Sesseln und prosten sich zu. Das mache ich dann auch. Aber es stimmt nicht. Sie mögen jetzt denken: Ja, und? Das ist das, was man gemeinhin als Leben bezeichnet, du Pflaume. Und ich sage Ihnen: Nein. Das ist es nicht. Das richtige Leben kann doch nicht so banal sein. Und immer das Gefühl dabei, das ist nur die Probe vor der Aufrührung. Das richtige, erwachsene Leben tut nicht so, als ob, und hat nicht Angst, daß einem jeden Moment einer draufkommt. Entlarvt. Aus dem Hotelzimmer geschmissen, die Waschmaschine weggenommen, ausgelacht, ausgeprügelt, weil alles nur geliehen ist, kopiert ist. Das richtige Leben ist wichtig, der korrekt lebende Erwachsene tut Große Sachen. Er bekommt den Grimmelshausen-Preis, er engagiert sich für Kinder, die so hungrig sind, daß sie in Bussen nicht aufstehen können, er kämpft gegen Nazis und hat keine Angst zu sterben, ohne zu wissen, was Leben ist. Das ist Erwachsensein. Und ich bin es nicht. Ich altere außen, schmier Creme drauf, und falls es innen etwas gibt außer Gedärm und Blut und Eiter und Stuhl ..., so altert das nicht korrekt mit. Und jetzt bin ich traurig, fülle wieder ein Waschmaschinchen und bitte Sie, wenn Sie wissen, wie man richtig erwachsen wird, sagen Sie es mir. Ich würde Ihnen für Ihre Mühe umgehend eine Flugscharre, eine Waschmaschine oder einen Nazi schicken. Danke.

aus: Zeit-Magazin

Alles grad egal

Der Tag, an dem ich sterben wollte, war einer wie immer in der Hälfte des Jahres, die dem Tod vorbehalten ist. Wie eine Nacht, so dunkel. Fast im Schlaf, noch nicht wach, sah ich mich aufstehen, frühstücken und Telefonate mit Menschen führen, die schon mit der Entbietung der Tageszeit Lüge sein würden. Sah mich arbeiten, zu Bett gehen, den nächsten Tag, den übernächsten, wie alle davor, und zu etwas Großem hatte es keiner gebracht.

Der Morgen des Tages, an dem ich sterben wollte, wurde nicht hell, ich nicht wach, lag, ohne mich zu bewegen, mit geschlossenen Augen, geschlossener Seele und fühlte mich in einem toten Zustand. So wäre es, keine Entscheidungen treffen zu müssen, nicht mehr verantwortlich zu sein für mein Leben, liegen, die Augen geschlossen, nicht mehr atmen, nie mehr lieben und leiden darum, nie mehr weinen und verzweifeln müssen, nie mehr Erniedrigung, Depressionen, sich aufraffen, weitermachen und nicht wissen wofür. War ein großer Friede, und der Tag, an dem ich sterben wollte, ein guter. Ich schlich, schon fern dieser Welt, in meiner Wohnung herum und suchte nach Dingen, mit denen ich mich umbringen könnte. Versuchte, mit einem hartzinkigen Kamm den Kopf vom Hals zu heben, mit einem Bügeleisen die Pulsadern plattzubügeln, rührte die Klobürste in den Schlund und erkannte, daß ein Mensch schneller sterben möchte, als er sterben kann.

Saß ich in meiner Küche und dachte, das einfachste sei, mich wieder ins Bett zu legen und aufzugeben. Die Nahrung zu verweigern und mich ganz in die Tiefe zu begeben, in die Abgründe, die wir manchmal nur streifen, nur die Füße über den Rand, mich fallen lassen, nicht aufrichten, rausstrampeln mit Anstrengung des Lebenswillens, der immer ein Argument zum Weiterexistieren vorschwindelt. Lag in meinem Bett und wollte den Abstieg beginnen, als ein kleiner Lurch auf mein Bett hopste und trotz seines Holzbeines tanzte, lachte und sang. Ich erschlug das erbärmliche Vieh und hub wieder das Sterben an.

Warum hat uns bei der Geburt keiner gesagt, was für einen Job wir hier haben, sonst sagen sie einem doch jeden Mist, was man anzuziehen hat, wie man Nahrung zu sich nehmen und die Straße überqueren soll. Warum, verdammt, gibt es keinen König, der allen Frischgeborenen vor der Geburt erklärt, worum es geht. Liebes Kleines, in ein paar Tagen wirst du auf die Welt kommen, deine Aufgabe wird es sein, Klempner zu werden, ein Kind zu zeugen und einen Komposthaufen anzulegen. Versuche nicht, mehr zu wollen, sonst mach ich dir den Garaus, könnte der König sagen, und dann wäre die Sache klar. So sind wir ins Licht geworfen, und keines weiß, wozu.

Der Tag, an dem ich sterben wollte, ging langsam. Es wurde nicht heller draußen, nicht dunkler, die Zeit stand still, und ich löste mich mehr und mehr von meinem irdischen Leib und schwebte am Ende des Tages, an dem ich sterben wollte, über mir. Und ich sah die Frau des Lurches bei der Leich' ihres Mannes sitzen. Und mich sah ich liegen. Einen Menschen, um den es nicht schade, der Welt wäre es egal, ginge ich, nichts würde sich ändern. Ein neuer Frühling würde kommen, Menschen würden sich verlieben, Erfolge haben und Erkenntnisse und immer denken, es sei das erste Mal. Wenn es der Welt so egal ist, dachte ich und drehte ein paar Pirouetten über meinem Leib, dann kann es mir ja auch egal sein. Vielleicht ist das Leben einfach zu nichts nütze, ich zu nichts nütze, und ob ich die kurze Zeit Leben noch durchhalte oder nicht – grad egal.

Der Tag, an dem ich sterben wollte, liegt ein paar Tage zurück. Ich stehe jeden Morgen auf, ziehe mich an, esse was und mache meine Arbeit. Fragt mich nicht, warum ich nicht gestorben bin, vielleicht will ich ein guter König werden, den Menschen Träume nehmen und damit Freiheit schenken. Denn wenn man nicht zuviel erwartet, kann man nicht enttäuscht werden. Ich weiß es nicht. Irgendwelche Kleinigkeiten gibt es immer, die einen dazu anhalten weiterzumachen. Die Blätter wieder wachsen sehen, eine neue Liebe, ein guter Kartoffelbrei, die machen, daß wir weitermachen. Nur warum, ich weiß es nicht.

aus: Zeit-Magazin

Das Kind im Schaf

»Hund«, sagt das Kind und hält das Schaf in seinen Fingern. Die Finger sind voll Schokolade oder Ersatzmaterial, das Schaf hat einen traurigen Blick und gehört mir. Das Kind nicht. Gottlob.
Ein schwieriges Kind mit magerem Kopf, mit großen Ohren, eines, das einen anschaut, als wüßte es, was los ist. Und dann schauen die Erwachsenen schnell weg, weil sie Angst vor dem Kind haben, sich in ihrer Blödheit erkannt fühlen. Das Kind guckt, ich schau weg und denke: Leg das Schaf hin, du Speckbacke. Es ist mein Schaf, es ist meine Kindheit, und die ist noch nicht lange her. Eigentlich gar nicht her, doch das Kind denkt nicht daran, es hält das Schaf wie eine Floßverstrebung, das Floß auf dem Amazonas, das Kind am Ertrinken. Ein komisches Kind. Es gibt Kinder, die immer übrigbleiben. Sie sind auf die Welt gestellt, wie alte Plastiktaschen. Kauern in den Pausen auf dem Schulhof alleine, gehen irgendwann aufs Klo und kauern dort, weil es ihnen peinlich ist, daß alle sehen, daß keiner mit ihnen spielen mag. Kinder gibt es, die bei dem rassistischen Spiel: »Die zwei beliebtesten Kinder wählen sich ihre Mannschaft« immer bis zuletzt dastehen, die anderen Kinder stöhnen, wenn das Stehengebliebene dann in ihre Gruppe muß. Fragte man sie, die anderen, die lustigen Kinder, was hast du denn gegen den kleinen Rainer, zuckten sie die überfütterten Kinderschultern und sagten aus einem Gesicht, das dem ihrer Eltern in den sauberen Eigenheimen schon ganz ähnlich wäre: »Ich weiß nicht, er ist so, so komisch.« Kinder gibt es, die später nie erwachsen werden wollen, weil ihre Jugend so beschissen war und sie sich nicht damit abfinden mögen, daß sie 15 Jahre ihres Lebens verloren haben. Kinder gibt es, die so alleine sind, wie es erwachsen gar nicht geht, weil alleine Erwachsene wenigstens in Bordelle oder in Spielhallen gehen können. Ich war nicht alleine, weil ich ein Schaf hatte. Ich hatte dem Schaf eine Leine umgelegt, damit es nicht ausreißen könnte, und ging mit ihm spazieren. Wie süß, sagten Erwachsene, und wurden still,

als sie mich anschauten. Meine Güte, was für ein schwieriges Kind, gar nicht nett und rund und hübsch, es wird wohl einen Dachschaden haben. Ich glaube, ich hatte Eltern, genau weiß ich das nicht mehr. Ich weiß nur, daß ich sie, wer immer sie auch waren, verlassen wollte, als ich fünf war. Ich zog mich an und ging mit dem Schaf los. Wir kamen zum Hauptbahnhof und ich lernte, daß man ohne Geld am Arsch ist, also ging ich wieder nach Hause. Gedemütigt stand ich vor der Wohnung, wo mich niemand vermißte, denn das Licht brannte wie immer, und ich konnte die Personen, die behaupteten, meine Eltern zu sein, ruhig am Tisch sitzen sehen. Ich glaube, sie lachten. Und ich stand da, und es war kalt, und ich hatte keine Ahnung, wohin ich gehen sollte. Wohin kann ein Kind mit einem Schaf und ohne Geld schon gehen. Irgendwann sagte mein Schaf: »O.k., vielleicht sind sie nicht deine Eltern, aber sie haben ein Bett.« Und das sah ich ein und ging zu ihnen zurück. Man sollte nicht meinen, daß man sich mit Menschen versteht, nur weil man durch sie entstanden ist. Hätte ich Geld gehabt, wäre ich wahrscheinlich nach Bali gefahren, wo ich als Wunderkind verehrt worden wäre, und so weiter. Ich blieb aber zu Hause, und es nahm den Verlauf, den Leben eben so nehmen. Man wächst und wächst und denkt sich immer: Irgendwann wird es schon gut werden. Aber warum es eigentlich gut werden soll und wie das aussehen könnte, das fällt einem nicht ein. Das Schaf ist noch da, viele Jahre später, hockt auf meinem Bett und ist der Beweis dafür, daß ich noch nicht alt bin, das Leben noch nicht begonnen hat und darum auch gar nicht aufhören kann. Manchmal habe ich das Tier genommen und mir überlegt, wie ich früher damit gespielt habe. Und das wollte mir nicht mehr einfallen. Das es mir lebendig schien. Es ist doch nur ein Schaf aus Stoff, das nicht einmal zurückstreichelt. Eine blöde Kindheit läßt sich nicht aufholen. Und alle, die es versuchen, sind verdammt zur lebenslangen Täuschung. Sie werden immer spielen. Computerspiele, Kartenspiele, Ballspiele, Liebesspiele, Jobspiele, Machtspiele. Lüge. Sie werden aufstehen, eines Morgens

und tot sein und nie erfahren haben, daß erwachsene Kinder etwas Trauriges sind. Werden sterben mit runzliger Haut, innen
sechsjährig, und werden bis zum Sarg gehofft haben, daß alles
besser würde, wenn sie erwachsen wären.
Das Kind hält mein Schaf ganz fest. Halt es doch nicht so fest, verdammt. Das Kind sieht mich triumphierend an und verschwindet
mit meinem verfluchten Schaf in der Hand. Die Tür geht zu. Und
jetzt fängt wohl das Leben an.

aus: Zeit-Magazin

Immer noch Gefühle.
Aber keine guten

Wer keinen Spaß kennt, stirbt aus

Abende gibt es, an denen nichts helfen mag gegen die Langeweile, ich, die Welt, die neue Platte von Joachim Witt – alles fad,
innen und außen. Nur eines kann da helfen.
»Sarah – Zur Lüge genötigt.
Verurteilt zur Angst«.
Das wäre der Film, heute abend. Fernsehen ist normalerweise
das Intelligenteste, was ein Mensch tun kann. Nichts von dem,
wovor Kulturkritiker warnten (Verblödung, Suizid, Kriege, Ausfluß usw.), ist durch das Fernsehen eingetreten. Es hat vielmehr
Millionen Menschen, die sich sonst zu Tode gelangweilt hätten,
das Leben gerettet. Schöne Darsteller, die spannende Abenteuer
in überschaubaren Zeiträumen erleben, das ist, wie Leben sein
könnte, darauf kann der Zuschauer warten und hoffen, und kritisch wird es nur an Tagen wie heute, an denen die Blödheit im
Fernsehen sich selbst überholt, implodiert, und in meiner öden
Verzweiflung gehe ich ins Theater. Wie schön.
Ich ziehe ein Samtkleid und Lackschuhe an, nehme Nüßchen und
Bier mit und freu' mich, weil ich doof bin und so selten ins Theater gehe, daß ich immer wieder vergesse, was mich erwartet. Alte
Menschen, die nach Tosca riechen, die sich andauernd räuspern,
um zu überprüfen, daß sie noch leben, die zischeln, wenn ich mit
meinen Nüßchen knistere, die sich vor dem Ereignis gepflegt un-
terhalten, und das fängt dann leider immer an.

Spätestens nach zehn Minuten Ereignis ist mir klar, daß ich einen bösen Fehler gemacht habe. Auf der Bühne hüpfen stark geschminkte, verkleidete Menschen herum, die langweilige Texte in schlechter Betonung aufsagen. »Wahhhs, du gehhhsttt? Mein Land, mein Ehr' erwarten Sühneee.« So einen Scheiß sagen sie, und verschwinden ist nicht drin, weil links und rechts von mir Rentner hocken und mich verprügelten, preßte ich mich an ihren alten Körpern vorbei. Meistens schlafe ich dann ein und werde wach, weil mir Speichel über das Gesicht läuft oder der Nebenmann sich räuspert, weil ihm mein Speichel übers Gesicht läuft. Nachdem die Sache überstanden ist, gehe ich gerne und rasch weg und frage mich – wozu? Wegen der Kultur, du Sacknase, sagen Intellektuelle und schreien auf: Die Welt verroht, schreien sie, den Theatern geht's schlecht, schon wieder nur zehn Milliarden Zuschuß im Jahr, schon wieder eine Million weniger, die Politiker sind Banausen, die Theater müssen schließen, weil Kampfpanzer angeschafft werden, alle empören sich, die Rentner mit dem Theaterabonnement, die Regisseure und die Schauspieler auch, nur ich lache und freue mich, weil ich eine Sau bin.

Sollen die Theater doch dichtmachen von mir aus, Schauspieler mag ich sowieso nicht. Eitle Fatzkes meist, die ohne Anleitung in ihrer dünnen Seele wühlen und glauben, die Welt verlange danach zu sehen, was sie in sich haben, und wenn Dinge und Menschen, die gesund sind, sich nicht alleine ernähren können, sind sie selber schuld. Theater zu fördern ist, als würde man seit Jahrtausenden den Erhalt der Höhlenmalerei subventionieren.

Alles hat seine Zeit, und manchmal sterben Sachen zu Recht aus. Die schwarzen Blattern zum Beispiel. Hatten ein Einsehen, das die Theater noch nicht haben. Als ob nichts wär', quälen Regisseure wie eitle Pfarrer in leeren Kirchen die wenigen Zuschauer mit drei Stunden Vorstellung ohne Pause, mit Nackten auf der Bühne, mit Kot und Erbrochenem versuchen sie die Zuschauer vom Schlaf abzuhalten, doch alle schlafen und träumen von Kampfpanzern. Mit denen sie auf die Bühne rollten und die Akteure zum Einhalten zwängen. Die Schauspieler würden ordentliche Berufe lernen (Imker zum Beispiel), die Theater würden zu hübschen Dreiraumwohnungen umgebaut oder zu Truppenübungsplätzen.

Vielleicht werde ich mal wieder ins Theater gehen, mit Panzerfaust und Flammenwerfer, werde zwischen den Rentnern sitzen und dann einschlafen. Von einer guten Welt träumen, deren König ich wäre, in der es nur noch Saurier gäbe und ausgestopfte Schafe, Fernseher groß wie Fußballstadien, in der Werner Schwab noch leben würde und mit Joachim Witt auf den Nobelpreis anstieße, den Witt für seine Textzeile »Und ich ruf' in die Welt, daß sie mir nicht mehr gefällt« bekommen hätte, aber irgendwann wären auch wir gestorben, kein Mensch mehr, alle tot, ein paar Theater stünden leer, in denen die Saurier nisteten, ihre Kinder schlüpften, sich auf die Bühne stellten, eines würde Regisseur, dann kämen Außerirdische, fänden die Theater vor, in denen Saurier tollten, und durch Zufall dieses Pamphlet in einer Toilette, das sie läsen. Dann würden sie sagen, die Außerirdischen: Lustig waren die Theater mit ihren drolligen, großtatzigen Darstellern, und schon recht, daß die Menschen ausgestorben sind, die so gar keinen Spaß verstanden haben.

aus: Zeit-Magazin

Fanpost

An die Redaktion der Annabelle

Nach dem Lesen Ihres Artikels in der Kolumne der Annabelle Nr.4, wissen
wir wenigstens eins: Wenn hier jemand erschossen gehörte, sind Sie
es Frau Berg! Bumsen Sie doch so viel Sie wollen, aber lassen Sie uns
in Ruhe mit Ihrer so undifferenzierten Sicht des "Weiberpacks".
Wir finden es mehr als bedenklich, dass die Redaktion solche Hass-
tiraden gegen Frauen abdruckt, und somit unterstützt. *
Nach Ablauf meines Geschenkabonnements will ich nichts mehr von Ihnen
hören. * falls der Text ironisch gemeint gewesen wäre, ist es
schlecht und einfach überhaupt nicht spürbar!

Danke für Ihre Kenntnisnahme

Zwei Leserinnen aus Basel und
»noch mehr aufgebrachte Frauen«.

Zeitverlag Gerd Bucerius GmbH & Co.
Pressehaus, Speersort 1

20095 Hamburg

per Fax 040 - 32 71 11

Ihr ZEIT-Magazin Nr 16 v.8.4.98, S.7 "Junges Deutschland" -
meine Abonnement-Kündigung 29 01 10 62 90 41

Sehr geehrte Damen und Herren,

nach längerer Beobachtung Ihrer Autorin Sibylle Berg reicht es
jetzt:

Ich kündige mein o.a. Abo zum nächstmöglichen Termin   (leider
erst bei Heftnr. 98/51), da die inhaltlichen und stilistischen
Katastrophen der genannten Frau Berg auch durch noch so exzel-
lente andere Artikel nicht mehr aufzuwiegen sind.

Dies ist nach mehr als 25 Jahren ZEIT-Lektüre bedauerlich, aber
unvermeidbar. Vielleicht sollte irgendwer den Schrott lesen,
bevor er ins Blatt genommen wird?

Leserin C. W. aus Coburg

Die Zeit
z.Hd. Roger de Weck
20079 Hamburg

Sehr geehrter Herr Roger de Weck !

Munter - und spaßig - geht es auf Seite 7 weiter: Sybille Bergs Artikel glänzt ja ebenfalls von einer öden Flachheit, die sich gewaschen hat. Immer der aktuellen Maxime nach Spaß haben folgend, beschwört sie die Vorteile der 'heutigen' Welt - welche erlöst durch den (Technik-) Gott 'Fernsehen' vor lauter 'Inntelikentz' schon nicht mehr weiß, auf welche Weise sie dem Gott huldigen soll. „Fernsehen ist das intelligenteste, was ein Mensch tun kann."
Weiters ist diese technokratische Sicht hervorragend dafür geeignet, bestimmte unangenehme soziokulturelle Zusammenhänge mit Leichtigkeit zu verleugnen: „Nichts von dem, wovor Kulturkritiker warnten (Verblödung, Suizid, Kriege, Ausfluß, etc.), ist durch das Fernsehen eingetreten." Jemand mit so einer Sicht glaubt zwar an Gott Fernsehen, Internet, Technik und Wissenschaft, Zusammenhänge und Auswirkungen von diesen (kulturellen) Praktiken werden, ja können anscheinend, gar nicht gesehen werden - da sie nicht der materialistisch geprägten Weltauffassung entsprechen.
Einzig allein dem Fernsehen wird das Recht eingeräumt, das Leben von Millionen Menschen gerettet zu haben (welch' peinliche Sichtweise !), „die sich sonst zu Tode gelangweilt hätten", und kurz darauf wird das Theater als langweilige und einschläfernde Sache beschrieben (vielleicht liegt dies an den Theatern - ich bin jedenfalls in den Wiener Theatern, egal ob Peymanns Burg oder kleine Kellertheater, noch nie eingeschlafen).
Anstatt froh zu sein, daß es verschiedene Möglichkeiten und Wege gibt, 'Spaß' zu haben (genaugenommen zu *konsumieren*), negiert sie die Möglichkeit des Theaters durch eine polemische inszenierte Abwertung.
Im 'Jungen Deutschland' wiederholt sich die Geschichte dieses Jahrhunderts nicht 1:1, jedoch ist die Sehnsucht nach klaren und ordentlichen Richtlinien im militärischen Zusammenhang (in diesem Artikel) unüberhörbar: „Die Schauspieler würden ordentliche Berufe lernen..." erinnert durchaus an gewisse Aussagen eines populistischen freiheitlichen Politikers aus dem rot-weiß-roten Nachbarland, mit denen er gewissen Regimen aus der Mitte dieses Jahrhunderts huldigte.
Ebenso mag der Vorschlag, die Theater zu Truppenübungsplätzen umzubauen, für gewisse Ohren ja ganz 'spaßig' klingen, dabei wird jedoch nicht an all jene Menschen gedacht, die Familienangehörige, Freunde und Bekannte unter jenen Ausrüstungsgegenständen verloren haben, wie sie auf Seite 8 des 'Zeit-magazin' zahlreich am Foto zu sehen sind. Die Zukunft wird es zeigen, aber mit so einem aufgetischten Ton kann viel passieren, was man dann doch nicht will. Was immer das auch sein mag, dann werden wieder - wie nach dem zweiten Weltkrieg - die unglaublich naiven Fragen auftauchen, wie denn so was passieren konnte !! - und das, nachdem Adorno und Horkheimer - aus gleichen Gründen - die 'Dialektik der Aufklärung' geschrieben haben und heutzutage die von der Polizei bewachte 'Wehrmachtsausstellung' (z.Zt. in Koblenz) gegen ein kollektives Vergessen arbeitet.
Um bei der Sucht nach Spaß zu bleiben, bleibt nur noch die Kurzfassung aus Wörtern dieses Textes: „JUNGES Spaß durch Kampfpanzer (SdK) DEUTSCHLAND, ich lache und freue mich, weil ich eine - Eitle - Sau bin"

Ich würde mich freuen, wenn derartig plumpe, verächtliche und undifferenzierte Artikel in Ihrer Zeitung wieder den Platz freimachen würden, um journalistisch hochwertige und interessante Artikel publizieren zu können, welche meinungsbildend und nicht nur meinungs-ausbildend sind.
Andernfalls werde ich vom Konsum dieser Zeitung gehörig Abstand nehmen - auch wenn es Sie vielleicht wenig interessiert (ein Leser mehr oder weniger können Sie ruhig verkraften - finanziell).

Mit freundlichen Grüßen,

Leser G. D., Mag., aus Trier

Post an die Fans

Ein schmierig, schleimiger Herbstvorabend ist, und ich lümmle lasziv in einem fleischfarbenen Negligé vor einem sanft bollernden Kaminfeuer. Mir langweilt, drum stöbere ich in alten Briefen, die ich der Mappe »Zeit-Leser verstehen echt Spaß« entnommen habe. Frau W. z.B. schreibt: »Nach längerer Beobachtung Ihrer Autorin Sibylle Berg reicht es jetzt: Ich kündige mein Abo, da die inhaltlichen und stilistischen Katastrophen der genannten Frau Berg nicht mehr aufzuwiegen sind ... Vielleicht sollte irgendwer den Schrott lesen, bevor er ins Blatt genommen wird?« Leser D., G., Mag (Magnat? Maschinengewehr?): »Sibylle Bergs Artikel glänzt von einer öden Flachheit ... Mit so einem aufgetischten Ton kann viel passieren ... wie nach dem zweiten Weltkrieg die unglaublich naiven Fragen auftauchten, wie denn so was passieren konnte«.

Herr K. gar vergleicht mich mit Hitler und Stalin, und in mir reift eine Idee, wie ich diesen langen Winter in den Herzen der Deutschen doch noch zu einem guten wenden könnte. Wohl habe ich die Macht, selbst Magnaten und Gewehre zum Verfassen seitenlanger Briefe anzuhalten, ich stehe unter Beobachtung und werde ernst genommen, wenn schon nicht von mir, so von korrekten und inhaltlich astreinen Menschen. Ist es nicht das, was einen Politiker ausmacht? Polarisieren, Anstöße zu geben, und sind nicht die haßerfüllten Briefe eigentlich ein Schrei nach Liebe? Ist es nicht das, was unserem Land fehlt? Liebe und Verständnis?

Es ist noch nicht zu spät, die Entscheidung zwischen einem Untoten und einem Emporkömmling noch nicht gefallen. Schnell lege ich meine lebende Pelzstola um und schreibe ein Parteiprogramm. Nach mehreren Stunden ist es so weit. Hier für alle, die es interessiert, meine Wahlrede, die ich in meinem Negligé vor dem Brandenburger Tor hielt:

Liebes deutsches Volk,

Ihr seid traurig, Ihr habt keine Hoffnung, Ihr wißt nicht, wie es weitergehen soll und Ihr seid müde. Das ist blöd. Ich kann Euch nicht versprechen, daß ihr bessere Menschen werdet und auf einmal wißt, was ihr mit eurem Leben anfangen sollt, aber ich habe so ein paar Ideen, wie wir Euch beschäftigen können, denn Beschäftigen ist gut gegen zuviel Denken, bei dem eh nichts herauskommt. Erst mal brauchen wir Geld. Das gewinnen wir durch die Abschaffung der Armee und aller Politiker. Der Umzug nach Berlin wird gestrichen. Ich regiere das Land alleine mit ein paar Beratern, die Euch aber nichts angehen. Die Berater sind Rammstein, Christoph Schlingensief, Wiglaf Droste und Peter Lau, die sind weise und sehen prima aus, und ich bezahl die auch selber. Schon haben wir ein paar Milliarden übrig, die ich unter die Bevölkerung verschütte. Die einzige Bedingung ist, daß jeder Bürger eine förderungswürdige Idee hat, die er dann auch umsetzen muß. Ich gebe mal ein paar Beispiele für gute Ideen:

Berlin wird zu einem großen Swimmingpool umgebaut, Läden haben 24 Stunden auf, Menschen trösten andere Menschen, Menschen züchtigen Zeit-Magazin-Leser, die fiese Briefe schreiben, Menschen pflanzen Bambus und malen Häuser bunt an, viele italienische Cafés werden eröffnet, so was in der Art stelle ich mir unter förderungswürdig vor, und ein jeder, der mit etwas kommt, was das Leben freundlicher macht, soll Geld dafür haben. So sind bald alle wieder beschäftigt und können nicht mehr meckern und rumgrübeln, das ist mal das erste. Dann hat es noch ein paar Gesetze, über die nicht diskutiert wird.

Es gibt ab meinem Regierungsantritt keine feisten Würste mehr zu essen, denn ihr seid zu fett, mein Volk, das mag euch zwar egal sein, ist aber schlecht zum Anschauen und macht üble Laune. Als nächstes wird die Schule reformiert, und die Kinder lernen ordentliche Sachen. Wie sie als Mann und Frau miteinander glücklich sein können, wie sie Geschichten schreiben und Bilder malen können, auf daß sie keine dumpfen Sacknasen werden. Alle

Menschen, die traurig sind, kommen in Camps, die von netten Buddhisten geleitet werden, die ihnen das Hinsehen beibringen, denn wenn man hinsieht, erkennt man, daß alles gar nicht so beschissen ist. Daß Bäume wachsen, Winter schön ist und daß Menschen ganz nett sind, wenn man ihnen zulächelt und sie nicht zu viele Würste essen. Das wäre mal so im groben mein Konzept. Der letzte Gesetzespunkt wäre, daß mich alle gern haben, mir Lieder singen, daß schöne Männer für mich tanzen und mir jeder Bürger an einem Tag im Jahr seine Familienfotos zeigt und thailändisch für mich kocht und im Hintergrund die von Rammstein gesungene neue Nationalhymne erklingt.

Alle Menschen weinten nach meiner Rede, sie warfen mich in die Luft und küßten mich ohne Zunge, und ich appelliere an Sie, liebe Zeit-Magazin-Leser, verschwenden Sie ihre Stunden nicht mit Haß. Das Leben ist zu kurz, um zu hassen. Das macht Ihnen Magengeschwüre, kostet unser Land Geld. Malt lieber Seidenstoffe mit Arschbildern voll und seid friedlich. Das wärs. Ich danke Ihnen für ihre Stimme.

aus: Zeit-Magazin

Tiere mit Gefühlen

Ich will einen Pelzmantel!

Manchmal erkenne ich die Welt in kleinen Dingen, und dann vergesse ich sie wieder. Oder es war gar nicht die Welt, sondern nur Mist.

Eine Frau steht an einer Ecke und trägt einen flauschigen Pelzmantel. Nicht weit davon ein Mann mit einem Blumenstrauß. Und ich fange sofort das ungezügelte Erkennen an. Das Lächerlichste, was es gibt, außer Bankangestellten mit Schweinemasken, sind Männer mit mickrigen Blumensträußen. Feuchte Hände umkrallen Unkraut, so gehen sie los, die Tröpfe, nur um mit einer Frau Geschlechtsverkehr zu haben. Mehr wollen sie nicht, und es ist doch so schwierig.

Die armen Männer, überall, allerorten, mit ausgebeulten Hosen und blöden Blumen, müssen Frauen herumbekommen, das ist ihr Job, und so viele Fallen auf dem Weg. Die Frauen wollen die Männer fangen, binden, verschnüren, das ist ihr Auftrag – und alles so ein großes Mißverständnis. So viele Kriege, bloß weil Männer und Frauen immer tun, als ob sie etwas anderes wollten als Geschlechtsverkehr oder einen Mann fesseln. Immer dieses Getue. Lachsschnitzel in Gläsern, rosa fettig, in Öl, lecker, tut aber nur so, ganz klein steht auf dem Glas »Lachsschnitzel aus Lachsersatz«, und warum, bitte schön, mußte der Lachs sich denn ersetzen lassen? War er gerade mit dem Haushalt beschäftigt, oder hatte er einfach Angst vor dem Tod, die feige Sau? Schlimm auch Pelzmäntel, die tun, als wären sie vom Tier, aber bloß Kunststoff sind. Ein Quatsch, die gehören bekämpft, brennen auch schön. Aber da regt sich keiner auf.

Der politisch korrekte Mensch geht nur gegen arme alte Omas, reiche Gattinnen und mittelalte Opernbesucherinnen vor, und ich mutmaße, gar nicht wegen des Pelzes, sondern weil es den kämpferischen Menschen einfach richtig fest ankotzt, diese Frauen überall zu sehen. Die sich Liftings leisten können und teure Cremes, die immer in die Oper gehen dürfen, während der aufrechte Entrüstete meist dicke entzündete Pickel vom vielen Lachsersatz hat und lilafarbene Hosen aus Jute anziehen muß.

Ich will einen Pelzmantel. Warum soll es dem Nerz besser gehen als uns? Vergleichen wir unser Menschenleben mit seinem Tierleben – was fällt uns da auf? Der gemeine Nerz hockt den ganzen Tag in einem gut geheizten Käfig, frißt, schläft und vermehrt sich, so gut er kann, und dann irgendwann wird ihm halt die Lampe ausgeknipst. Nach seinem Ableben hält er mich schön warm, und das ist mehr, als man von einem durchschnittlichen Menschenleichnam normalerweise erwarten kann.

In meinem teuren Nerzmantel würde ich ausschreiten, und wenn ich schlecht gelaunt wäre, könnte ich mich mit ein paar jungen Leuten herumkloppen, die mit ihren alten Decken über den Schultern zu Kursen gehen, bei welchen immer gefordert wird: Bitte Decken und Socken nicht vergessen!

Aber ich schweife ab: Mit meinem kleinen Nerz könnte ich dann also herumtigern, würde nicht mehr frieren, mich nicht mehr erkälten im Winter wie sonst in einem winddurchlässigen billigen Nylonnerzimitat, und meine Kraft könnte ich dann für viele gute und wirklich wichtige Sachen einsetzen. Der Bekämpfung von Lachsersatz etwa oder der Bekämpfung von Pickeln und natürlich der Bekämpfung von Deckenträgern, den Trotteln, weil man alle naslang über welche stolpert und sich den Schenkelhals bricht, ins Krankenhaus kommt und dem Land Kosten verursacht.

Seit Jahrtausenden hüllt der Mensch sich in tote Tiere (weil,

116

siehe oben, tote Menschen für das nicht richtig taugen), und das einzige, was ich daran wirklich hasse, ist, daß jede Pflaume sich heute einen Pelz leisten kann. Der Pelz muß wenigen vorbehalten sein, die Masse gehört in Parkas, und wer sich keinen Rolls-Royce kaufen kann, ist selber schuld.

Der Mann mit den Blumen geht endlich los und läuft an der Frau im flauschigen Pelz vorüber. Sie sehen sich nicht an, und ich habe vergessen, was ich gedacht habe, so geht es mit den Gehirnen, mit Gedanken, mit dem Verstehen – kleine Funken schlagen, ertrinken im Kaffee, und übrig bleibt nichts.

aus: Zeit-Magazin

Fanpost

An
DIE ZEIT
Redaktion ZEITmagazin
Speersort 1

20095 Hamburg   Fax (040) 32 71 11

Bezug: ZEITmagazin Nr.16/8.4.98 Sibylle Berg
       "Ich will einen Pelzmantel"
Betr.: Huldigung des alten Deutschlands an Sibylle Berg

Sehr geehrte Damen und Herrn!

   Sibylle Bergs misanthropes und misandres Pamphlet erheischt
eine geziemende Entgegnung, zumal Sibylle jeglichen Empfindens
für die Schönheit unverfälschter menschlicher Haut zu ermangeln
scheint. An Nützlichkeit aber kann es ein toter Mensch allemal
mit einem toten Nerz aufnehmen, allein schon wegen der größeren
Körperoberfläche. (...)

   Vielleicht sollte ich mich noch zu einer letzten guten Tat
aufraffen und meine Haut per letztwilliger Verfügung an Frau
Sibylle Berg vermachen. Sanft gegerbt, hart geklopft und
superweich gewalkt. Für einen wärmenden Body.

                  Mit freundlichen Grüßen

                                   Leser Prof. G. R. aus Aachen

Liebe Sybille Berg, was wollen Sie uns eigentlich sagen?

Pickelige Stänkerer die es nur auf Sie abgesehen haben, weil Sie sich einen Pelzmantel wünschen? Können Sie sich wirklich vorstellen, das Menschen auf die Straße gehen und gegen die Pelzindustrie protestieren, schlicht aus dem Grund, weil selbige nicht in die Oper gehen dürfen, da sie keinen Nerz besitzen?

Viel langweiliger als ihre pickeligen Stänkerer sind die Personen, die auf alles eine Erklärung haben und sich in ihrer Argumentation auf dasselbe Niveau herablassen, wie die Omis beim Kaffeekränzchen, die Stammtischschwätzer, die selbstverliebten Gruppendynamiker und die BMW-Fahrer auf der Überholspur. Wenn Sie also einen Pelzmantel wollen, dann drehen sie doch endlich einer Bisamratte den Hals um, reißen ihm den Pelz vom Leib und stehen dazu, wie die alten Omas, reichen Gattinnen und mittelalterlichen Opernbesucherinnen. Aber bitte entschuldigen Sie sich nicht und sagen uns endlich was Sie eigentlich wollen.

Freundlichst,

Leser C. B. aus Kassel

Zu Frau Bergs o Autor
"Ich will einen Pelz ...

Das soll „Junges Deutschland"
sein ?? Uraltes Herrenmenschen- und
Spießer weiber - Denken ist
das !! Kotz und Würg.

Leserin M. E. aus Lambsheim

Was die Sehnsucht will

Seit gestern bin ich nicht mehr allein. Auf meinem Beistelltisch, in einem Glas, schwimmt ein kleiner Fisch, ein Fischlein sozusagen, schwimmt hin und her und gehört jetzt mir. Nicht mehr allein, und ein Fischlein ist das Beste, was ich jemals besessen habe. Warum, erklär' ich jetzt nicht weiter. Das kann sich doch jeder denken. Mann, denkt doch endlich mal selber, echt. Könnt ihr nicht, wollt ihr nicht? Denken ist nicht. Woher auch? In den Schulen bekommt man ja nur Mist beigebracht. Grammatik und Orthographie, die wackligen Geländer, an denen sich Erbärmlinge hangeln, mit Angst, zwischen ausgeflippten Buchstaben zu ersaufen. Superwichtig auch das Periodensystem der Elemente, Methan, Äthan, Propan, Butan … Habe ich schon oft gebraucht im Leben: Ein Killer kommt, will mir die Rübe wegblasen, wenn ich ihm nicht das fünfte Element sage. Ich sag' Pentan. Er sagt: *well* – und geht. Ich kann auch noch das Lied: Pioniere voran, laßt uns vorwärtsgehn, Pioniere voran, laßt die Fahnen wehn. Ich laß gleich mal eine Fahne wehen, aber richtig.

Warum hat uns keiner beigebracht, was wirklich zählt? Zum Beispiel, daß man die meiste Zeit seines Lebens altert, viel länger alt ist als jung, Jahrzehnte riechend mit Falten und Runzeln verbringt und an nahezu körperfremden Orten Tränensäcke entstehen, deren Wasservorrat eine Steppenfamilie tränken könnte. Und warum lernt man nichts über das Sterben? Muß nicht Aufsätze schreiben: Wie ich mir meine schönste Beerdigung vorstelle?

Nix davon lernt man. Mit den wirklich wichtigen Dingen wird man allein gelassen. Allein. Allein mit seiner Sehnsucht. Seheheensucht. Ja, Fischlein, du verstehst mich. Alles dreht sich um Sehnsucht, alles tun wir dagegen, nichts hilft, und keiner hat uns beigebracht, wie man diesem Nagen ein Ende setzt. Diesem Gefühl, das im Leib brennt – den Atem stockt, das Herz auch – von dem viele denken, man bekäme es mit Liebe weg. Geht kurz weg, mit Liebe, satte Ladungen Hormone draufgeklatscht, weg isses. Bis die Liebe wieder ein Mensch und es wieder Zeit wird, da wir uns nach einem Fische sehnen. Uns sehnen.

Manch einer hat die Idee, die Sehnsucht giere nach Erfolg. Aber alle Erfolgreichen haben mich gelehrt, daß Erfolg kein Gefühl macht, demzufolge auch keines beseitigt. Sehnsucht läßt den Menschen sich wälzen, nicht schlafen. Auf regennassen Straßen läuft der Sehnsüchtige im Kleppermantel, mit Gasmaske und geht zu einer Fetischparty. Seid drum freundlich zu Menschen mit Gasmasken, redet mit ihnen, streichelt ihnen den Schlauchrüssel, es sind nur arme Idioten mit unstillbarem Verlangen nach nichts. Oder vielleicht nach einer Heimat? Heimat ist aber nicht mehr als eine alte Dorfschule und eine Straße mit befreundeten Bäumen. Macht keine Sehnsucht weg, keinen Schmerz, da sei Beton drauf. Der Serienmörder versucht, seine Sehnsucht mit der Tötung von Menschen zu stillen. Stillt nur nichts, irrt rum, der Mörder, immer hungrig. Und wenn ihr einen trefft, seid nett zu ihm, ist nur einer, der sein Glück sucht.

Will wohl die Sehnsucht Glück? Das wäre fies, denn Glück ist ein leeres Wort, ein Wort wie Spannkraft, beschreibt einen absurden Zustand, und will die Sehnsucht diesen Quatsch, so will sie etwas, das es nicht gibt, und klar, daß man sich in diesem Fall bis zu seinem Ende damit herumschlägt. Seheheensucht. So viele Lieder, so viele Stunden, das Gesicht an die Fensterscheibe gepreßt. Regen von draußen, Tränen an dir, laufen herunter, nagender Schmerz. Mutter. Ist tot. Die Raben äsen, greifst du mit den Händen deinen Bauch, bereit, ihn zu weiden, die Tindersticks singen, du nicht mehr, schaust in den Himmel, wärest da gerne, nur damit dieses Gefühl wegginge, das immer mehr will. Bloß was, das weißt du nicht. So weh tut. weh tut, wehhhe ...

Stopp – ruft es. Mein Fischlein fährt aus dem Glas, es hat einen Heiligenschein auf und schwebt im Raum. »Hör jetzt mal auf, so rumzujaulen. Seit gestern lebe ich bei dir in diesem verschissenen Glas. Seit gestern muß ich mir deine widerlichen Tränensäcke ansehen, dein Gejammere anhören. Es ist keine Kunst,

Fragen zu stellen, wir wollen Antworten hören. Jammerer sind, wie Hasser, unnütz. Du möchtest wissen, was Sehnsucht will? Wohlan«, sagt der kleine Fisch und verschwindet. Ich reibe mir die Tränensäcke, fließt Sehnsucht raus (endlich wissen wir, was sich in diesen Teigtaschen befindet), schau' in meinem Raum umher, schaue, ob ich spönne. In dem Goldfischglas treibt mein kleines Fischlein. Der einzige Freund, der mir geblieben war, mit seinem Bäuchlein kielobers. Tot wie ein Fisch. Darauf ein kleines Transparent: DAS WILL SEHNSUCHT, DU ARSCH .

aus: Zeit-Magazin

Fanpost

Die Zeit
Bereich Leserbriefe
Zeitverlag Gerd Bucerius GmbH
Pressehaus Speersort 1

20095 Hamburg

echt Leserbrief Redakti'n

uay .

2 9 JUI' 19

U

A..foc

Zeitmagazin Nr. 31, Junges Deutschland, "Was die Sehnsucht will" von Sybille Berg

Sehr geehrte Damen und Herren,

Die Autorin gelangt zu der Erkenntnis, daß die Menschen mit allen möglichen Handlungen auf der Suche seien die Sehnsucht zu stillen, so auch, ausgestattet mit Gasmake, auf dem Weg zu einer Fetischparty. Auch diesen sei der Schlauchrüssel zu streicheln, weil sie voll unstillbarem Verlangen nach **nichts** oder nach einer Heimat seien.
Georg Büchner hat in seinem Buch "Dantons Tod" Danton denken lassen, daß der Mensch nur im Nichts zufrieden sei (und dies mit dem Tod in Verbindung gebracht).
Der Mensch muß aber auch im Leben im Nichts das höchste Maß an Zufriedenheit erlangen können, denn wer nach nichts Sehnsucht hat muß unendlich zufrieden sein.

Mit freundlichen Grüßen

Leserin A. F. aus Köln

123

DIE ZEIT
Speersort 1

20095 Hamburg

27.7.97

Sibylle Berg: "Was die Sehnsucht will", ZEITmagazin Nr.31

Elementar

Nichts gegen Sibylle Bergs herzerfrischenden Zynismus, dieses Ventil für ge-
plagte Geister und Seelen. Aber wie, bitteschön, war das mit Pentan als "dem
fünften Element des Periodensystems" gemeint? Etwa ernst?
Nur damit auch bestimmt nichts passiert, falls ihr mal wieder einer von diesen
Gewaltmenschen mit der so typischen unbändigen Gier nach Grundlagenkennt-
nissen der Chemie in die Quere kommt:
Das Element mit der Ordnungszahl 5 im Periodensystem heißt Bor (B), einziges
Nichtmetall der Hauptgruppe III, Elektronenkonfiguration $1s^2\,2s^2\,2p^1$, relative
Atommasse 10,81, Massenanteil in der Erdkruste ca. 0,0003 %. Die Fünf steht
dabei für die Anzahl der Protonen bzw. Elektronen.
Pentan (C_5H_{12}) dagegen ist kein Element, sondern eine Verbindung aus *fünf*
Kohlenstoff- und zwölf Wasserstoffatomen, ein Alkan.
Wäre beruhigend, mit diesen Informationen einen kleinen Beitrag zu Frau Bergs
Sicherheit leisten zu können. Zur Vorbeugung am besten auswendig lernen oder
immer auf einem Zettelchen im Geldbeutel dabeihaben.

Freundliche Grüße

Leser C. M. aus Mainz

Auf den Hund gekommen

»Nie bist du zufrieden«, quengelt mich einer an, der es nicht besser versteht. Und ich sage »püh« und gehe. Denke aber noch ein
bißchen über das, im Park, wo man zum Denken hingeht.
Ein zufriedener Hundehalter geradeaus. Läßt sein räudiges
Gerät, das von Flöhen zerfressene, weiden, äsen und die Welt
vollscheißen. – Sind Sie zufrieden? Natürlich, mein Hund hat einen gesunden Stuhlgang, was will ich mehr. – Ein Schuß, ein
Schrei und Stille. Nicht mehr wollen, macht Zufriedenheit. Ach
wissen Sie, ich bin ganz zufrieden. Ich habe Krebs, aber ich lebe,
ich bin blöd, aber ich lebe, ich bin nur ein Mensch und weiß
darum. Ich habe zu essen, ein Dach über dem Kopf und eine gute
Arbeit. Was will ich mehr. Ja, was will der Mensch mehr? Vielleicht seine gottverdammten Schwingen breiten, Großes schaffen, ein wildes, verrücktes Leben suchen, sich streiten, kämpfen
um mehr, als ein Mensch zu sein, zu fliegen zu Gipfeln und seinen
blöden Köter dort grasen zu lassen. Schau sie dir an, die Zufriedenen, sitzen in Gärten, so groß wie die Toiletten derer, die etwas
gewagt haben, sitzen vor Lauben, grillieren Hunde. Glotzen aus
Fettschichten, aus Schweinsaugen, zufrieden. Solange der Garten steht. Und bereit, alles zu vernichten, was das kleine Hirn,
stört, bedroht, wird abgeknallt, die Flinte gereinigt, in Ölpapier
gewickelt. Übersicht birgt keine Gefahren. Regeln sind Geländer,
an denen sich der Zufriedene hangelt. Nichts Neues. Das macht
zufrieden, das ist die unendliche Bescheidung des kleinen Gei-
stes. Wer denkt, kann nicht zufrieden sein. Mit nichts. Nicht mit
der Liebe, die eine Illusion ist, mit der Arbeit nicht, die ist wider-
natürlich (muß ja, sagt der Zufriedene), dient nur dem Geldverdienen, um Hunde zu kaufen. Mit der Stadt nicht, dem Sammel-
becken der Zufriedenen, in Schachteln hocken sie, mit gleichen
Lampen, Schrankwänden, Vorlegern, Gardinen mit Goldkanten
(die Kanten rausreißen, zum Händler bringen, angeschissen, ist
kein echtes Gold, na, zufrieden). Die Erde kollabiert, Eisberge

schmelzen, Raumfahrer kacken das All voll, Atomreaktoren krachen, Flüsse sind tot, Menschen haben Neurodermitis, die Inflation rast, Obdachlose verstopfen die Straßen, Flugzeuge fahren überall hin, überall sieht es gleich aus, Flugzeuge fallen vom Himmel, auf Schulen. Aber wir sind zufrieden. Eingerichtet im Mittelmaß. In einem feigen Leben, das nur auf das Ende wartet. Kann nichts passieren, wir haben eine Sterbeversicherung. Zufriedenheit in jeder Sekunde, mit allem, was eines tut eins sein. Sagt Buddha, und sind gar alle Zufriedenen Buddhisten, weise, entspannt im Hier und Jetzt und ich ein cholerisches Arschloch? Ruhig bleiben, Schaum vom Mund wischen, Buddhisten sind vom einfachen Menschen so weit entfernt, wie ich davon, mir einen Hund zu halten. Mehrere Jahrhunderte Evolution überspringen güldet nicht. Das ist ein anderes Kapitel. Mehrere Jahrhunderte haben wir nicht mehr. Zu Frieden. Laß mich in Frieden. Frieden. Gibt es nicht. Unmöglich in einer Zeit, die krank ist, am Ende ist, ist nicht mehr als blöde Dumpfheit. Sitzen sie rum, tump und versperren die Aussicht. Blockieren mit ihren zufriedenen Leibern die Zufahrt für das Glück. Mucken nicht, rühren sich nicht, halten die Klappe, die Politiker werden es schon machen, die anderen werden es schon machen. Hocken, feige, hoffen, daß niemand sie im Todesschlaf stören möge. Trugschluß. Nichts bleibt, wie es ist, es wird schlimmer. Und die Zufriedenen werden mit erstaunten Hundeaugen glotzen, wenn das Unheil anklopft. Ich wollte doch nur zufrieden sein, sagen sie, wenn ich mit einer Maschinenpistole vor ihrer Tür stehe, mit Handgranaten, Flammwerfern und Panzerfäusten um mich ballere, die Welt reinige, vom selbstgerechten Pack. Und die ist dann leer. Kann was Neues entstehen. Ameisen, Leoparden und dann wieder Menschen. Die neugierig sind, hungrig nach Leben, forschen und suchen. Nach dem Glück. Denn wer das sucht, findet es nie, kann nie zufrieden sein.

aus: Zeit-Magazin

Fanpost

Redaktion "Die Zeit"
Leserbrief (Magazin)
Pressehaus
Speersort 1

20095 Hamburg

[Eingangsstempel: Magazin (28/7) 14. JULI 1998 ... Ø Autor]

Berlin, d. 11. Juli 1998

Sehr geehrte Damen und Herren,

der beiliegende <u>Leserbrief</u> zu Sibylle Bergs "Auf den Hund gekommen" im Magazin vom 2. Juli ist leider ausgeufert. Nett ist er auch nicht. Wären Sie trotzdem so freundlich, ihn auch an Frau Berg weiterzuleiten ? (Die Leserbriefspalte würde er zweifellos sprengen.)

Vorab eine Bemerkung unmittelbar an Ihre Adresse, die zuständige Redaktion:

Finden Sie diese Art Kolumnen eigentlich "witzig" ? Das ganze Blatt strotzt vor bürgerlich-aufklärerischem Anspruch, will Forum sein, will Debatten, auch längere, ermöglichen, dem Argument im Schlagzeilen-Zeitalter einen Schutzraum bieten, rationaler Kritik Platz geben, kurz: ist dem ethischen Anliegen der neuerdings mit Lust veralberten Diskursivität verpflichtet – und mittendrin dieser Wutausbruch der widervernünftigen Menschenverachtung.

Was haben Sie sich bei der Veröffentlichung gedacht ?
Daß das ja so unterhaltsam sei ? "Junge Literatur" zudem ? Etwa: "Unser neues Magazin, sehr peppig. 'Junges Deutschland' – was denken denn die 'jungen' Leute so ? Ach, sie spielen mit verbalen Baseball-Schlägern ? Wie interessant. Aufschrei einer geschundenen Seele, wir sind betroffen. Und diese grandiose Leidenschaft !"

Wenn von der Moderne überforderte Radau-Konservative im Süden der Republik lospoltern, spießt die "Zeit" sie auf, zu Recht. Wenn's muß auch ätzend. Woher dann diese Hilflosigkeit im Umgang mit dem modischen Verbalhooliganismus neuromantischer Provenienz, wenn er aus "links"-ost statt süd-"rechts" kommt ?

Oder ist auch Ihnen die vernunftorientierte Humanität schal geworden, so langweilig, daß Sie nur noch hier und da müde und aus Gewohnheit mit ihr zwinkern ? Das Pathos der Aufklärung – abgeschmackt ? Dann auf fröhliche Zeiten.

Mit freundlichen Grüßen,

Leser M. M. aus Berlin
(wir verzichten auf den Abdruck
des »beiligenden Leserbriefes«)

Alles über Dinge, die rollen

»Und da liegt der springende Punkt.«

Gabriele Killert, Die Zeit

Bahn fahren

Die Lakenwurst

Vier Herren ohne Socken stehen dicht an sich, die Blicke aneinander vorbei, fahrig, die Hände verstauen Dinge. Peinlichkeit im
engen Raum, wie ein schriller Ton, ein schlechtes Lied. Und die
Gewißheit: Gleich mit fremden Menschen zu schlafen, sich vor
ihnen teilweise zu entkleiden, ihre Geräusche zu hören, ihren
Speichelfluß zu ahnen, die ist nicht gut.

Schlafen ist eine der Sachen, die höchsten Respekt verdienen
und die ein jeder fein in einem abgeschlossenen Zimmer erledigen sollte. Es ist so persönlich wie sterben, kopulieren oder ausscheiden, und wer bei diesen Dingen andere zuschaun läßt, ist
ein Schwein. Der Bahn kann niemand einen Vorwurf machen.

»Vom Schlafen war hier nie die Rede«, würde Herr Deutsche Bundesbahn (es gibt ja die verrücktesten Namen, Deutsche ist so einer, manche heißen auch Durs oder Thekla Carola) auf meinen
entrüsteten Angriff erwidern. »Schaun sie, junge Frau. Das Ding
hier heißt weder Schlaf- noch Kopulationswagen. Es ist ein guter,
alter Liegewagen, in dem Sie sich befinden, und wenn Sie in diesem Wagen außer Liegen etwas anderes tun, dann ist das auf eigene Gewähr.«

Der Liegewagen steht in Hamburg, links und rechts sind vielleicht Rumhängewagen zum Rumhängen oder Tanz- und Partywagen zum Tanzen und Party-Machen, widerlich, die ganzen
kleinen Gören, die nicht mehr, wie es sich schickt, sagen können:
Ich geh zum Tanzen. Nein, alleweil wird heute Paatii gemacht,

und da möchte man den Bälgern direkt Kopfnüsse geben, bis sie wieder ordentlich reden können. Vorne ist eine Lokomotive dran, damit das Ganze eine Ordnung hat und einen Namen verdient. Der Name des Zuges ist Sibylle Berg oder Götterdämmerung was ungefähr aufs Gleiche hinausläuft. Der Zug fährt nach Paris, falls er nicht von Zugpiraten zum Entgleisen gebracht wird, die neuerdings Tanz- und Partywagen ausräubern und den Kids auf die Ohren hauen, daß sie wieder ordentlich tanzen und ihr Paaatii-Machen aufgeben mögen.

Es ist Nacht, und wer noch nie im Liegewagen fuhr, hat oft romantische Gedanken: Hoho, der Orient-Express, denkt er, und an Schaffner, die wie Jeff Goldblum aussehen, an silbernes Frühstücksgeschirr, das Frühstück selbst, nackig eingenommen auf dem Schoß von Jeff, dem Schaffner, denkt er auch, der dumme Tropf. Iss nicht. Ist Quatsch. Liegewagen sind zum Liegen, nicht Schlafen. Und zum Nackig-Frühstücken gleich gar nicht. Wer möchte das? Ich nicht, nackig und frühstücken, mit den Herren in meinem Abteil, mit denen ich vermutlich noch nicht mal zu Abend essen würde, weil das mach ich nicht mit jedem. Das Abteil so groß wie eine Duschkabine, an jeder Seite stapeln sich drei Pritschen die Wand hoch und Platz zum Atmen ist da nicht. Die Herren kommen aus einem fernen Land und haben bedauerlicherweise ohne mich zu Abend gegessen und ziemlich heftig nachgewürzt. Da hätte ich ihnen aber was erzählt, wäre ich dabeigewesen. Lass das mal, hätte ich gesagt, und sie hätten nee geantwortet und in eine Knoblauchzehe gebissen. Das Gewürz dringt nun, Stunden später, durch ihre Münder, ihre Haut, ihre Ohren ins Freie. Will auch frei sein, so ein Gewürz, das tut dem weh, so im Dunkeln. Ein jeder versucht sich aus dem Mantel zu begeben, sein Gepäck irgendwohin zu stopfen, meine Liege ist in der Mitte und oben einer unten einer und eng. Mama, laß mich aus dem Sarg, ich lebe noch. Schnauze. Du bleibst, wo du bist. Ich versuche mir schamhaft ein paar Dinge auszuziehen, denn durch mehrere Körper auf wenig Raum ist es recht warm geworden. Sitzen geht auf der Liege nicht. »Nana, kleines Fräulein«, sagt der Herr Bundesbahn, das haben wir Ihnen auch nie versprochen, oder heißt das Ding auf dem Sie gerade so lächerlich herumzappeln etwa Sitze? Und übrigens, sagen Sie doch Deutsche zu mir.« Eine kratzige Gefängnisdecke liegt da und ein weißer Lakensack, in den entweder ich oder die Decke gehört. Damit ich mich nicht blamiere, tue ich da gar nichts rein, sondern knülle das Laken zu einer weißen Wurst, die ich unauffällig in eine Ritze stopfe. Die Decke rutscht derweil hinab und hängt einem der Herren über dem Gesicht. Der Mann pustet behend etwas Gewürz auf die Decke. Ein anderer entledigt sich seiner Anziehsachen. In einer weißen Unterhose hüpft er im Abteil herum. Dann geht alles sehr schnell, die Rolladen runter, die Männer in die Kisten, Licht aus. Die Herren machen Geräusche. Sie scheinen innerhalb einiger Sekunden eingeschlafen zu sein, das liegt wahrscheinlich an ihrer Religion. Die Luft ist schwer, wie auf einem orientalischen Basar, da war ich noch nie, aber dieses Bild wird ja immer wieder gern verwendet, muß also was dran sein. Es ist stockdunkel, und ich liege da, meine Hose auf Halbmast, die Decke ist schon wieder runtergerutscht, um ein bißchen Gewürzodem zu tanken. Noch zehn Stunden nach Paris. Um in ein Nickerchen zu verfallen, denke ich immer an die langweiligsten Dinge der Welt. An einen Spaziergang längs einer Erdöltrasse oder an ein Diner mit einem Politiker. Grad sitze ich also mit Gerhard Schröder bei McDonald's und würze meine Speisen. Wir reden über Politik, und ich werde so richtig müde. Aber um mich zu ärgern, taucht Herr Barschel am Tisch auf, Algen im Haar, und will mir gerade erzählen, was damals wirklich passierte. Da werd ich natürlich ganz munter und beiße gespannt in eine Knoblauchzehe. Das Licht geht an, rums, die Abteiltür auf, Barschel steht da und hat sich als Schaffner verkleidet. Er verlangt nach unseren Ausweisen. Ein Rascheln und Murren ist das, ich raschel auch, und der Schaffner hält mir mit einem Ts, ts, eine weiße Wurst vor die Nase. Oh, sage ich, meine Lakenwurst, die habe ich gesucht, und lege mir das

Ding lässig um den Hals, um mein Erröten zu verbergen. Der Schaffner nimmt die Pässe, vermutlich um sie zu kopieren und ins Ausland zu verkaufen, dann tritt wieder Ruhe ein. Noch neun Stunden bis Paris. Ich nicke ein. Unterdes löst sich meine Seele von meinem Körper. Fliegt durch einen Tunnel, ein helles Licht, und auf einmal ist es ganz warm, stop, das ist der falsche Film, rufe ich meiner Seele zu. Da trollt sie sich zurück und schlendert brav durch die Zuggänge. Wären alle Türen aus Glas, die Räume erleuchtet, sähe es aus, wie in einem Insektenbau. Überhaupt, wäre es sehr anstrengend auf der Welt, gäbe es nur Glas. Stellt euch nur mal ein Hochhaus vor, einen Straßenzug mit Altbauten, meinethalben, und alle Wände aus Glas. Und jeder sieht jeden, und jedem wird auf einmal klar, wie viele Menschen es gibt, die alle dasselbe tun, in ihren Wohnungen. Da würden wir ganz schön wahnsinnig werden, nicht wahr. Deshalb an dieser Stelle meinen Dank an Herrn Beton und Herrn Ziegel. Oder im Falle des Zuges an Herrn Tür. Vier schlafende Männer genügen, da muß ich nicht sehen, was in diesem Zug noch alles liegt und schnarcht und schmatzt. Vielleicht werden irgendwo gerade Kinder gezeugt oder geboren, Menschen ihres Lebens beraubt, aber das will ich alles wirklich nicht wissen. Endlich wird es hell. Noch eine halbe Stunde bis Paris. Nach schlechter Nachtruhe schlüpfen alle aus ihren Lakensäcken und sehen auch so aus. Verklebt, verschwitzt und schlechtgelaunt. Ich fühle mich wie nach einer Party (peng, habe ich eine Ohrfeige von einem Zugpiraten sitzen). Ich werde jetzt neun Stunden übermüdet durch Paris wanken, werde viel Milchkaffee trinken, vier Schachteln Zigaretten rauchen, mir einen dufte Pelzmantel kaufen (aus den letzten beiden Exemplaren des Grottengnus, ich hoffe, ihr schickt mir jetzt viele Farbbeutel zum Selberbeschmeißen und regt euch richtig auf). Und dann werde ich im Liegewagen zurückfahren, mir nochmal zehn Stunden um die Ohren hauen, damit ihr erfahrt, wie dufte das Schlafen in einem Liegewagen ist. Vielleicht passieren mir auf der Rückfahrt so spannende Dinge wie Bekannten von mir, die einmal

einen verirrten Greis auf sich zu liegen bekamen oder einen Herren auf der Suche nach seiner Beinprothese beobachten konnten. »Ich hab jetzt schon dreimal gesagt, das ein Liegewagen
nicht zum Schlafen ist«, sagt Deutsche und haut mir eine runter.

aus: Allegra

Auto fahren

Die Flanschmuffen von Silverstone

Das erste Mal Formel 1 vergißt man nie. Egal, ob man es groß-
kotzig findet, dekadent, bescheuert, ob man es für Sport hält
oder für Müll, das erste Mal in einer Box zu stehen, die Ohren
platzen spüren, die Luft anhalten – welche Luft? – vor Spannung,
Angst haben um Fahrer, die man vorher erlebt hat, als normale
schmächtige Männer, sie fahren sieht, in einer Geschwindigkeit,
die eigentlich nur zum Fliegen oder zum Tod führen kann, die
Hände ansehen später, in die sich die Nägel gegraben haben, man
vergißt es nie, das erste Mal, und geht, denkt sich: Ein dekaden-
ter Mist das, aber man denkt es, mit schneller schlagendem Herzen. Das erste Mal war ich im letzten Jahr bei der Formel 1. Das
Team von McLaren Mercedes fuhr auf guten Plätzen, die Sieger
waren die anderen. Sie waren nett, im letzten Jahr. Heute ist
McLaren Mercedes die Siegermannschaft. Verändern sich Menschen, wenn sie an der Spitze sind? Verändert sich die Sicht auf
ein großes Ereignis, wenn man es zum zweiten Mal schaut?
Es ist kalt in England, es ist ein frischer Herbsttag im Juli. Die
Hälfte der Rennsaison '98 ist vorbei und gut gelaufen für das
Team von McLaren Mercedes unter Ron Dennis, bei dem ich wie-
der zu Gast bin. Einen Termin mit Mika Häkkinen zu bekommen
war schwierig, einen Fotografen mitzubringen, nicht drin. Strikte
Regeln herrschen dieses Jahr, die Angst vor Spionage ist groß.
Ich sitze im Pressewagen, friere ein wenig, und von der großen
Erregung nichts zu spüren, denn keiner da, alles ruhig, das Ren-

nen in zwei Tagen, und vor dem Rennen findet die Arbeit statt, die keiner sieht, keinen interessiert, vor dem Rennen ist es eben einfach ruhig, und die Erregung mag sich nicht einstellen. Der Pressewagen, einer von drei lastwagengroßen Designerwohnmobilen, gemacht aus sehr gutem Material, gutem Stoff, astreiner silbergrauer Farbe, alles wie in der VIP-Lounge der Lufthansa, darin residieren die Fahrer, Trainer, der Chef, die Presseleute während der Rennen. Vor den Lastern unter Planen die Buffets, Raum für Interviews, Ort excellenter Ernährung, hier darf nur sein, wer geladen ist, wichtig, oder ich. Jedes Team hat solche Wagen, keines so ein feines Design.

Gegenüber die Laster mit der Technik, den Ersatzteilen, dem Werkzeug, dahinter die Boxen, in denen die Rennautos wohnen, die Computer stehen zur Auswertung von Fahrleistung, Fahrverhalten, Strecke, Luft, Wetter, die Raumstation mit den Spacemobilen, wo geschraubt wird, getankt und gebetet, dahinter ist die Arena für die Zuschauer.

Das ist die Welt für vier Tage, eine andere gibt es nicht für die Teams, für die Journalisten, die Frauen der Fahrer, das ist ihr Leben, und danach kann nicht mehr viel kommen. Was soll kommen, nach Reichtum, Adrenalin, großer Aufgeregtheit, Kampf und Überschaubarkeit hinter Gitterzäunen. Sehr überschaubar, heute, es ist der Alltag der Formel 1. Die Konstrukteure, die über Millionen Gewinne oder Verluste entscheiden, über das Wichtigste, die Qualität der Wagen, arbeiten fieberhaft, verbessern ständig, beobachten, werten aus, die Mechaniker in ständiger Hochspannung, die Fahrer am Trainieren, sich in kurzen Pausen zwischen PR-Terminen sammeln für ihre anderthalb Stunden, in denen sie sich bewähren müssen, und die Journalisten schleichen durch die Boxengasse, schauen, ob die Buffets schon aufgebaut sind, ob es schon Champagner gibt, schon ein Star zu sehen ist.

Keiner zu sehen. Heute werden nur zwei Testrunden gefahren, um die Wagen einzustellen, Mängel herauszufinden, die Strecke kennenzulernen, die als langweilig, als umständlich gelegen gilt, denn die Rennstrecke zu erreichen ist eine Strapaze. Viele Journalistenteams und Mitwirkende müssen mit dem Hubschrauber anreisen, für den Rest bleibt nur der Pkw oder das Taxi aus den bis zu zwei Stunden entfernten Quartieren, denn in der Nähe ist keine Stadt, kein Hotel. Am Renntag wird es wieder Staus von drei Stunden geben und bis zu 600 Hubschrauber-Starts und -Landungen.

Seit McLaren und Mercedes ein Team bilden, hat es für sie noch keinen klaren Sieg gegeben, immer noch steht ihr Troß auf Platz drei der Boxengasse, doch das ändert sich vielleicht bald, denn jetzt führen sie im Konstrukteurswettbewerb, und Mika Häkkinen liegt mit sechs Punkten vor Michael Schumacher.

Ein kurzes Gespräch mit Herrn S., dem Pressevertreter von Mercedes – von welcher Zeitung, ah, ich muß dann mal, sagt er, muß er auch, denn hier geht es um 2 Milliarden Zuschauer, die Fernsehanstalten haben sich ihre Übertragungsrechte für viele Millionen gesichert. Kein Spaß, keine Zeit für Unnützes zu verschenken. Nichts. Es geht um Großes. Um den Sport. Und um den Profit.

Die Entwicklung der raumfahrttauglichen Rennwagen bringt den Automobilkonzernen Erkenntnisse, die für die Pkw-Herstellung nutzbar sind, die bessere Autos für bessere Verkaufszahlen bedeuten. Die Teilnahme am Rennen ist für die Konzerne und die Sponsoren eine Dauerwerbesendung, eine Demonstration von Macht und sexueller oder andersartiger Überlegenheit.

Die Teambesitzer, die Organisatoren verdienen Milliarden an Übertragungsrechten, Eintrittskarten und Fan-Artikel-Verkäufen, die Fahrer verdienen Millionen, und es ist unerheblich, wenn Neider behaupten, Formel 1 sei ein aufgeblasener Scheiß, wenn sie wettern, daß man mit dem Geld die Hälfte der Welt retten könnte, so kann man sie nur mit einem Wozu ruhigstellen.

Der Herr von Mercedes, die die Hälfte der Fahrergelder bezahlen, an den Entwicklungskosten beteiligt sind und die Motoren liefern, winkt mir hektisch zu, es geht in die Box. Davor stehen, neu in diesem Jahr, zwei Body Guards – mit schönen Anzügen vermutlich vom Sponsor Boss.

Seit McLaren Mercedes in dieser Saison mit den schnellsten Rennwagen gestartet ist, muß man sehr aufpassen, betont der Presseherr wiederholt, Spione lauern überall, und hinter jedem Busch sitzt ein Jakobiner.

Die Garage ist mit Marmor ausgelegt, damit das austretende Motorenöl es gut hat, die Mechaniker in grauem Design, und da stehen die Wunderwagen. Millionen Mark schwer. Die Fahrer Coulthard und Häkkinen sitzen schon darin, konzentriert den Blick auf die Monitore, die vor ihnen hängen, die Wagen hängen auch, wie ein Patient auf dem OP-Tisch beleuchtet, die Heizdeckchen sind um die Räder gehüllt, um das Gummi mit 80 Grad warm zu halten, an den Autos wird geschraubt, mit Hochdruck gearbeitet, der Motor wird angelassen, und ein Tor, den nun nicht Erregung ergreift, wenn er es zum ersten Mal erlebt. Die Motoren, die sich warm heulen, die Wagen, die mit den Rädern scharren, Spannung bis zur Herzverlangsamung, ein großer Moment der Erleichterung wenn das Rennauto mit einem Schrei auf die Strecke fährt. Und große Liebe in jedem. Unbedingte Bereitschaft sich aufzulösen, ein Teil aller zu sein, solche Liebe ist es, wenn viele Menschen an einer Sache arbeiten und jetzt ihr Kind beobachten, das draußen seine Runde dreht. Der Fahrer ist alleine. Mit seiner Konzentration, den Fliehkräften, der Anspannung, ein kleiner Fehler und die Karre hängt in den Seilen, eine Million Schrott, allein mit dem Auto, den Feinden. Der Herr von Mercedes möchte nicht, daß ich mich bewege, bewegen könnte fallen, atmen heißen, den Marmor beschmutzen, und da muß ich auch schon raus.

Ich bin wieder auf das Gestühl verbracht, der Pressemann verschwunden, ein Kollege schlendert vorbei, ein Journalist, wie die meisten hier seit vielen Jahren dabei, weil es Technikfanatiker sind, weil sie süchtig geworden sind, mit der Welt draußen nicht mehr klarkommen oder weil sie nur leben, wenn um sie Emotion geschieht.

»Entschuldigen Sie, was halten Sie von der Formel 1?«

Der Kollege: »Es paßt in unsere Zeit. Übertrieben, maßlos, gefräßig. Früher war es mal ein Freaksport, verbunden mit einem gewissen Lebensgefühl. Heute ist es wie alles geworden. Schnell, unendlich teuer, hysterisch. Sehr schön, für unsere Zeit.«

Weiter hastet er, es muß doch eine Geschichte finden, jedes Mal wieder bei jedem der 16 Rennen eine neue, und Neues passiert eigentlich nicht.

Gerne würde ich jetzt mal mit einem der Mechaniker sprechen. Die die Wagen am Laufen halten, Hochleistungsmechaniker, die von fremden Teams abgeworben werden oder aus den Reihen der Cart, GT Rennen selektiert, zu hören, wie sie die Rennen erleben, wie sie leben, das halbe Jahr auf Tour ...

Leider erfahre ich, daß mit den Mechanikern zu sprechen nicht gestattet ist. Verständlich, wegen der Spionagegefahr. Vielleicht ein paar Worte mit dem schönen Trainer Häkkinens, der das Rennpferd fit hält, ihm die Hand hält, den Aufbaudrink, seinen Ernährungsplan ausarbeitet ... aber dummerweise ist auch mit dem Trainer zu sprechen verboten, weil man sonst Geheimnisse wie spezielle Müslizusammensetzungen auskundschaften könnte.

Inzwischen ist das Buffet aufgebaut, Champagner, Lachs, Leckereien. Der Starreporter Kai Ebel von RTL schlendert durch die Boxengasse. Sein Sender hat viel bezahlt, das erlaubt ihm, die Fahrer, die kurz nach dem Rennen halb ohnmächtig vor Erschöpfung sind, mit intelligenten Fragen vom Erbrechen abzuhalten. Kai plauscht mit Michael Schumacher, in ein paar Minuten ist der zweite Probedurchlauf. Die Boxengasse leert sich, die Aufregung, daß etwas passiert, irgend etwas, ein entnervtes Winken des Pressemannes, der mich sein Buffet plündern sieht, da darf ich noch einmal in die Garage.

Ehrfürchtige Tritte auf spiegelblankem Boden, so sehen Kathedralen aus. Der Papst, die Deutsche Bank, Mercedes, das sind die

Götter, und Formel 1 ist viel mehr als eine Spielzeugrennbahn reicher Männer – nur Männer hier, Frauen finden als Hostessen, Pressedamen oder Bräute statt, im Himmel haben sie nichts zu suchen – um Milliarden geht es, um Sponsoren, um Prestige, das wieder Milliarden bringt, das ist kein Spaß. Sport. Weiß keiner mehr, was das ist, in einer Zeit, der wenig Zeit bleibt. Die Menschen wollen Stars für einen Tag, wollen vergessen, daß morgen die Welt untergeht, wollen kurz träumen, aber dann schon wieder etwas Neues, noch Schnelleres, Schöneres. Konsum, der sich selber explodieren macht, hält uns am Leben, ist Sinn, das Lauern der Zuschauer auf Tod, Tragödien, Verbrennungen, wer würde schon mit Gänsehaut Formel 1 schauen, wenn es so sicher wäre wie Dreisprung im Kreis?

In der Box blendet der Boden. Aufregung in der Raumfahrtzentrale, das Kreischen der Mutterfestziehgeräte, der Geruch von Auspuffgasen (neu jetzt Schumachers Gase in Dosen abgefüllt), die Gattin Mikas steht verbunden im Geiste mit ihrem Gatten, Angst hat sie nicht, sie vertraut Mika und der Technik, Närrin, da rollt er los, da muß ich raus.

Nach dem Probedurchlauf darf ich mit Mika Häkkinen reden, und wenn ich einem den Sieg gönne, dann dem Finnen, der wenigstens Raum für befristete Projektionen erlaubt.

Herr Häkkinen, ich freue mich für Ihre Erfolge. Sie hatten viel Pech. Ein großer Unfall, Motorschäden, immer etwas, das in letzter Sekunde Ihren Sieg versaute. Hatten Sie manchmal Angst, es ginge so weiter, und Sie würden aus der Formel 1 ausscheiden, ohne jemals gewonnen zu haben?

Häkkinen: ...

Oder sagen wir es so, haben Sie sich mal gedacht, wenn ich nie gewinne, bringe ich mich um?

Häkkinen: Ich lebe gerne. Es geht nicht nur ums Gewinnen. Es geht doch um den Sport. Wenn ich verliere, ist es immer eine Teilschuld, wenn ich gewinne, immer die Leistung des ganzen Teams.

Haben Sie schon einmal von außerhalb auf das geschaut, was Sie tun?

Häkkinen: Ich verstehe die Frage nicht.

Ein Gedanke ist, daß der Mensch nur zum Laufen und der damit verbunden Geschwindigkeit konzipiert wurde. Alles, was schneller ist, raubt ihm Lebenszeit. Danach müßten Sie schon 90 sein.

Häkkinen: Rennen fahren macht mich glücklich. Es geht um den Sport.

Sie schauen nervös, es ist bestimmt sehr anstrengend, neben der Konzentration auf das Rennen die vielen Menschen zufriedenzustellen, die um Sie sind. Quatschköpfe wie mich zum Beispiel.

Häkkinen: Das Wichtigste ist, immer wieder meinen Kopf zu entleeren, meine Konzentration herzustellen. Aber die Gespräche, die PR-Arbeit, das gehört mit zum Job.

Ein Offizieller steht im Hintergrund, sieht die Uhr an, sieht Mika an. Mika muß los.

Morgen ist das Rennen, morgen geht es wieder um alles, vor allem um sein Leben, rundherum geht es um das große Geschäft. In der Boxengasse wird gerade der neue Coup von Mercedes bereitgerollt. Das erste zweisitzige Rennauto der Welt. Die Fahrt im Hinterteil wird unter anderem von RTL verlost. Silvester Stallone darf wohl auch mal mit. In dieser Saison ist er oft bei den Rennen, weil er einen Formel-1-Film machen will und weil sich mit Formel-1-Fahrern zu zeigen genauso schick ist, wie mit Boxern befreundet zu sein. Die Veranstalter machen sich auf zu den Partys, den Essen mit wichtigen Journalisten und Sponsoren.

Es regnet in Silverstone. Heute ist das Rennen. Stille im Wagenpark, leise, sogar die Journalisten, die spüren, das jeder stört, der nicht dazugehört. Die Spannung wie Kälte. Und Gänsehaut, ob du willst oder nicht. Es ist dunkel. Das Heulen der Motoren fast unerträglich. Die beiden Fahrer gehen in die Box. Sehen so dünn aus, gehen schnell kaputt, sind eben nur Menschen, und alle starren sie an. Schweigend, in der Boxengasse. Haben gearbeitet für diesen Moment. Die Fahrer, nicht Rennpferde, sondern Menschen, gehen vom Schweigen verfolgt zu ihren Wagen. Dann stehen sie auf der Rennstrecke, das Signal ertönt, sie werden losfahren, alleine, gegen die ganze Welt, werden kämpfen und es ist einfach nur Sport für Hunderttausende, die sitzen werden im Regen auf den Rängen, Milliarden vor den Fernsehern, werden auf die Fahrer schauen, die Wagen, werden fiebern, schwitzen, die Nägel in die Hände bohren und nichts ahnen von der großen Geldmaschine, nichts wissen vom Konsum, der immer idiotischer wird, von der Zeit, die immer schneller wird, keinen Schimmer von Spionage oder Müslis. Sie werden alles vergessen, für anderthalb Stunden.

Ich schwitze und friere, mein Herz rast, es ist Formel 1. Man kann es dekadent finden, aufgeblasen, unnütz, aber es macht dich wie wahnsinnig vor Aufregung, es ist wie die Welt, unser Jahrzehnt, wie unser Leben und ein anderes haben wir doch nicht.

P. S. Beim Rennen in Silverstone siegte Michael Schumacher dank der Informationen über einige Flanschmuffen, die ich seinen Team geben konnte. Nichts für ungut.

Inzwischen ist der Fuhrpark verladen, reist nach Österreich. Die Schlacht Ferrari gegen McLaren Mercedes wird geschlagen werden, wie es ausgeht, ist eigentlich nur wichtig für mich, denn es wird entscheiden, bei welchem Team ich nächstes Jahr mit meiner Mikrokamera zu Gast sein werde.

aus: Zeit-Magazin

Fanpost

ZEITmagazin
Zeitverlag, Pressehaus
Speersort 1
20095 Hamburg

Telefax 040/328 05 08

**ZEITmagazin Nr. 40, 24.September 1998
Beiträge von Sibylle Berg**

Sehr geehrte Damen und Herren,

nett, daß Sibylle Berg gleich selbst auf Seite 7 die Stichworte
liefert – Schrott, Flachheit, Arschbilder – für das, was sie
9 Seiten weiter zu "Mikkas Garage" zum besten gibt. Und offenbar
hat niemand von der ZEIT wenigstens mal die Überschrift gelesen,
bevor der Beitrag ins Blatt genommen wurde. Außer im Titel ist
der Vorname von Herrn Häkkinen noch weitere 9 male falsch
geschrieben: Mikka statt richtig Mika. *

Wie heißt es doch in Sibylle Bergs Wahlprogramm: Als nächstes
wird die Schule reformiert, und die Kinder lernen ordentliche
Sachen. – Wie wär's mit Richtig Abschreiben zum Beispiel?

Mit freundlichen Grüßen

Leser Dr. E. D. aus Oldenthal

    * *Für die Buchausgabe wurde dieser unverzeihliche Fauxpas
    der Autorin natürlich korrigiert.*

Alles über gute Menschen

»Der Mensch ist ein Schwein.«

Claus-Ulrich Bielefeld,
Süddeutsche Zeitung

Herr Boa. Guter Mensch

Der Tag, da ich merkte, daß Journalistsein einen in jedem Fall zum Arschloch macht, da ich beschloß, kein Journalist mehr zu sein, war ein ganz gewöhnlicher. Ich wollte eine Geschichte über Phillip Boa schreiben, weil er eine neue Platte gemacht hatte, weil ich dachte, wenn einer was macht, mach' ich doch was drüber, das bringt Geld.

Phillip Boa – ein paar seiner Lieder hatten mich auf Endloskassetten begleitet, durch Liebeskummer und Suizidversuche, warum also nicht über Boa schreiben, was tausend Musikjournalisten können, kann ich auch – irgend etwas Lustiges werde ich mir schon ausdenken. Die Menschen sind doch nur Figuren, die man in der eigenen Geschichte hin und her schiebt. Plastikfiguren, die man bewegt mit eigenen Gedanken. Um die Wahrheit zu schreiben, zu verschönern, bunt zu machen, weil sie doch langweilig ist, die Wahrheit, wessen eigentlich?

Herr Boa saß in einem Hotelzimmer, und ihm war unwohl. Soll ihm unwohl sein. Was zu machen, das keiner zum Überleben braucht, sondern nur zur Freude, und davon existieren wollen hat seinen Preis. In den Geierkäfig werden sie geworfen, die Künstler, von Managern, Galeristen und wie sie alle heißen, die nur davon leben, daß einer mal was macht.

Ich, ganz Geier, um den Mann herum, mit falschem Lächeln, mit Jämmerlichkeit. Ängstlich spielen, unterlegen spielen, schauen, wo anzusetzen sei, komm, mach auf, erzähl mir alles, ich werde es nicht mißbrauchen. (»Ich weiß auch nicht, irgendwann vergessen sie immer, daß ich von der Presse bin, und reden sich um Kopf und Kragen, haben Vertrauen, ich weiß auch nicht, warum.« Sagt der Schreiber stolz zu anderen Geiern, weil er am Schreibtisch Gott werden will, mehr als Zuschauer sein will. Der Atem des Schreibenden ist das Leben der anderen, das gilt es zu zerkauen, zu erbrechen, für eine Geschichte, die nicht mal die Halbwertzeit eines Stuhlgangs hat.)

Was Fremde einander erzählen, interessiert niemanden. Interessiert nur, wenn es intim wird, privat und entblößend, und das geht nur mit vorgelogener Wärme, mit Nähe, mit Lüge. Ich sehe mich, den fleischgewordenen Verrat an allem, ihm gegenüber, meinen Job machen. Ein höflicher, stiller Mensch, der Boa, der viel denkt und nett ist. Das langt nicht, mir nicht, keinem nicht. Was interessieren uns normale Leben? Wir wollen Sex mit Tieren, Kindern – Abgründe, Ängste, Skandale, Erbärmlichkeiten, das wollen die Leser, sagt der Schreiber und meint sich, meint erniedrigen, um sich zu erhöhen, um die eigene Nichtigkeit zu vergessen und das unbedeutende Dasein.

Drei Stunden Interview, meine Zähne, die länger werden, die Ohren auch, spitz, smegmagelber Leib, gierige, gefräßige Augen, Schuppen, Krallen, die ich in Herrn Boa schlage, Teile entnehme. Werden wir uns trennen, einander vergessen, bevor wir uns wirklich gesehen haben? Was bleibt, ist das Gefühl, daß die Leere, die wir entstehen ließen, Wahrheit bedeutet.

Herr Boa sitzt da, müde von der Welt, für die er nicht kämpfen will. So viel reden, so viel Vorsicht beim Reden, nur um seinen Beruf auszuüben. (Sollen sie doch in die Fabrik gehen, die Nasen.) Und ich, unruhig, muß schreiben, schreiben, schreiben, Worte werden lassen. Ich weiß doch, wie die Geschichte geht. Wußte ich schon vorher. Wissen sie alle schon vorher, die Journalisten. Weg, nur weg.

In meiner Tasche Boas Zeit, die ich gestohlen habe. Ich werde sie nach Hause tragen, auf die anderen schichten, die in sich zusammenfallen, wie Soufflé, schwarz an den Rändern, madig in der Mitte. Gestohlene Zeiten überall, in allen Wohnungen von Journalisten solche Haufen, dem Verfall übereignet.

Dann schrieb ich, erstarkt an der Wucht meiner Gedanken, und holte mir darüber einen runter, weil mir, wie fast allen Schreibern, gleichgültig ist, über wen ich warum schreibe. Ist egal, was zählt, ist das Wort und der, der es werden läßt, in seiner Größe. Wahrscheinlich gibt es all die Menschen nicht, über die geschrieben wird. Sie werden erfunden. Niemanden gibt es, der nicht in den Medien erschaffen wird. Mich auch nicht, bin einer ohne Seele, in einer Welt ohne Menschen. Schreibe Lügen, werde verrückt darüber, krank darüber, liege jetzt am Boden, am Ende des Tages, an dem ich beschloß, kein Journalist mehr zu sein, war das Karma schon tot und die Seele weg. Kauft keine Hefte mehr, kauft Herrn Boas neue Platte, schreibt mir in die Anstalt, ich kann nicht mehr.

aus: Zeit-Magazin

Herr Droste. Sehr guter Mensch

Droste: Ich glaube ich habe Fieber.
Zeit: Wahrscheinlich Malaria. Da sterben jetzt viele dran.
Vielen Dank für dieses schöne Gespräch.
Bitte.
So kommen wir doch nicht weiter.
Also, jetzt machen wir ein richtiges Interview. Würden Sie für 2 Mio. Deutsche Mark nett über ein Arschloch schreiben?
Wenn ich das täte, dann wäre ich der, über den die Geschichte ginge, und das will ich nicht.
Das klingt grad nach einer feigen Antwort.
Die wirkliche Wahrheit ist: Ich gebe Arschlöchern richtig eins in die Zähne und kriege dafür zwei Millionen.
Na gut. Lassen wir das. Welche drei Dinge würden Sie in unserem Land ändern?
Erstens: Die Worte »wir« und »unser Land« werden ersatzlos gestrichen. Zweitens: BMW heißt ab sofort: Bestrafe Mich, Wiglaf!
Das waren also drei Dinge. Und was würden Sie an sich ändern?
Das paßt schon so.
Aber Ihre Locken nässen.
Die glänzen nur seidig.

149

Denken Sie gerade oder gucken Sie nur so?
Ich denke. Es wird ja immer trauriger hier. In Deutschland leben heißt knietief durch Kot zu waten.
Ja, ja, der Kot. Möchten Sie noch ein Täßchen Kaffee haben?
Gerne. Und dann hängen überall diese Plakate: Keine Macht den Drogen. Mit solchen Nasen wie Franziska v. Almsick drauf. Die hätte lieber mal paar Drogen genommen, als so ein armseliges Leben zu führen. Was ist denn die Alternative zu Drogen? Ein BWL-Studium, ein Haus abbezahlen, nur nichts ausprobieren. Neulich sah ich einen Wisch, auf dem stand: »Versuch's doch mal mit Jesus.« Na, dann doch wirklich lieber Drogen.
Verstehen Sie Gott?
Nee, versteh ich nicht. Darf ich Ihnen eine Muschel schenken?
Ja, welches sind die drei döfsten Leuten in UNSEREM Land?
Weiß ich nicht, interessiert mich auch nicht, und hoffentlich lerne ich sie nie kennen. Aber lästige Leute kennt man, weil sie eben lästig sind, logisch. Also z.B. Maxim Biller und Michael Schumacher.
Wir wollen doch jetzt nicht über Maxim reden.
Ich weiß. Sie würden das gerne, weil Schriftstellerdarsteller und Homme-de-lettre-Fatzkes Sie extrem anwidern.
Was sind jetzt Ohmdeletträ?
Wörterbuchhalter, die auf Mann von Welt machen. Kleingeister, die ihr bloßes Alphabetisiertwordensein mit schriftstellerischer Begabung verwechseln. Mit einem Wort: Weitwichser.
Danke. Wenn Sie, was ich und die Nation sehr bedauern würden, nächste Woche an Malaria sterben müßten, was täten Sie noch rasch?
Die SPD und die PDS zwangsvereinen und den Laden dann wegen notorischer und personalbedingt nicht änderbarer Feigheit abschaffen. Alle deutschen Fahnenschwenker in ein Krisengebiet deportieren. Dann wird's richtig schön leer. Eine Zigarette rauchen. Ein frisches Hemd anziehen.
Keine Hose, Sie Mist?

Mäßigen Sie sich, sonst nenne ich Sie Eppendorfer Cashmere- und Perlenketten-Schnatze.

(Mäßigt sich) Und wenn ich Sie mit einer Waffe zwänge: Welcher andere Mensch würden Sie sein wollen? Und wann müssen Sie nach Hause? (Gehen Sie nicht, ich schenke Ihnen auch ein Gemsenabzeichen.)

(Nimmt das) Jeder X-Beliebige, nur nicht die Gleitcreme Jörg Wontorra oder der Dalai Lama, dieser Papst für Leute, die zu feige sind, wenigstens an was Richtiges zu glauben, wenn sie schon glauben, glauben zu müssen. Und nach Hause muß ich um kurz vor elf. Denn um elf Uhr hängt die Hose kalt am Bett.

Machen Sie mal eine schlaue Frage.

Schlau finde ich iieh. Klug war gut. Ich versuch mal: Warum gibt es das Gesetz, daß in diesem Land nur Chefredakteur von irgendwas werden kann, der möglichst mehrfach und unwiderlegbar bewiesen hat, daß er es nun garantiert überhaupt nicht kann? Oder andersherum: Wenn es einen Gott gibt, warum gibt es dann Helmut Markwort? Wie hart will Gott uns denn noch prüfen?

Wer ist Helmut who?

Der Schwippschwager von Werner Funk.

Dann ist gut. Das war eine schöne Frage. Danke. Warum waschen sich eigentlich Menschen die Hände nach dem Klobesuch?

Ich weiß nicht. Zewa-Wisch- und Waschzwang? Weil sie Domestos im Hirn haben? Pilatus-Syndrom?

Haben Sie Angst vor Insekten?

Nicht, wenn sie nicht Oliver heißen.

Und Bären?

Bären sind grimmig, flauschig und schnell. Wie ich.

Wenn Sie auf einer dämlichen Insel gestrandet wären, nackig und mit nix dabei – was würden Sie tun?

Ich geh da dann zum Robinson Club, leihe mir ein Handy und rufe Hardy Krüger an, der mir sagt, wie man auch auf den Galapagos-Inseln männlich und doch sensibel Filterlose austritt.

Vor was fürchten Sie sich?

Vor deutschen Autofahrern. Vor Beziehungsgesprächen, wo man die Wahrheit sagen muß und nicht höflich lügen kann. Und dumm sterben und 's nicht mal merken, das wäre wirklich peinlich.

Ist nicht merken nicht nicht merken? Und was sind Beziehungsgespräche, ist das so was wie Trauerarbeit oder Gemütsfelder, und wenn ja, welche Wahrheit ist da so schlimm?

Trauerarbeit ist ein Scheußlings- und Angeberwort, das aufgeblasene Säckinnen und Säcke verwenden zum letztgültigen Beweis ihrer Empfindungsunfähigkeit. Aber daß Liebe endlich ist, ist furchtbar gemein. Und da wäre ich dann lieber tot, als reden zu müssen.

Warum, glauben Sie, hört Liebe auf?

Schön, daß wir endlich zu den letzten Fragen vordringen. Ich weiß das nicht. Da müssen wir Jürgen Fliege fragen.

Ich weiß grad nicht, ob das Interview in die richtige Richtung geht.

Solange Helmut Schmidtler, Walter Giller und Nadja Tiller sich ärgern, ist das doch nicht schlecht für die Welt. Oder langweilst du dich etwa jetzt schon mit mir, Schatz?

Geht so. Wollen wir jetzt Fieber messen?

Nein.

Wollen wir dann vielleicht eine Zeitung gründen?

Absolut. Es ist ein dreckiger Job, aber wir sollten ihn tun und sagen: Das hier ist Journalismus, und so wird er gemacht. Und zwar mit Zeitungen wie SCHLIMM, FRAU UND HUND oder REKTAL AKTUELL.

Hatten Sie eine schöne Kindheit?

(Droste nickt ein.)

(Interviewerin weckt ihn mit einem Lied, in dem es um Malariatod geht.) Sie dürfen jetzt noch einen Satz sagen.

Irgendwo bellte ein Hund.

Und sie verstarben jählings. Anke für dieses Gespräch.

Dito. Ich drücke Ihnen für Ihren weiteren Werdegang alle Damen.

aus: Zeit-Magazin

Fanpost

Offener Brief an die MitarbeiterInnen im Druckluft

Sibylle Berg zum 100. Mal
        oder
Warum versteht die Fantifa keinen Spaß

Am 12.9.98, das ist jetzt über zwei Monate her, habt ihr Sybille Berg im Rahmen einer Lese-, Musik- und Filmreihe auftreten lassen.

Sybille Berg hat aus ihrem Buch „Sex 2" gelesen, aber schon das an diesem Abend ausliegende „Sex 1" hätte nachdenklich machen sollen, ist es doch unter anderem Wiglaf Droste gewidmet. Zur Erinnerung und Information: Wiglaf Droste versteht sich als Satiriker und als politisch links orientiert. Daß dem nicht so ist, kann man an Texten, mündlichen Äußerungen und dem Verhalten Drostes festmachen.

Drei Beispiele aus der taz vom 17.5.95 die für sich sprechen:

Zu einem Mann, der (mit anderen) verhindern will, daß Droste in Tübingen eine Lesung hält, sagt Droste „Du Schleimer, du schleimst dich bei Frauen ein, weil du sonst keinen Stich kriegst!", versucht diesen zu verprügeln, schmeißt seine Bierflasche nach ihm und „versuchte den Mann zu beeindrucken - mit der naturgemäß kaum wahr zumachenden Drohung, ihn Kraft seiner 40 Zentimeter zu notzüchtigen." (taz). Eine protestierende Frau nennt er „Frustfotze". Zudem unterstützt Droste die Kampagne „Mißbrauch des Mißbrauch" (MdM), die vor einigen Jahren maßgeblich von Katharina Rutschky und Reinhardt Wolf initiiert wurde. Diese Kampagne richtet sich vor allem gegen von Feministinnen aufgebaute Projekte wie Wildwasser e.V., Zartbitter e.V., Mädchenhäuser und Frauennotrufe, welche mit Kindern und Erwachsenen, die sexueller Gewalt ausgeliefert sind oder waren, arbeiten und diese unterstützen. Die VertreterInnen dieser Kampagne behaupten, das Problem sexueller Gewalt gegen Kinder werde maßlos hochgespielt und für andere Zwecke ausgenutzt, um zum Beispiel die Arbeit feministischer Beratungsstellen für Betroffene zu rechtfertigen und deren Gelder und Arbeitsstellen zu sichern. Zu der Kampagne und Droste ließe sich noch viel mehr sagen, doch das wäre im Rahmen dieses Briefes zuviel.

Allein das Wissen um Bergs Verquickung mit Droste wäre Grund genug ,sie nicht einzuladen!

153

Sollte Brigitte Berg tatsächlich Gesellschaftskritik betreiben wollen, so ist festzuhalten, daß ihr dieser Versuch gänzlich mißlungen ist, da die zu kritisierenden Verhältnisse einfach nicht kritisch dargestellt werden. In diesem Kontext wundert auch die Droste-Widmung nicht mehr. Es zeigen sich Parallelen, tarnt doch auch Droste seinen reaktionären und sexistischen Müll als Satire.

Auf der Besprechung vor einigen Wochen, bei der auch die Leute mit dem Protestbrief anwesend waren, wurde betont, daß die Kritik der begrüßt werde und daß sie für sie - die Autorinnen des Briefes - auch richtig sei, zutreffe, etc. - einige MitarbeiterInnen von euch würden es aber anders sehen.

Daher die Frage: Wie seht ihr das denn?! Die Frage an den Verantwortlichen für Kultur, ob er sich vorstellen könne, Berg nochmals einzuladen, wurde bejaht. So ein Vorhaben, sollte es irgendwann ernsthaft in Erwägung gezogen werden, werden wir nicht akzeptieren!

Wir wollen im Druckluft keine auftretenden Droste-SympathisantInnen und keine AutorInnen, die solche frauenverachtenden Texte vortragen!

Bezieht Stellung zu der Droste-Widmung und der Feuerlöscher-Szene!!!

Fantifa Oberhausen

Offener Brief an die MitarbeiterInnen des Druckclufthauses.

Am Samstag, den 12.09.98 waren wir in der Lesung von Sybille Berg (als Zuhörerinnen und Thekendienst). Wir hätten nicht solche frauenfeindlichen Inhalte erwartet, die insbesondere in den ersten beiden Stücken von Sybille Berg geäußert wurden. Hierbei beziehen wir uns auf die Vergewaltigungsszene mit dem Feuerlöscher und auf die Episode von der Therapiestunde. "Respektlos" fanden wir das in der Tat, und denken bei Druckluft, einem autonomen Kulturzentrum mit politischem Anspruch, sollte differenziert werden, wem gegenüber Respektlosigkeit und die Mittel der Satire, Ironie und spöttische Übertreibung, angebracht sind. Bei Sybille Berg handelte es sich trotz ihres Daseins als Frau nicht um Selbstironie, sondern sie bediente sich des patriarchalischen Männerblicks, um Frauen lächerlich zu machen.

Was soll daran witzig sein???

Ganz davon zu schweigen, welche politischen Aussagen hinter diesen Textstellen stecken. Nicht verwunderlich ist demnach, daß Sybille Berg ihr Buch "SEX" unter anderem Wiglaf Droste gewidmet hat, der sich als Sexist und Verharmloser sexualisierter Gewalt einen Namen gemacht hat.

Wir fordern, daß die Inhalte der Stücke genauer geprüft werden, und zumindest in den Grenzen des Zumutbaren gehalten werden, wenn sie schon keine emanzipatorischen Anteile haben. Zudem ist eine Veranstaltung mit derartigen Inhalten für uns als Mitglieder des Thekenpersonals nicht annehmbar und wir können uns nicht vorstellen, in einem ähnlichen Fall die Arbeit hinter der Theke weiterzumachen.

Angela, Gundula, Simone

Frau Berg. Auch gut

Sibylle: Sie sind gerade entlassen worden. Ist es schön wieder draußen?
Berg: Ja.
Das ist doch schön. Sind Sie jetzt wieder völlig gesund, ich meine, auch ungefährlich?
Klar. Natürlich. Völlig gesund. Mir gehts gut. Selten so gut gegangen. Sehr gut, glauben Sie etwas anderes? Wollen Sie behaupten, ich wäre krank, Sie Schwachkopf ...
Entschuldigung, Sie drücken gerade ihre Kippe auf meiner Hand aus.
(Nimmt die Kippe da weg)
Wollen Sie über ihre Krankheit reden? Multiple Pers ...
Nein.
Nicht. Gut. Ihr erstes Buch heißt »Ein paar Leute suchen das Glück und lachen sich tot«. Finden Sie den Titel nicht einen Hauch zu lang?
Der Titel paßt gut auf den Umschlag. Ich meine, er hört doch nicht mittendrin auf, oder?
Nein. Tut er nicht. In ihrer Biographie steht, daß sie Tierpräparator sind. Ich glaube das nicht.
Wenn Sie ein Tier wären, würden Sie jetzt ganz schön nervös werden.
Wie alt sind Sie?
27.
Ist das nicht ein klein wenig gelogen?
(Berg haut Interviewerin aufs Maul.)
Also, Sie sind 27. Worum geht es in Ihrem Buch?
Um ein paar Leute, die das Glück suchen und dann sterben.
Das ist ja irgendwie traurig.
Ist es nicht. Die sterben ja nicht direkt. Vorher reden sie, verreisen, verlieben sich, und wenn sie nicht sterben würden, hätte das Buch ja 1000 Seiten oder mehr. Dann ist es doch so besser. Eine schöne, abgeschlossene Geschichte. 200 Seiten, tut keinem weh.

Sind Sie jetzt glücklich. So mit dem Buch?
Nein.
Warum nicht, ist es nicht das, wovon jeder träumt?
Ich glaube, die meisten Menschen träumen von vernünftigeren Dingen. Ein Buch ist eben ein Buch. Und wenn es fertig ist, gedruckt, geschnürt im Laden liegt, ist es alt. Gilt nicht mehr. Und dann muß man ein neues schreiben.
Schön. Aber sind Sie nicht ein bißchen stolz auf sich, so mit dem Buch?
Millionen Menschen haben Bücher geschrieben. Da ist nix bei. Ein gutes Buch zu schreiben, das ist das Ziel.
Wer beurteilt, ob ein Buch gut ist?
Ob ein Buch gut ist, weiß ich nicht, wer das beurteilt, wahrscheinlich Herr Reich-Ranicki oder Maxim Biller, die haben das gelernt. Ob das, was ich schreibe, gut ist, beurteile erst mal nur ich.
Und wann denken Sie: Das ist jetzt gut?
Für einen kurzen Moment, wenn das Ding fertig ist, denke ich das. Nach einer Stunde ist der Anfall vorbei.
Dann sind Sie also nie glücklich?
Nein.
Wie fallen Ihnen die Geschichten ein, die in dem Buch stehen?
Ich erlebe ja auch viel. Reise mit meinen Freunden Bon Jovi und Rutger Hauer nach Brasilien, dort verirren wir uns im Dschungel, haben Hunger, essen Einwohner, Papageien ...
Sie haben Papageien gegessen?
Andauernd. Ausgehöhlt, ausgeschabt, ausgestopft, was übrigbleibt wird verputzt.
Ich glaube, Sie reden Scheiß. Wie Sie wissen, erscheinen in Deutschland jährlich 50 000 oder 100 000 neue Bücher.
5 Millionen.
Gut, fünf Millionen. Warum sollten die Leute gerade Ihres kaufen ...
Damit ich reich werde. Dann kann ich mir schnelle Autos und hübsche Männer kaufen.

Was wollen Sie mit den Männern?
Ausstopfen.
Haben Sie Vorbilder?
Meine Mutter.
Was macht die?
Ist tot.
Sie kommen ja aus der Zone, wie war es denn so?
Sehr schön. Das Brot war sehr billig.
Mögen Sie Brot?
Nein.
Was machen Sie, wenn sie keine Bücher schreiben?
Ich interviewe mich für »Allegra«.
Kann man denn davon leben?
Nicht wirklich.

aus: Allegra

Haruki Murakami. Einer der besten Menschen

Die Stadt wartet auf keinen. Sie dreht sich wie ein dickes, eitles Mädchen mit einem übertrieben blöden Kleid vor dem Spiegel und genügt sich selbst. Sie ist nicht bösartig, nicht aggressiv, die Stadt, sie zeigt nur jedem, der nicht hierhergehört, daß er nicht hierhergehört, und das Desinteresse macht den Fremden fühlen wie etwas aus Metall, das innen hohl ist und hinten einen Schalter hat. Wenn Millionen Menschen durch einen sehen, als wäre man nicht da, ist man dann noch da? Was ich hier mache, ich weiß es nicht, in dieser riesigen Stadt, in der alle außer mir ein Ziel haben. Ich bin hier, weil ich vor zwei Tagen mutig war, und so fangen miese Geschichten immer an. Zu Hause also hing ich so rum und las aus Versehen ein Buch. Manchmal ist es eine Musik, ein Film und alle Jahre eben ein Buch, das macht, daß dir die Tränen kommen und dir kitschig wird, weil du etwas fühlst darin, das besser ist als du selbst. Das Buch hieß: »Der Elefant verschwindet«, und es zu lesen war wie kleine Tiere im Regen spielen zu sehen und zu wissen, daß sie danach ertränkt werden. Potzblitz, dachte ich, da hat doch tatsächlich einer etwas Großes getan. Mit Liebe und Humor, mit Weisheit und er hat es für mich getan. Der Autor hieß Haruki Murakami.

Mit so einem Namen denkt man direkt an Japaner, an Zen und Sachen, die einen nicht wirklich interessieren, und hätte mir nicht wer das Buch geschenkt, wäre ich nicht wahnsinnig geworden und jetzt nicht hier. Das nächste Buch von Herrn Murakami hieß: »Als ich eines schönen Morgens im April das 100%-Mädchen traf«. Kurze Geschichten von traurigen Menschen, und es war, als hätte Murakami ein wärmendes Feuerchen in ihrer Einsamkeit angezündet. Selten hatte ich so etwas Schönes gelesen. Das zweite Buch war ein Buch zuviel, und um es kurz zu machen, ich glaube, nach dem zweiten Buch habe ich mich verliebt. Ein guter Schriftsteller läßt dich näher an seine Gedanken als jeder Geliebte, den du haben wirst. Und wenn die Gedanken auch noch sind wie deine, nur so ein bißchen besser, dann verliebst du dich eben, oder du nimmst es an, weil du nicht weißt, wie du diese Aufregung nennen sollst.

Nach dem dritten Buch »Hard Boiled Wonderland« kam Herr Murakami zu mir. Er schellte an der Tür, trat ein, setzte sich auf ein Stühlchen in meinem Zimmer, und es war nicht weiter verwunderlich. Er saß und lächelte. Es ging alles stumm über die Bühne, aber jeden Morgen, wenn ich aufwachte, war er da, sah nett aus, und ich gab ihm ab und zu etwas zu essen. Wir machten auch mal einen Spaziergang und sahen Tiere an. Das einzige, was wir besprachen, war: Schön, daß wir nicht reden müssen, sagte ich, und er sagte: Ne, klar. Seit Haruki auf diesem Stuhl in meinem Zimmer saß, war ich nicht mehr allein, weil ich einen Freund gefunden hatte. Das letzte in Deutsch erhältliche Buch von Murakami »Mr. Aufziehvogel« las ich sehr langsam. Ich hatte Angst vor dem Ende. Und als ich irgendwann doch fertig war, wußte ich auch, warum. Der Stuhl in meinem Zimmer war leer. Murakami war verschwunden. Danach verfiel ich. Ich verließ meine Wohnung nicht mehr, verweigerte die Nahrung, und als ich anfing, meine Pulsadern zu beobachten, war klar, daß etwas passieren mußte. Darum bin ich in Tokio. Um Murakami zurückzuholen.

Ich laufe durch die Stadt und schaue jeden Japaner an. Vielleicht ist Haruki einer von ihnen. Ich würde ihn erkennen. Ich laufe durch Tokio und erkenne niemanden. Auf mehreren Etagen führen Autobahnen und Bahngleise übereinander an Hochhäusern vorbei, an singenden, tanzenden Leuchtreklamen vorbei, dazwischen laufen so viele Menschen, daß es scheint wie ein einziger Mensch, der durch die Häuserschluchten gelegt wurde. Es ist in einer fremden Stadt völlig egal, wohin man geht, man könnte sich gemütlich in ein Café an einen belebten Ort setzen, und die Stadt würde zu einem kommen, über die Tage. Ich sitze in einem Café. Starre auf die Gesichter der Menschen draußen und begreife nichts. Warum haben alle Markenklamotten an, warum gucken sie so streng, warum rennen sie und wohin? Auf der Damentoilette rauscht die Toilettenspülung, sowie man sich auf die Klobrille setzt, damit Draußenstehende nicht denken, man würde urinieren. Doch nicht nur darum halte ich es nicht lange aus, in diesem Café. Dieses nervöse Gefühl im Magen treibt mich in Untergrundbahnen, auf Plätze, in Straßen, in denen keiner etwas verloren hat. In dieser Bahn habe ich auch nichts zu tun. Sie stand gerade herum, vollautomatisch, ohne Zugführer, zischt sie wie eine Achterbahn am Eiffelturm vorbei, über die Hängebrücke von San Francisco, durch Häuserschluchten, Melodien singender Videowände im Ohr, übers Meer. Da steht die Freiheitsstatue und Gebäude, die aussehen wie Zeichnungen auf dem Papier junger Architekturstudenten, die nur mal so was Verrücktes aufmalen wollen. Ich mal mal was Verrücktes, sagten sie, und in Japan bauen sie es dann noch hin. Geile Kiste, denken sich die Architekturstudenten, und egal, wenn kein Schwein so ein Gebäude benutzen mag. Hier ist Japan, hier ist die Zukunft, was gehen uns die Menschen an. Sich drehende Kugeln, 40stöckige Glasquader, und die Einwohner hasten über zugige Plätze, wie Figurenskizzen.

Über sie schreibt Haruki Murakami. Kleine Geschichten über kleine Leben, von welchen, die nicht in der Millionenmasse mitlaufen, die daneben stehen, über Loser, schreibt er und ist in Japan damit zum Superstar geworden. Er hat die dicksten Literaturpreise erhalten, und das ist selten für einen, der wirklich gut schreibt, und einen Bekanntheitsgrad wie Madonna hat. In einer U-Bahn Station spricht mich eine Japanerin an. Sie erzählt mir, daß ihre Schwester in Kanada wohnt und faßt sich dabei andauernd an die Nase. Kichernd läuft die Japanerin neben mir her, und ich frage sie, mal so als Test, ob sie Haruki Murakami kennt. Sie beginnt zu kreischen: Ohhh, Haruki, und als sie nicht zu kreischen aufhört, laufe ich schnell weg. Die Japaner sind nicht dicht. Die Schwester rennt kichernd durch kanadische Wälder, und das Mädel hier lauert den ganzen Tag in Metro-Stationen herum, bis sie einen Ausländer trifft, dem sie ihre Nase zeigen kann. Solche Leute lesen Murakami. Geisteskranke. Und davon hat es viele. Von seinem Buch »Norwegian Wood« hat er ungefähr 4 Millionen Stück verkauft. Neben seinen eigenen Büchern übersetzt er Tim O'Brian, Scott Fitzgerald, John Irving, Raymond Carver und Truman Capote, und alles in allem sind mit den Übersetzungen ins Japanische 42 Bücher von ihm in den Läden. Alles, wo Murakami draufsteht, verkauft sich sehr gut, und wahrscheinlich deswegen mögen ihn die Kritiker nicht. Die japanischen nicht und die deutschen auch nicht wirklich. Die mögen nur sich, wie der berühmte Herr Lütkehaus von der »Süddeutschen«, der über Murakami so schöne Sätze schreibt wie: »Setzt man auf die tiefere Bedeutung, so kommt man bei ziemlich willkürlichen symbolistischen Plattheiten aus dem Vorrat einer tumorig travestierten Willensmetaphysik an. Dem okzidentalen Leser …« Ist ja schon gut, Lüti.

Für die Kritiker also schreibt Murakami zu amerikanisch, zu einfach. Und vor allem zu erfolgreich. Seine Geschichten spielen immer in einer großen Stadt, die zufällig Tokio heißt. Die Helden trinken Bier, hören schlechten Rock, essen Spaghetti, und Liebe findet nicht statt. Kaum vorstellbar, daß in Japan einer so lebt. Vielleicht erklärt die Sehnsucht nach Individualität und dem großen Ausbruch Murakamis Supererfolg in Japan. Obwohl Harukis Helden immer abschmieren, möchte man gerne mit ihnen tauschen. Weil sie spannende Dinge denken, weil sie noch lachen können, die Helden, die immer einsam sind, immer Mitte Dreißig, Leute, die man gerne als Freunde hätte. Die Helden sagen oft: Er ist eine gute Person, er setzt andere emotional nicht unter Druck. Oder: Intuition ist nicht meine Stärke. Immer sind sie introvertiert und wortkarg. So wie vermutlich der Autor, der kaum Interviews gibt, keine Lesungen hält und nicht im Fernsehen auftritt, und daß ich einen Termin bei ihm erhalten habe, liegt vielleicht an einer Laune oder daran, daß es für Japaner immer noch was bedeutet, im Philosophenland Deutschland anerkannt zu werden. Oder es ist ganz anders.

Am Abend habe ich nichts gesehen, das ich nicht aus Science-Fiction-Filmen schon kennen würde. Eine Nation, die größenwahnsinnig werden muß, bei aller Höhe um sich herum, ein Volk, das keine Zeit hat zu lächeln, weil es Geld verdienen muß, Menschen, die durch alles schauen, das sich bewegt, weil sie sich abschirmen müssen, gegen ihr Spiegelbild. Ich liege in einer Schlafschachtel, und vor dem Fenster leuchtet der Eiffelturm, die Stadt, der Himmel und darüber ein Mond, der auch gebaut wurde, denn so rund und groß ist er sonst nirgends. Die Gedanken an Nähe zu einem Fremden von daheim verschwimmen im hellen Licht der fremden Stadt. Und eine Angst räkelt sich, steht auf und sagt: Hey, du bist 20 Stunden von zu Hause entfernt in einer Schlafschachtel. Du kannst hier nicht einfach weg, und wenn keine Flugzeuge mehr fahren, mußt du für immer hier bleiben. Du bist ein Spinner, ein erbärmlicher, und jetzt stoße ich dich aus dem Fenster. Sagt sie, und ich schlafe so spät ein, daß ich nur das Gefühl des Aufwachens vom Schlafen mitbekomme. Eine künstliche

Sonne hängt über der Stadt. Künstliche Menschen, ein mechanischer Hund und ein paar Plastikkatzen auf der Straße. An deren Rande Verlierer, die Lederschmuck verkaufen. Es sind Europäer, die hier sind, wie ungeliebte Hilfsarbeiter. Auf einer Brücke sind viele kleine Mädchen zusammengekommen. Sie haben sich verkleidet. Die kleinen Mädchengesichter weißgeschminkt, mit hohen Hacken und Armeeuniformen würden sie so gerne rebellieren. Tanzen ängstlich um einen plärrenden Kassettenrekorder. So geht ausflippen auf japanisch. Die Rebellion wird vertagt, und bis dahin wird gekauft. Je größer die Städte, um so mehr kauft der Mensch. Für ein Lächeln der Verkäuferin, für einen kurzen Moment der eingebildeten Liebe und einen minutenlangen Neubeginn. Murakamis Bürohaus ist in einer feinen Gegend. Ein großer Friedhof und kleine Häuser, von denen die günstigeren 10 Mio. Mark kosten. Dann sehe ich ihn.

Herr Murakami ist gerade 50 geworden und sieht aus wie 30. Die Haut glatt, die Haare schwarz und das Gesicht das eines Jungen, der Angst hat. Alle Dinge, die einer braucht, sind an ihm effizient auf wenig Platz untergebracht. Wir gehen durch das kleine Haus, in einen kleinen Raum. »Fremde Menschen mag ich nicht so gerne«, sagt Murakami. Und schaut auf den Boden. »Ich habe auch nicht so viele Freunde. Also meine Frau. Sie ist mein Freund.« Herr Murakami ist seit 30 Jahren verheiratet. Und mit seiner Frau, die sich um ihn kümmert, mit Menschen verhandelt und das Telefon abhebt, reist er durch die Welt. Immer auf der Suche nach irgendeiner Heimat. »Vielleicht finde ich die nie, weil ich nicht dafür bestimmt bin, sie zu finden«, sagt er. Ein paar Jahre war er in Griechenland und in Rom, eine Zeit in Amerika. Aber eigentlich ist es egal, wo er wohnt, denn wenn er schreibt, ist der Ort egal, wo der Computer steht. Murakami begann mit 29 zu schreiben. Vorher versuchte er sich als Filmstudent, doch als er realisierte, daß Filme immer im Team entstehen, ließ er das schnell wieder bleiben. Mit anderen Menschen zu arbeiten ist ihm ein befremdlicher Gedanke. So kam auch die in Japan typische Karriere in einem Unternehmen für ihn nicht in Frage. Weil er mit 21 geheiratet hatte und seine Frau und sich ernähren mußte, machte er eine Jazz-Kneipe auf. Eine gute Übung, sagt er heute. Eine gute Zeit. Es kostete ihn viel Überwindung, jeden Abend mit den Gästen reden zu müssen, doch er gewöhnte sich daran und studierte sie. Heute tauchen die jungen Menschen, die trauriger Musik lauschten und Bier tranken, in seinen Geschichten auf. Wir sitzen in Murakamis Ausruhzimmer, das wirkt wie er: befreit von allem überflüssigen Zeug, nur ein paar schöne Stücke darin. Zwei Boxen und 1000 Jazz-Platten. Und dazwischen Murakami. Ein neurotischer Buddha, der sicher nicht mit einer nervösen Frau wegfliegen wird, um sich auf deren Stühlchen zu setzen. »Wenn ich schreibe, will ich nichts als schreiben«, sagt Haruki. »Danach denke ich mir, es wäre doch schön, wenn meine Helden den Menschen ein Vorbild wären. Denn sie brauchen Vorbilder, die jungen Menschen. Meine Leser sind immer zwischen zwanzig und dreißig, sie werden nicht mit mir älter. Ich weiß nicht, wahrscheinlich ist das Leben besonders schwer in dieser Zeit, weil man erwachsen wird und unzufrieden ist. Weil man etwas sucht. Nichts Vernünftiges findet, und darum landen dann viele in Sekten.«

Gerade hat Herr Murakami in Japan zwei Bücher veröffentlicht, die sich mit den Tätern und den Opfern des Sektengasangriffes in der U-Bahn beschäftigen. Sekten sind in Japan viel verbreiteter als in Deutschland. Vielleicht weil die Japaner, wenn sie schon eine Alternative zu ihrem Leben suchen, dennoch gerne gesagt bekommen, wie die Alternative auszusehen hat. »Es geht mir nicht um Belehrungen, aber vielleicht um kleine Wahrnehmungsverschiebungen. So ein paar Zentimeter wären schon was. So wie sich bei mir vor vielen Jahren die Wahrnehmung verschoben hat, nachdem ich die Brüder Karamasow gelesen habe. Ich lese heute nicht mehr soviel. Die Amerikaner, Vonnegut. Aber ich informiere mich gar nicht, was aktuell in Japan passiert.« Murakamis Konkurrentin in Japan ist Yoshimoto Banana, die ähnlich beliebt ist wie er. Murakami hat in ihre Bücher nur kurz geschaut.

»Sie ist so jung«, sagt er, »und ich kann mich wirklich nicht darum kümmern, was andere so schreiben. Ich habe zu tun.«

Murakami ist wie erschrocken über so viele Sätze auf einmal und sieht schnell wieder auf den Boden. »Die Städte, die überall auf der Welt gleich aussehen«, sagt er nach einer Pause, »sind doch nur die Oberfläche, darunter ist die Unterwelt, so wie bei den Menschen. Mir geht es um die Unterwelt. Wenn man zu der keinen Kontakt aufnimmt, bleibt alles schal. Ich glaube, es ist das einzige, was einem bleibt, in seine Unterwelt abzutauchen.«

Jeden Morgen steht Murakami um fünf auf, rennt ein paar Stunden auf dem Friedhof herum oder schwimmt, hebt Gewichte, und dann sitzt er am Computer. Das Schreiben quält ihn nicht. Denn Murakami hat sich nie die Frage gestellt, ob er gut sei oder nicht. Er ist gut, wird immer besser, und das Schreiben-Können ist ein Geschenk, das er nutzen muß. Wenn er mit einem Buch (für den »Aufziehvogel« brauchte er vier Jahre) nicht weiterkommt, schreibt er ein Essay, wie den, über die langweiligste Stadt der Welt, Hamburg, oder er übersetzt ein bißchen was. »Wenn ich nicht am Computer sitze, versuche ich, nicht zu denken. Das Schreiben geht nie, ohne zu denken. Ich denke und denke, und irgendwann ist ja mal gut.« Daß die Kritiker ihn nicht lieben, ist ihm egal. »Die Kritiker sind auf der ganzen Welt gleich. Sie haben ein trauriges Schicksal. Keiner wird sich an ihre Kritiken erinnern, aber an meine Bücher, so einfach ist das.«

Haruki Murakami ist wie seine Bücher. Wie sein Haus, wie sein Zimmer, wie er aussieht. Alles paßt und stimmt, und es scheint, als säße da der Prototyp eines Menschen, wie er sein könnte, wenn man alles Überflüssige entfernt. Eitelkeit zum Beispiel. Als sein Buch »Norwegian Wood« ein Mega-Besteller wurde, ging es Murakami schlecht. Die Liebesgeschichte ist nicht das Buch, das er am meisten schätzt, und gerade dessen Erfolg machte ihn ein Jahr depressiv. Auf einmal war er ein Populärschriftsteller, so was wie Hera Lind, und wer will das schon, andauernd Kinder bekommen und singen. Murakami wollte nicht mehr schreiben, nicht mehr leben vielleicht auch. Viele Bekannte zogen sich von ihm zurück, weil sie mit seinem plötzlichen Ruhm nicht zurechtkamen. Heute ist er froh, das sich die anderen Bücher normal verkauften. Immer so um 100 000 Stück in Japan und noch ein paar Hundertausend im Rest Asiens, in Amerika und Deutschland. Und die Übersetzungen? Alles Schriftsteller, die er verehrt. Ganz am Anfang seiner Karriere hat er einmal ein Interview mit John Irving gemacht. Und weil der so wenig Zeit hatte, mußte Murakami die Fragen während des Joggens stellen. Haruki weiß, wie schwierig Interviews sind. Will er damit sagen. Und damit will er sagen, daß die Sache jetzt mal einem Ende zugehen muß. Ich habe schon eine Stunde mehr erhalten, als mir zustand. Herr Murakami läßt sich rasch noch von der Schweiz erzählen. Ja, vielleicht sollte er sich mal die Schweiz anschauen. Immer wieder muß er irgendwohin, weg von Japan, das ihn auf die Dauer nervös macht. Jedesmal, wenn er zurückkehrt, braucht er immer einige Zeit, bis er die Gesichter der Menschen hier versteht, die für ihn genauso undurchschaubar sind wie für einen Fremden. Jetzt wird er bald nach Norwegen fahren und dann nach Deutschland. Was er da machen wird? Keine Ahnung. Ein bißchen herumlaufen. Schweigen im Raum und alle spüren, daß es Zeit für mich ist zu gehen. Eine freundliche Verabschiedung, deutlich die Erleichterung von Murakami, die Sache hinter sich zu haben. Die Tür schließen zu können, sich auf den Boden legen zu dürfen und ein bißchen Jazz zu hören. Menschen mag er halt nicht so sehr. Vor der Tür scheint die Sonne unpassend. Stets wenn man einen kalten Wind brauchte, ist der grade woanders. Ich laufe durch Tokio, und was immer ich hier wollte, ich weiß es nicht. Die Blicke durch mich, ich bin noch weniger da als sonst, und das Nichts, ich, sitzt bald darauf in einem Flugzeug. Zurück in ein Leben, ohne Bücher von Haruki, ohne Haruki, eine letzte Kurve in der Luft. Dann verschwindet Tokio. Das Flugzeug fliegt über das Meer, wo gerade die Welt untergeht.

aus: Das Magazin (Zürich)

Menschen im Garten. Gut

Du verstehst nicht, warum Menschen einen Schrebergarten haben? Du kannst nicht begreifen, was das für ein Scheiß sein soll, mit anderen Idioten Parzelle an Parzelle zu hocken, Radieschen anzupflanzen, an irgendwelchen Bahngleisen? Du lachst über diese armen Spießer in ihren Kittelschürzen, mit Feinripphemden, mit ihren Krampfadern und den dicken Bäuchen?

Schau nur, da ist eine Kolonie, sie liegt im Licht der untergehenden Sonne. Ein paar Fahnen wehen, es riecht nach frischgemähter Wiese, nach Wasser, das aus Rasensprenklern auf Erde trifft, dieser warme Geruch, aus trinkendem Boden, das schrappelnde Geräusch, wenn das Gerät sich dreht, der Regenbogen über der Wiese.

Da gehen die ersten Feuer an, es riecht nach lecker Fleisch und Holzkohle, Familien sitzen auf Hollywood-Schaukeln und sind glücklich. Heute ist Sonnabend, es wird in der Laube übernachtet, das ist ein bißchen wie zelten, oder wie damals, als Kind, wenn man sich aus allem Möglichen eigene Häuser baute, in denen kein Erwachsener etwas zu suchen hatte, niemand etwas zu suchen hatte, weil sie sicher waren. Als man sich verkleidete und mit solchem Mist wie Einkaufsläden, Puppenstuben oder Kochherden richtiges Leben gespielt hat und noch dachte, das Leben sei etwas. Ist aber nichts, und die hier, im Schrebergarten, haben es noch nicht begriffen. Ein kleines Stück Erde, das ihnen gehört, das sie überschauen, bestellen, kontrollieren können. Mit Nachbarn, die sie kennen, mit denen sich zu reden lohnt, weil alle gleich sind. Besorgt um die Pflanzen, um die Koloniekneipe, um den Spielplatz, das Sommerfest und die fremden Kerle, die neulich hier rumgeschlichen sind.

Wie auf einem Dauercampingplatz ist es, an der frischen Luft, den ganzen Tag, mit den immer gleichen Leuten, das ist Freiheit, verdammt und geht noch weiter, ist Autonomie – etwas herstellen, was man sehen kann, essen kann, womit man überleben kann, wenn draußen der ganze Mist zusammenbricht, wenn sie arbeitslos werden, keiner sie mehr will, haben sie ihren Garten zum Überleben. Der Garten, in den sie fliehen, nachdem sie geschuftet haben, den ganzen Tag in Fabriken, die du noch nie von weitem gesehen hast, in Lagerhallen, wenn sie Laster gefahren sind, Dreck gemacht haben, weil nun mal nicht alle gleich schlau sind, weil nicht alle coole Jobs in den Medien haben können und irgendeiner den Stuhl herstellen muß, auf dem du sitzt, die schicke Zeitschrift drucken muß, morgens um vier.

Wenn sie dann kaputt nach Hause gehen, in einen Wohnblock, denn mehr liegt nicht drin, dann wäre ihr Leben beschissen, gäbe es den Garten nicht. Die Insel, das einzige Stück Luxus ihres Lebens, wo ihnen kein Chef reinreden kann, keine Nachbarn saufen und sich dreschen, sondern wo alle sind wie sie. Unter sich. Wie gut sie jeden Muskel spüren, nach der Gartenarbeit, die schmerzenden Beine, mit Wasser drin, vom ewigen Stehen als Verkäuferin, schmerzen kaum noch hier draußen. Wenn sie unter die Dusche springen können, im Freien, fast wie in Bali oder in einem anderen fernen Land, in dem sie noch nie waren. Den eigenen Salat essen, abends, draußen am Tisch, in die Rosen schauen. Dann wissen sie, wozu sie leben, wozu sie schuften, warum ihre Gesundheit am Arsch ist, durch Jobs, die keiner mehr machen sollte, dann wissen sie, daß es sich lohnt zu leben, wenn die Enkel kommen, im Garten spielen, man acht geben muß, daß sie nicht in die Beete trampeln, glücklich ist, daß man etwas hat, zum Draufachten. Nicht zu Hause sitzen muß, in 50 m², mit Couchtisch, Schrankwand, Tapete und Sideboard. Es ist so häßlich dort, so ungemütlich, aber es ist so, wie alle eben wohnen, wie es anders gehen könnte, wissen sie doch nicht. Doch das weiß keiner, auch wenn er seine Wände patiniert und antike Möbel dastehen, weiß keiner, wie es geht mit dem Leben, wie man es mit Würde herumbekommt, die Würde beibehält nach der demütigenden Erkenntnis, daß Leben endlich sind, daß Menschen riechen, verfallen, nichts sind, nichts Besonderes.

Da sitzen sie in ihrer Gartenkolonie. Kleine Feuer brennen, der Geruch von Schaschlik in der Luft, leises Lachen, Bierflaschen stoßen aneinander.

Sie sitzen im Mondlicht in der Kleingartenanlage »Sonnenschein« und sind glücklich in ihrer kleinen überschaubaren Welt, sie haben alles in Ordnung gebracht, so wie sie draußen nichts in Ordnung halten können, weil es zu groß ist für sie, nicht zu verstehen ist für sie, vielleicht noch weniger als für dich. Vielleicht.

Wenn du sie siehst, dann geh vorbei an ihren Gärten, schau die Blumen an, schau sie an. Sie sind häßlich, dumm, borniert, vielleicht auch böse – es sind halt Menschen, nur arme Schweine, die versuchen ein bißchen glücklich zu sein.

aus: Allegra

Alles über böse Menschen

»Die zahllosen Geschlechtsteile
sind hier nicht der Rede wert.«

Dieter Thomä,
Frankfurter Allgemeine Zeitung

Schade!

Fanpost

SV   # Suhrkamp Verlag

Frau
Sibylle Berg
Brunngasse 3

CH - 8001 Zürich

Frankfurt am Main,
am 9. Dezember 1998/ws

Liebe Frau Berg,

es ist eingetreten, was ich beim ersten Lesen Ihres Beitrags „Faschismus" für die „100 Wörter des Jahrhunderts" befürchtet habe. Wir müssen Ihren Beitrag für das Buch ablehnen, auch DeutschlandRadio und die Süddeutsche Zeitung haben ablehnend reagiert. Ihr Text entspricht in keiner Weise den Leser- und Hörererwartungen, vor allem aber trifft er das Thema nur bedingt, da eher eine unbestimmte Fremdenfeindlichkeit (die auch letztlich erst mit dem letzten Satz deutlich wird) als der Begriff Faschismus angesprochen werden.

Da es sich um eine Auftragsarbeit gehandelt hat, biete ich Ihnen ein Ausfallhonorar von DM 500,- an, das wir in den nächsten Tagen auf Ihr Konto überweisen werden.

Mit freundlichem Gruß

SUHRKAMP VERLAG

173

Der abgelehnte Faschismus

Es ist Sonntag, und ich bin in meinem Garten. Ich sitze auf der Schaukel, mit dem weiß-roten Polster, das gut riecht und sehe den Garten an. Es liegt kein Blatt da, die Beete sind gepflegt und die Pflanzen stehen in Reihe. Ich bin stolz, und zu sehen, wie Sachen wachsen, die ich in die Erde gebracht habe, ist ein Gefühl, von dem ich gar nichts sagen kann.

Es ist meins.

Das war mir in den letzten zwei Jahren verleidet.

Dazu muß man wissen, daß der Nachbar eine Hecke hatte, die immer ihre Nadeln in meinen Garten abwarf. Es ging über zwei Jahre, daß ich die Nadeln sah, auf dem Beet, und ich hatte so eine Wut. Ich meine, der Garten ist mir wie ein Mensch, da will ich ja auch nicht, daß da jemand seinen Dreck draufschüttet. Ich habe den Nachbarn beobachtet, wie er das Haus verläßt, in sein großes Auto steigt und sich wahrscheinlich einen Ast lacht, wegen der Nadeln, die nicht in seinen Garten fielen. Geredet habe ich mit dem Nachbarn nie. Er war nicht von hier, wahrscheinlich war er aus Afrika oder Asien, ich kenne mich da nicht so aus. Der hätte mich gar nicht verstanden.

Ich habe die Nadeln weggemacht, und immer wieder lagen neue da, ich konnte irgendwann kaum noch schlafen, wegen der Nadeln. Mußte aufstehen, in der Nacht, um zu schauen, ob schon wieder welche dalägen. Immer wenn ich jetzt das Beet neben dem Zaun von Unkraut befreie, genieße ich es, das die Nadeln dort nicht mehr liegen. Die Hecke ist da nicht mehr.

Das Gefühl nach der Gartenarbeit ist kaum zu beschreiben, wenn ich alles in Ordnung gebracht habe, sehe ich mir den Garten von allen Seiten an, wie gerade der Rasen ist, wie gepflegt die Beete und das macht mich ruhig, ich kann dann gut essen. Die Vögel singen und es ist Sonntag. Das ist das Beste.

Und dann kommt wieder eine Woche. Das Leben geht so schnell vorbei. Das wundert mich manchmal, weil ich dachte, es wäre so lang, aber eine Woche mit Arbeiten geht schnell herum, und am Wochenende ist nicht viel Zeit. Ich gehe am Morgen sehr früh aus dem Haus, sitze in der Bahn, die Scheiben sind beschlagen, und fahre zur Arbeit. Ich habe meistens eine Wut, so am Morgen, wenn ich die ganzen Menschen so dicht habe. Ich bin müde und wütend, aber warum, weiß ich nicht. Ich bin nicht für das Gegrüble. Die meisten Menschen haben hausgemachte Probleme. Sie denken und denken, doch ich meine, es ändert doch nichts, über etwas zu denken. Das ist doch nur innerhalb des Kopfes und kommt nicht zum Vorschein. Ich sitze in der Bahn, und oft ist es noch dunkel, weil es so früh ist, ich gehe in meine Firma. Ich bin für ein Lager verantwortlich. Es ist eine wichtige Arbeit. Der Moment morgens, in die Halle zu kommen, in das Neonlicht, in den Geruch von Maschinenteilen in Ölpapier, ist mir unangenehm, aber es muß ja sein. Die meisten würden meine Arbeit nicht machen. Es will ja keiner mehr arbeiten heute. Meine Eltern haben auch immer gearbeitet.

Ein Mensch ohne Arbeit ist doch wie ein Tier ohne Auslauf.

Meine Kindheit war gut. Es ist so lange her, und mir kommt es vor, als wäre es gerade erst gewesen. Ich habe nicht viele Veränderungen in mir. Meine Mutter tat nicht zärtlich. Sie hatte für Gefühlsduseleien nicht viel Zeit. Mein Vater war streng, aber ein Kind braucht Grenzen. Sonst weiß es nicht, wohin wachsen und wo die Grenzen sind. Im Leben später kann man ja auch nicht machen, was einem einfällt.

Nach der Arbeit fahre ich mit der Bahn wieder heim. Dann arbeite ich noch im Garten, und meine Frau hat gekocht. Meine Frau ist eine wirklich gute Köchin. Sie ist auch nicht eine, die zärtlich tut. Manchmal hat sie ihre Launen, aber sonst kommen wir gut aus. Ich bin ein guter Futterverwerter. Ich habe auch sehr gutes Heilfleisch. Im Krankenhaus war ich noch nie. Mit meiner Frau ist die Ehe gut. Also, sie ist nicht eine schöne Frau, aber sie kocht gut und hält den Haushalt in Ordnung. Wenn wir am Tisch sitzen, meine Frau, der Junge und ich, und etwas Gutes essen, dann könnte es immer so bleiben. Meine Frau geht nicht arbeiten. Sie kümmert sich um das Haus, um den Jungen, um das Essen. Manchmal, im Bett, nachts, kann ich nicht schlafen. Ich merke meinen Rücken und das Alter, und ich weiß auch nicht, ich habe oft einen Druck in der Brust, nachts wenn ich über die Zukunft nachdenke, aber warum, weiß ich eigentlich nicht. Wir sind abgesichert. Ich zahle für meine Rente und habe Versicherungen. Manchmal denke ich auch an früher, wo mein Vater mir beigebracht hat, wie man mit Angst umgeht. Mein Vater hat mich geschlagen, aber nur um mir Ordnung beizubringen. Er hatte ein Schrotgewehr, und ich weiß noch, daß ich Angst hatte vor einem Teich in unserer Nähe, wegen der Blutegel. Ich mußte mich in den Teich stellen, mein Vater schoß mit dem Gewehr ins Wasser, wenn ich mich bewegt habe. Nach einer Stunde ging er ins Haus. Ich war voller Blutegel. Nachts liege ich oft wach und denke an solche Sachen. Wenn die Zweige des Nachbarbaumes an die Scheiben klopfen. Über den Baum ärgere ich mich sehr, aber er ist zu alt, als daß man ihn fällen könnte, sagt das Gericht. Die müssen es ja wissen.

Über meinen Jungen muß ich nicht denken. Er macht mir keine Sorgen. Er entwickelt sich gut. Er ist jetzt vierzehn und hat keine Flausen im Kopf. Wenn er mit der Schule fertig ist, wird er eine Lehre machen. Ich bin froh über meinen Sohn. Die Natur habe ich gerne. Eine Viertelstunde von unserm Haus ist ein Hügel, ein kleiner Wald und manchmal gehe ich nach dem Abendbrot dorthin. Ich gehe den Hügel hoch, 378 Schritte, und stehe dann, mein Hund ist dabei, dem vertraue ich völlig, schaue auf die Stadt und habe so Gefühle. Manchmal denke ich, ich würde nicht den Hügel hinab zu meinem Haus gehen, sondern die andere Seite heruntersteigen und dann geradeaus laufen. Bis ich nicht mehr laufen kann.

Ich habe Angst, daß ich krank werde, meinen Job verliere, das Haus verliere und wir auf der Straße landen. Dann würde sich keiner um uns kümmern. Ich weiß nicht, woher solche Gedanken kommen, ich würde nie jemandem davon erzählen. Über meine

Spinnereien rede ich nicht. In Urlaub fahren wir meistens im eigenen Land. Vielleicht werden wir später nochmal woanders hinreisen, aber ich finde, ehe man ins Ausland geht, soll man erst mal das eigene Land kennenlernen, das ist nämlich wunderschön. Vielleicht das schönste. Ich glaube, wir können stolz auf unser Land sein, ich bin stolz darauf. Ich habe eigentlich erreicht, was ich immer wollte. Eine schöne Wohnung, einen Garten, einen Sohn, eine Frau. Ich habe mein Leben lang darauf hingearbeitet, was ich jetzt habe. Ich habe mich krank gearbeitet. Der Rücken und der Husten, den ich habe, und immer bin ich so müde. Aber zum Genießen ist noch Zeit. Wenn Frühling ist und es so komisch riecht, habe ich so ein Gefühl, als wäre ich betrogen worden. Das Wichtigste ist mir die Ordnung. Ich schlage meine Frau nur, wenn sie absolut kein Einsehen haben will. Oft habe ich eine Wut, und ich könnte dann einfach einen zusammenschlagen. Ich sitze dann vor dem beschissenen Fernseher, und mir wird ganz kribbelig vor Wut. Auf wie meine Frau dasitzt, in ihrem Trainingsanzug, und immer ißt sie etwas, wie man das hört, wenn sie kaut, wie sie in den Fernseher starrt, daß ich morgens wieder so früh los muß, daß mir alles weh tut und daß ich nie reich werde. Das weiß ich, und wenn du dann die Spinner siehst, die mit irgendeinem Mist Millionen machen. Ich werde nie reich werden. Das macht mich wütend, zu schuften und nie reich zu werden. Und ich sitze vor dem Fernseher, morgen werde ich wieder früh raus müssen, ich sitze und sehe fern bis um Mitternacht, und dann habe ich Kopfweh und meine Beine kribbeln, als ob da Ameisen drin wären. Und dann kann ich wieder nicht schlafen, der Baum ist so laut an der Scheibe und ich werd immer wütender. Wenigstens fallen keine Nadeln mehr in meinen Garten. Das Haus ist ja abgebrannt.

Erstveröffentlichung

Nicht richtig böse.
Aber Kanzler

Tour de Trance

Niedersachsen ist ein kleines Land. Gerhard Schröder, auch nicht groß, ist müde heute. Eine harte Zeit liegt hinter ihm, vor ihm; und dieser Morgen ist speziell unangenehm; die Sonne will gar nicht scheinen, ist kurz vor der Explosion durch einen Hitzestau; und in der BILD steht wieder irgendein Hillu-Quatsch. Ein Wühlen, Graben, Hämen, Denunzieren – wollen ihn alle fertigmachen, nur weil er leben will. Leben. Wozu?

Gerhard Schröder hat schlechte Laune. Die wabert im lederverbrämten Pkw, und die Pressereferentin schnappt nach Luft. Mit einer Frisur und Kleidung, die niemand, auch sie nicht, versteht, sitzt sie neben ihrem Boß. Mit Bedacht ausgewählt, eine Frau von der Güte einer Sozialpädagogikstudentin, nicht gefährlich, nicht zu schlau, schweigt, tut ihr Bestes, doch das ist nicht genug. Gerhard Schröders Kieferknochen mahlen, so daß es ausschaut, als wohnten Tiere in seinen Wangen. Frühmorgens sollte keiner eine Chemiefabrik besichtigen müssen. Es ist sehr früh, und Gerhard Schröder steigt aus seinem Pkw, um sich eine Chemiefabrik anzusehen. Danach die nächste Fabrik, das nächste Werk, Kriegsinvaliden, Sommerfeste, Jugendliche, die Projektgruppen zur Rettung von Lurchen gegründet haben. Und nicht gähnen können, sagen können: Was interessiert mich der Scheiß?

Lächeln, Händeschütteln, sich Statistiken anhören, Geschwätz anhören, den Kopf neigen und interessiert nachfragen. Das ist ge-

lebter Stumpfsinn, ist Politik, ist die Sommerreise des Ministerpräsidenten, die ihn drei Wochen durch das ganze Land führt und
jetzt zur Firma Harz Metall. In einer stickigen Halle mit Neonlich-
tern sitzt Gerhard Schröder in der ersten Reihe, hält den Kopf mit
Mühe, das Gesicht mit Mühe und tut nicht, als folge er dem Licht-
bildvortrag über Verfahren, wozu auch immer. Die Firma recycelt
Batterien. Da gibt es einiges zu erzählen. Es ist so heiß. Langweilig, und es sind Zeiten im Leben, Orte, die so grauenhaft sind, daß
man glaubt, man komme da nie weg, das würde nie aufhören, nur
mit dem Tod. Es geht weiter und weiter, und jetzt wird die Firma
besichtigt. Es ist die hundertste. Die tausendste. Überall Fabriken und Batterien auf dem Weg nach oben.
Gerhard Schröder läuft schnell. Horden von Männern um den Ministerpräsidenten. Herren und Lokalpolitiker, Fabrikdirektoren,
Parteigenossen, mit gelben Gesichtern, lautem, blödem Lachen,
überpflegten Schuhen, rempelnd, rennend, begleiten ihn auf seinem Rundgang; und wer neben Gerhard Schröder läuft, hat gewonnen. Die Männer stolpern, bringen sich fast zu Sturz. Ein Ingenieur, der auch so aussieht, erzählt von Maschinen; er beugt
sich zum Ministerpräsidenten, sein Gesicht, Gesichtgewordenes
zu Boden werfend. Gerhard Schröder hastet unwohl aus der
Werkhalle. Einen Arbeiter, der ihm die Hand geben will, sieht er
nicht. Kann doch nicht jedem die Hand geben, nur damit der seinen Enkeln erzählt: Damals hatte ich des Eventuell-Kanzlers
Hand in der Hand. Im Laufschritt also am Arbeiter vorbei, dessen
Hand unbenutzt nachhängt, auf den Vorplatz, in den Pkw, das Gefolge hinterher, mit quietschenden Reifen um die Ecke gerast.
Gerhard Schröder schaut sich einen Abfallberg an; alle schauen
mit, als würde etwas Tolles daraus. Wird nicht, und der Ministerpräsident flüchtet vor dem Leben in seinen Pkw, zum nächsten Termin. Wüßte man es nicht besser, würde man sagen: Was
ein Mist.
»Ein Mist das«, sagt ein Journalist zum andern. Sie sitzen im Pres-
sebus und rauchen. Fahren dem Ministerpräsidenten hinterher.

Zum nächsten Termin. »Warum sind wir hier?« fragt einer. Die andern zehn schweigen. Rauchen, rauchen immer. Das ist Gesetz. Die Journalisten begleiten Gerhard Schröder auf seiner Sommerreise. Die Sommerreise wird für die Wähler, wird für die Journalisten gemacht, damit die Wähler erfahren, daß der Gerhard ein guter Kanzler wäre, weil er sich für Chemiefabriken und das Volk interessiere. Oder ein schlechter, weil er Arbeiterhände ignoriert. Die Welt die Wahrheit wissen lassen, das ist ihr Job, und das ist was. Sie kommen vom Fernsehen, von wichtigen Zeitschriften, sie verdienen viel Geld und rennen hinter einem Mann her, der Abfallberge anschaut. Das bleibt nicht ohne Folgen. Die Journalisten mögen Gerhard Schröder nicht. Er ist nicht dankbar, er ist nicht höflich, er zeigt ihnen, was sie fürchten zu sein in schwachen Momenten. Warum sagt dem keiner, wie das geht, mit dem Schauspielern. Mit großen Gesten? Am liebsten würden sie abreisen, wegfahren, aber Geschichten müssen gemacht werden. Die Zeitungen voll, das Fernsehen voll, und alle im Bus wissen besser, was Politik ist, als die Politiker. So etwas wie Popmusik. Und Stars werden von der Presse gemacht.

Gerhard ist ein guter Rockstar, wenn er will. Er will nicht immer lächeln für Leute, die ihm nichts bringen. Ein Rockstar lächelt nicht für jeden. Er will nicht mehr taktieren, sich zurückhalten. Zu alt für diese Spiele. Verdammt, er ist der Beste, ist zum Siegen geboren. Spielt er Tennis, dann nur, um den Gegner am Boden zu sehen; immer ist das so, ist halt so. In der Natur des Mannes, der sich behaupten muß gegen alle anderen Männer, wegen des Überlebens; und nur nicht fragen, ob da was nicht stimmt. Gerhard ist ein Mann der guten Sorte. Die setzen sich ein Ziel, und das ist das Geländer durchs Leben; nur die Hand nicht vom Lauf nehmen, links und rechts sind tiefe Löcher. Wozu sich etwas fragen, auf das man keine Antwort will.

Auf einer Harzer Wiese steht ein Zelt. Des Bürgermeisters Geburtstagszelt, wie süß. Hinter dem Zelt eine Fabrik, die Trikotagen für die Harzregion fertigt, Trikotagen im Stil der 50er Jahre, für außen, adäquat zum Innern der regionalen Bevölkerung. Neben dem Zelt werden Würste gebraten. Die Frauen der Prominenz von Langelsheim-Wolfsheim haben weiße Rüschenblusen an. Der Bürgermeister ist kurz vor einem Wichtigkeitsinfarkt. Alle haben rote Köpfe, von der Hitze, von der Erregung, vom Dauerlächeln. Der Bürgermeister hält eine Rede, schmeichelt Gerhard Schröder; der hält eine Rede, schmeichelt dem Bürgermeister. Der Ministerpräsident trinkt Bier, ist unter Freunden, will sich gerade entspannen, als so ein Typ ihn fast mit seiner Kamera touchiert. Der Ministerpräsident beschimpft die Presse. Er weiß, was er von denen zu halten hat. Nichts. Arschgeigen.

Die Arschgeigen sitzen im Zelt, essen Würste und würden nie weiße Rüschenblusen tragen. Alle Sekunde klingelt ein Handy. Kontakt zur Redaktion. Kontakt zur richtigen Welt. Die ihnen Halt gibt, ihnen sagt, das alles außen nicht wichtig ist, nur Spielfeld für sie, die wirklichen Bosse. Leise reden mit ernsten Gesichtern. Schröder im Auge. Damit er nicht wegläuft, damit sie nichts verpassen. Vielleicht bohrt er in der Nase, läßt einen Furz. Aber kann man das fotografieren? Manche sind eine Woche mit auf der Sommerreise, andere nur zwei Tage. Zwei Tage reichen eigentlich. Zu sehen, daß es nichts zu sehen gibt, und ihre Meinung steht schon fest. Aber man kann ja nie wissen. Da springt Schröder auf. Hastet zu seinem Wagen. Die Journalisten, mit Würsten noch halb aus dem Mund, hinterher. Das Sommerfest der SPD in irgendeinem Kaff. Auf einer niedersächsischen Au sitzen unauffällige Menschen in der Sonne. Bier- und Pommesgestank mischt sich mit Tosca und übersichtlicher Gesinnung. Gerhard steht auf der Tribüne und entlädt ins Mikrofon. Singt fast, vibriert, vor Volksnähe. Das Volk nickt. Genau. So nah. So isses. Kriminelle Ausländer müssen raus. Unser Land muß sauber werden. Ein Schluck Bier. Die Pommesschale auf den Boden, Majo an der Backe, nicken, sag' ich doch, mit vollem Maul. Jau. »Politik ist für Millionen und nicht für Millionäre«, sagt Herr Schröder. Und das ist unser Mann, der Gerhard, sagt das Volk und klatscht. Ein verkleideter Rentner singt das Lied vom Lügenbaron Münchhausen. Ein Greis mir tremolösem Bein spielt Flöte. Anlaß zur Besinnung, was der Mensch meint darbieten zu müssen. Alles so klein. Wo bleibt der Glanz eines großen Wahlkampfes? Gerhard verläßt das Fest. Ein paar Meter weiter verläßt das Lächeln ihn, wie bei einem Kellner, ist es aus dem Gesicht gesprungen, und die Kiefer mahlen wieder. Der nächste Termin. So viele müssen noch überzeugt werden. Daß er zwar keine Visionen hat – wer hat die schon? –, aber die doch sehr kraftvoll vertritt. Daß er jedem geben kann, was er erwartet. Wenn sie ihn nur endlich lassen würden.

Der Wahlkampf-Sommerreisebus fährt und wohin ist egal. Die Journalisten sitzen daneben, beobachten, wüßten, wie alles richtig geht, daß Politik nur noch ein Theaterstück ist, mit wechselnden Auf- und Abgängen. Wenig ist eine Geschichte wert. Die Trennung war richtig. Schröder nackt wär' gut oder wie er einen verprügelt, sich verspricht, sich offenbart. Darauf warten alle im Bus, sitzen und rauchen und fahren durch Niedersachsen. Die Landschaft draußen ist hübsch. Guckt aber keiner an.

Gerhard Schröder besichtigt den Tübke-Altar in Bad Harzburg. In pastelligen Farben hat der alte Herr mit bebender Hand ein Altärchen gemalt. Ein großer Künstler, fast so großartig wie Bruno Bruni, der malt, was der Mensch versteht, und deshalb muß er von Gerhard gewürdigt werden. Der Greis neben seinem Werk, und Gerhard schaut interessiert. Sagt Kunstverständiges: »Um ein Bild auf sich wirken zu lassen, müßte man sich davorsetzen. Auf einen Stuhl am besten.«

Vor der Kirche stehen zwei Studenten mit einem halbzerrissenen Plakat und fordern irgendeinen Quatsch für ihren Studiengang. Die Presse lauert, und Gerhard Schröder muß sich kurz mit ihnen unterhalten. Noch nicht mal ihr Plakat können sie in Ordnung halten, die zwei Studenten. Zwei. Keine Menschenmassen mit Blumensträußen oder wenigstens Eiern, die sie werfen. Im Gemeindehaus sitzen Rentner der Kirchengemeinde. Wieviel Prozent der

Deutschen sind Christen? Gerhard muß schlechten Kuchen essen und Kaffee aus Thermoskannen trinken, auf denen steht, daß die dem Handarbeitskreis gehören. Das ist traurig.

Die Journalisten sind müde, keine Geschichte, nichts. Nun hocken sie in einem deutschen Hotelgarten mit weißer Plastikbestuhlung; der sieht aus, als wäre überall Messing und gelbes Glas. Trinken und rauchen und lächeln den Ministerpräsidenten an, der unter ihnen weilt, lächeln über seine Witze und hoffen, er würde sie sehen und ihnen, genau ihnen, erzählen, wie es wirklich ist. Daß er sich nie von Hillu getrennt hat, weil er nie mit ihr zusammenlebte, und daß er einen Krieg plant, solche Sachen soll er ihnen erzählen. Erzähl es mir, sagt ihr Lächeln. Dahinter denkt es: Erzähl es; du kannst mir nicht vertrauen, ich kann mir selber nicht trauen, aber irgendeine Geschichte muß doch drin sein. Und denken sich, es ist so egal, ob du da sitzt oder Helmut, Oskar, Rudolf, so egal.

Gerhard sitzt bei den Hyänen und will doch schlafen. So weit weg vom großen Showstar, einfach nur ein deutscher Politiker, der er ist, wie das auch klingt. Wer hat das Gerücht verbreitet, er sei sexy? Die Pressereferentin gar? Schlau ist er – aber wer ist das nicht? Und genügt das? Ein bißchen schlau sein, nicht im Rollstuhl sitzen, kein Neger oder eine Frau sein? Genügt das, um ein Land zu regieren? In Deutschland vielleicht, denn schlimmer kann es doch nicht werden. So sitzt Gerhard, hält sich gerade, trinkt ein Bier und redet über Fußball, da kennt er sich aus, das ist nicht falsch zu deuten, erzählt nicht mehr, von sich nicht, nichts von innen, geht auch nicht, ist ein Politiker, so was wie Donald Duck, die gibt es gar nicht richtig. Und verschwindet dann schnell. Läßt die Idioten hocken in einem häßlichen Hotelgarten.

Am nächsten Morgen, und danach ein neuer Morgen und wieder einer, an dem jedenfalls riecht es nach Mist. Eine Fabrik produziert ihn, und die Gattin des Direktors ist erregt. In einem Kostüm, das seine gute Zeit nie hatte, überreicht sie einen Scheck zugunsten krebskranker Kinder. 11 000 Mark hat sie gesammelt.

Das langt für ein paar Garnituren frischer Bettwäsche für die Kinder. Vor der Fabrik steht Gerhard Schröder neben seinem Rad. Viele bedeutende Sportler und Costa Cordalis. Der Sänger hat die Nacht in einem Mikrowellenherd verbracht und feuert die Masse an: Gerhard Schröder, Gerhard Schröder, singt er. Und dann wird losgeradelt. Die krebskranken Kinder im Blick. Radeln und siegen, für eine bessere Welt. 29 Kilometer lang mit kurzen Stops, für die Presse. 29 Kilometer, und die Sportler kennen keinen Spaß. Gerhard Schröder hat einen roten Kopf. Vergessen ist der Krebs, die Kinder, er muß an der Spitze bleiben. Niedersachsen rauscht vorüber, Costa singt nicht mehr, Gerhard Schröder denkt nicht mehr. Fast ist es wie immer. Nur siegen, siegen, und für einen Moment ist er ganz er selbst. Einfach ein Mann, der gewinnen muß, um zu leben. Die Journalisten sitzen in offenen Fonds von Pkws, sie filmen und knipsen, wie ein Mann schwitzend radfährt. Wer will das wissen? Einen volksnahen Minister gibt es nicht. Das Volk ist woanders. Und Politik ist austauschbar. So simpel. Inhalte sind egal. An die Spitze kommt der mit dem längsten Atem, der es versteht, die Männer in der eigenen Partei an die Plätze zu verweisen, den Menschen draußen ein gutes Gefühl zu geben, der Wirtschaft ein noch besseres Gefühl zu geben. Jedem geben, was er braucht. Hast du ihn im Kasten? Klar, die Sache ist gelaufen. Das Rennen ist vorbei, der Ministerpräsident ist guter Laune, er hat gewonnen. Egal was, und das Bündheimer Schloß ist nicht weiter wichtig, viele Männer darin mit Orden, die etwas feiern. Ein Herr quatscht selbstverliebt eine Stunde; über was, weiß er nach ein paar Minuten selber nicht mehr. Gerhard ist verstimmt, denn reden ist sein Job. »Ich schließe mich dem Vorredner an«, sagt er und begibt sich königsgleich in seinen Transporter. Zum nächsten Termin. Die Kindermann-Finanzgruppe oder ihr Boß oder wer auch immer hat sich ein Schloß gekauft. Einen alten Kasten, und es verstanden, ihn mit prägnanten Handgriffen billig aussehen zu lassen. Im Treppenhaus ein Bild der bedenklichen Unternehmergattin mit Schmuck und Twin-Set vor dem Schloß und vor mittelalterlich angezogenen Feldarbeitern. Das hat Klasse. Im blauen Salon sitzen reiche Männer. Typische CDU-Wähler, die sich den Ministerpräsidenten anhören, weil man ja nie wissen kann. So richtig nimmt den Ministerpräsidenten hier keiner ernst. Er weiß es, die Männer wissen es, und alle lächeln. Ein seit längerem verstorbener Angehöriger derer von Schaumburg-Lippe wurde auch in den Saal getragen; da sitzen sie alle, sehen zu, wie Gerhard um sein Leben redet. Vor denen muß er bestehen, denen muß er zeigen, wo der Hammer hängt. Die SPD als Unternehmerpartei. Herr Schröder macht einen Spagat, daß ihm der Hosenhoden zu reißen droht. Vergessen ist das Volk, hier sitzt ein Teil der Macht, Probanden für den großen Durchstart. Danach ein paar Kanapees. Ein Reicher zum anderen Reichen: »Nix Neues, was?« Ein harter Tag geht zu Ende. Gerhard Schröder sitzt in seinem Wahlmobil. Ein straffer Mann über 50, der einen Schluck trinkt, um sich zu entspannen, sich mit gezielten Griffen seiner Existenz versichert, und draußen ist Niedersachsen. Ein verdammt kleines Land. Zu klein. Deutschland möchte er regieren, alles regieren; da ist dieser Zwang in ihm, ganz oben zu sein, egal warum, nur nicht mehr zurück müssen, in das Mittelmaß, in das, wie es war, als er jung und nicht besonders groß, nicht speziell brillant gewesen. Aber er hat es allen gezeigt. Fast allen. Denn draußen ist nur Niedersachsen.

Journalisten sind wichtig. Sind wichtig. Sagen sie sich immer, gegen das Wissen, daß sie von anderen Leben leben, das macht, daß sie sich immer wieder sagen, daß es ohne sie keine großen Sachen gäbe. Ohne sie Herr Schröder nur einer wäre, der durch Fabriken rennt und Omas die Hand schüttelt. Wäre nichts, wenn nicht jemand darüber berichten würde. Und was sie gesehen haben, ist wie das meiste auf der Welt. Nichts Großes, wirklich nicht. Ein ehrgeiziger Mann, der fehlerfrei zu reden vermag, der sich gerade hält und von schnauzbärtigen Bodyguards begleitet wird, während er Halbleiterplattenherstellerfirmen und Abfallhaufen anschaut. Kein großer Glanz, nichts Weltbewegendes, kein Visionär, keiner mit Autorität, heiliger Aura oder wenigstens prima Gedanken. Wie fast alles, was man nur aus den Medien kennt, enttäuschend beim Hinsehen. Die Welt voller aufgeblasener Kleinigkeiten, nur Menschen, beim Hinsehen. Gerhard Schröders Pkw hält vor seinem Wohnblock. Er wird jetzt zu Bett gehen, vielleicht schlecht schlafen, weil da die Angst ist und ein Jahr schnell vorübergeht und die große Entscheidung kommt. Die für die Welt nichts ändert und für ihn doch alles ist. Der letzte Kampf, aus dem er als Sieger hervorgehen wird oder gebrochen. Ein älter werdender Mann, der dann vielleicht in so eine Firma geht zum Geldverdienen bis zur Rente und Tennis spielt, mit dem Gefühl, das Leben so richtig vergeigt zu haben.

Die Journalisten reisen ab. In ihre Redaktionen, um sich Geschichten auszudenken, um die Welt am Laufen zu halten. Morgen kommen neue Kollegen, von anderen Blättern, anderen Fernsehsendern. Es geht weiter. Und wenn nicht mit Gerhard, dann mit einem anderen.

aus: GQ

Viele böse, viele gute Menschen

Sieben Tage Krieg

Am ersten Tag sagt die Dame am Flughafen: Ach, Sie fahren da runter, ich mag die Berichte nicht mehr sehen. Da blickt ja keiner durch. Na ja, Krieg ist schon schlimm. Gott sei Dank ist er weit weg. Nach zwei Stunden Flug bin ich in Thessaloniki, nach einer Autofahrt über die Grenze in Skopje. Mazedonien ist von einer Häßlichkeit, die den Menschen in die Knie zwingt: Häuser, die wirken, als wäre Beton verrückt geworden. Mazedonien, das kleine Land, gerät außer sich. Mit jedem Tag mehr. Und eigentlich ist doch gar nichts los. Der Krieg ist hier nicht. Der Krieg ist in Jugoslawien, sichere zehn Minuten entfernt.

Panzer rollen durch Mazedonien, das Militär marschiert an der Grenze, nachts sind Schüsse zu hören, Flugzeuge, bei gutem Wind auch Detonationen. In der Nacht. In den leeren Einkaufspassagen der Hauptstadt laufen Mädchen mit Rollerblades, niemand sagt ein Wort. Und irgend etwas stimmt nicht.

Am zweiten Tag steigen die Journalisten in Autos, die sind wie schwere Waffen, sie haben Kampfanzüge an, die Frauen laufen mit harten Schritten, laufen schnell, fahren schnell, vielleicht ist etwas passiert über Nacht. An der Grenze. Über Nacht ist das Auffanglager Blace zum Schlachthof geworden. Mit Masken gegen den Geruch nach Mensch und Angst stehen Soldaten und Polizisten maschinengewehrbewaffnet um das Lager, das so groß ist wie zwei Fußballfelder. Es ist anders als im Fernsehen, das Lager. Man riecht es, man hört es und schaut ihnen in die Augen, den 40 000 Menschen hinter Barrieren, die drängen zur Freiheit, zu den Bussen, wo die Journalisten beobachten, filmen, fotografieren, in Mikrofone reden, in Telefone.

Eine amerikanische Journalistin, gleich einer gutfrisierten Wurst, nähert sich der Absperrung. Sie gibt einen rührenden Text per Handy an ihre Redaktion, hält inne, sagt: Es riecht zu streng. Und dreht ab. Die hinter dem Gitter kamen in Güterwagen oder zu Fuß, sie kamen verwirrt und hoben die Arme, als sie wußten, daß sie auf mazedonischem Boden waren. Doch schon wieder Gewehre, schon wieder Soldaten. Sie prügeln ein auf Menschen, die aus dem Lager wollen, in einen Bus, wo vielleicht der Mann sitzt, die Schwester, das Kind. Die mazedonischen Soldaten schauen zu, wie Menschen fast zerdrückt werden. Frauen in Ohnmacht fallen, hören, wie Kinder schreien. Viele haben hohes Fieber, es ist verdammt kalt.

Die Soldaten schauen. Wir brauchen keine Albaner hier, sagt einer. Die Flüchtlinge tun mir leid, aber sollen sie doch in Länder, denen es besser geht. All das Geld, das unsere Regierung für die ausgibt, könnten wir gut brauchen. Es hat an die 30 Prozent Arbeitslose in Mazedonien, sagt der junge Soldat. Er sieht angewidert auf das Schlammloch und rückt seine Maske zurecht. Als eine alte Frau über die Absperrung klettert, stößt er sie zurück. Schlägt noch mal nach. Egal, daß es seine Mutter sein könnte, bei der er vermutlich noch wohnt. Es ist Krieg, da ist der Feind. Der Feind ist, was man selber nicht ist, und nun liegt der am Boden und weint.

Der Boden ist schlammig und kalt, und in einem hektischen Moment, als das Gitter geöffnet wird, um einen mit Lebensmitteln beladenen Traktor passieren zu lassen, gelangen wir ins Lager, das für Journalisten gesperrt ist, weil es wirklich keinen guten Eindruck macht. In den Boden sind hastig weggeworfene Dinge gedrückt, überflüssige Dinge, die Erinnerungen waren, oder Spielzeug, oder Leben. Unter Plastikplanen liegen die Alten und schlafen. Schlafen und hoffen vielleicht, daß alles wieder gut ist, wenn sie erwachen. Manche hocken im Dreck und reden, versuchen ein Lachen. Andere haben aufgegeben. Sich von sich entfernt, zu irgendeinem Ort, wo sie allein sind. Der Rest kämpft. Einen sinnlosen Kampf. Sie drängen sich gegen die Gitter, schreien, doch wer will das hören. Die Menschen hier sind müde, sind krank. Sie sehen aus wie wir. Da sind nicht nur Alte mit Kopftüchern. Hübsche Mädchen mit Buffalo-Schuhen. Männer mit Chiemsee-Jacken. Studenten, und zwischen ihnen stehe ich im Pulk.

Die Idee, jemand könnte mein Leben austauschen, mit einem von hier: Am Morgen wären Uniformierte gekommen, hätten meine Tür zerschlagen, geschrien, mit der Waffe gefuchtelt, Schüsse hätte ich gehört, einen Rucksack gepackt. Was nimmt man mit von seinem Leben? Wäre dann hier gestanden, alles verloren, über Nacht, das, was ich war, kein Recht mehr, kein Mensch mehr, Vieh auf einem Schlachthof.

Zwischen den Vertriebenen, die mich behandeln, als wäre ich eine von ihnen, die mich stützen, als ich mich zum Gitter bewege, Zentimeter für Zentimeter, die mir auf die Beine helfen, die nicht zucken, als immer wieder Schüsse vom Kosovo her zu hören sind. Über das Gitter, an den Uniformierten vorbei, am Hang sitzend, auf die Bahren schauend.

Hektisch werden sie abtransportiert. Alte, Kinder, Schwangere, die umgefallen sind, viele werden sterben. Und dabei gefilmt. Wenn gerade keine Tragödie zu sehen ist, werde ich gefilmt. Alles, was mies aussieht, wird festgehalten. Der Krieg ist nicht hier. Keine Granaten hier. Nur etwas, das man hören kann, sehen, in der Nacht am Himmel. Es ist etwas Widerliches in der Luft, auf der Haut. Es ist eine Unruhe in den Köpfen, Instinkte, die über den Verstand siegen.

Zwei Millionen Menschen leben in Mazedonien. Albaner, Serben, Türken, Bulgaren, Zigeuner existieren in einem fragilen Gleichgewicht nebeneinander, ohne sich zu sehr zu mögen, weil kein Mensch mag, was anders ist als er. Anders als die Serben sind fast alle. Aber wie?

Am dritten Tag in Skopje in einem kleinen, bewachten Haus, der Parteizentrale der Serben. Der Vorsitzende der Serben in Mazedonien, Nebojsa Tomović, ist erfreut, daß endlich jemand über sein Volk berichten will, »das in Mazedonien ein Viertel der Bevölkerung bildet«. Alle Serben hier stehen geschlossen hinter der Politik Miloševićs, sind bereit, ihrem eigentlichen Vaterland Jugoslawien zur Seite zu stehen. Mit Miloševićs Worten vertritt Tomovic die Haltung seiner Brüder: Die Nato ist schuld. Killer, dumpfe Mörder, die Europa teilen wollen. Die Kosovo-Albaner flüchten vor deren Bomben. Die Nato, die mit der UÇK kooperiert, und die UÇK, die die eigenen Leute vertreibt, um es als Aktion der Serben darzustellen.

Es geht um die Wahrheit, sagt Tomović und beschließt seine Rede mit den Worten: Mit der Ruhe in diesem Land ist es vorbei. Wir werden kämpfen. Tomović gibt uns eine Visitenkarte, die uns Eintritt in serbische Dörfer gewähren soll. Mališa Božović, der Generalsekretär der Serbisch-Demokratischen Partei, erzählt das gleiche, erklärt noch, wie die Berichte im Fernsehen entstehen. Archivbilder sind das, und wenn man einen Stacheldraht zeigt, ist das schon ein Konzentrationslager. Alles Lüge, alles Propaganda. Wir lieben die Wahrheit.

Mit einem serbischen Fahrer unterwegs in ein serbisches Dorf. In den Städten leben die Bevölkerungsgruppen nebeneinander, die meisten Dörfer sind rein albanisch oder rein serbisch. Der Fahrer Dragan ist Ingenieur. Er erzählt von seiner Frau, die ein Kind erwartet, von seiner Suche nach Arbeit. In einem Nebensatz sagt er, nächste Woche werde das Kosovo clean sein. Und erzählt, daß die Albaner das meiste Geld im Land haben, viele Frauen und Autos und die besseren Häuser. Er freut sich, daß jemand endlich die ganz normalen Serben zu Wort kommen lassen will, die jetzt in der ganzen Welt unbeliebt sind. Von Peter Handke hat Dragan noch nicht gehört.

Das serbische Dorf Kućevište nahe dem Lager Blace scheint aus Staub und Müll gebaut. Vor dem Kiosk auf einer Bank sitzen ein

paar Männer, die aussehen, als seien sie betrunken. Mißtrauisch beobachten sie uns, spucken auf den Boden. Der Fehler ist, sich als Journalist zu erkennen zu geben. Der größere Fehler ist zu sagen, daß wir deutsche Journalisten sind. Die Männer schreien. Daß die Deutschen Nazi-Schweine sind, daß die Serben die Opfer sind, daß die Nato an allem schuld ist, daß das Kosovo den Serben gehört. Nach einer halben Stunde kommt ein kleiner Junge mit dem Bild von Milošević. Die Männer lachen. Sie laufen mit uns durch ihr Dorf. Um uns den von Albanern geschändeten Friedhof zu zeigen. Zigaretten werden getauscht. Ein Moment Ruhe, in den ein Auto rast. Ein junger Mann mit kahlrasiertem Schädel springt heraus: Wo sind die Deutschen, schreit er, und in Sekunden sind wir umringt von brüllenden Serben. Die Kinder fangen an, schubsen und stoßen, die Frauen stehen daneben und lachen, als ein dicker Mann mir gegen die Stirn schlägt und schreit: Schaut euch die Nato-Hure nochmal an, gleich wird sie im Wasser treiben, den Bauch gebläht. Unser Fahrer versucht zu beruhigen: Es muß doch jemand über sie schreiben, die Vorurteile beseitigen, er sei doch auch Serbe, sagt er und zeigt seinen Ausweis. Vergebens. Der Ausweis sei gefälscht. Dragan ein Verräter. Für eine Minute sind die Männer des Schreiens müde, wir beeilen uns.
Dragan ist beschämt. Die Serben sind nicht so, sagt er.
Daß die serbische Mentalität uns so fremd ist, dieses unverständliche Gefühl von Rache, Blut, Boden und Religion, macht, daß wir glauben, der Balkan sei in einer anderen Welt. Eine andere Welt gibt es nicht. Im Hotel, in Sicherheit, treffen wir einen Nato-Soldaten. Siegfried Houben ist Pressesprecher. Auf meine Frage, ob die deutschen Soldaten Angst hätten, sagt er vorschnell ja. Dann beginnt er, überlegter zu antworten. Soldaten wüßten, was ihr Job ist, und überhaupt, noch sei der Bodeneinsatz nicht entschieden. Noch seien die Nato-Truppen hauptsächlich zum Helfen hier. Und das machten sie gut.
Neben dem Auffanglager Blace hat die Nato ein Camp eingerichtet. Nach den Eindrücken des Schlachthofes erscheint es wie das

Paradies. Freude regt sich, über die Deutschen, die Europäer, die sich oft selber ihrer Eigenschaften schämen, die hier so nützlich sind, die den Albanern das Gefühl von Sicherheit geben. Doch das Lager ist halbleer. Gerne würden sie die Menschen aus Blace ins Camp holen, sagt Soldat Francis MacGann, doch das sei ihnen nicht gestattet. Die mazedonische Regierung habe Angst, daß die Flüchtlinge sich wohl fühlten und blieben, und wenn die Medien über dieses gutorganisierte Camp berichten würden, vermindere das den Druck auf Nato-Staaten und Nachbarländer, Flüchtlinge sehr schnell aufzunehmen.

Am vierten Tag treffen wir in dem albanischen Dorf Studenićani nahe Skopje den Berater des Vorsitzenden der Albanischen Partei und des Bürgermeisters. Memed Zejnulahu. Er hat Tränen in den Augen, als er von seinem Besuch im Lager erzählt. In seinem Dorf hat fast jede Familie Flüchtlinge aufgenommen. Manche Bauern haben ihr Haus zur Verfügung gestellt und sind in die Stadt zu Verwandten gezogen. Er zeigt uns ein kleines Haus, in dem 30 Vertriebene wohnen, die uns danken für die Hilfe der Nato.

Ein paar Minuten von Studenićani entfernt findet gerade eine Anti-Nato-Demonstration statt. Organisiert wurde sie von der Konservativen Partei Mazedoniens und ihrem Vorsitzenden Straso Angelovski. Nato-Soldaten sind Nazis, schreien nach seiner Rede die Bauern auf dem Dorfplatz. Sie heben die Fäuste, gegen alles, das ihre Ruhe stört, ihnen Angst macht. Krieg ist leicht hergestellt. Er entsteht aus Politik, den Rest besorgt das Volk. Frag einen, ob er Krieg will. Keiner wird ja sagen. Frag einen, ob er sein Land verteidigen würde. Alle würden nicken, an vergewaltigte Frauen denken, an ihre Häuser und die Fratze des Feindes, der ihnen nehmen will, was ihr Leben ist. Vielleicht kommt der Krieg nicht nach Mazedonien. Doch nie mehr werden Serben und Albaner hier in Ruhe nebeneinander leben können. Straso Angelovski sagt, das war die erste Demonstration. Das ganze Land wird jetzt überzogen von Protesten. Gegen die Nato. Die Albaner paktieren mit den Mördern.

Vom serbischen Dorf Staro Nagorićane ist die Grenze zu Jugoslawien nur einige Kilometer entfernt. Bis vor kurzem waren hier Nato-Truppen, doch die Dorfbewohner haben sie vertrieben. Sagen sie stolz in der Dorfkneipe. Verjagt haben wir sie. An der Wand hängt ein Schild: Wir geben das Kosovo nicht auf. Der Kneipier bietet mir an, sein Bett zu besichtigen, Schnäpse werden eingeschenkt und wieder die serbischen Wahrheiten erzählt. Alles war friedlich vor dem Nato-Angriff. Man will doch nichts als Frieden, die Kinder sollen aufwachsen wie Kinder in Düsseldorf. Wir wollen nur leben wie bisher. Die Albaner haben uns nie gestört, sagt der Kneipier und gibt noch einen aus. Eine Frau kommt in die Kneipe. Vladanka ist lange in Österreich gewesen, leise sagt sie: Paßt auf. Sie sind alle falsch, und die Grenze ist nah. Hier im Ort wurden die drei Amerikaner verraten. Die vom Dorf haben die Serben angerufen, und sofort waren sie da.

Ein Serbe lädt uns in sein Haus ein. Auf dem Tisch eine weiße Klöppeldecke. Die Mutter schenkt Kaffee ein. Der Serbe heißt Robert und holt nach ein paar Schnäpsen eine Soldaten-Kappe heraus. Er hat im Bosnienkrieg unter Arkan gekämpft und wird bald wieder zu ihm gehen. Saubermachen, sagt er.

Wir fahren dann. Am fünften Tag. Vorbei an Panzern, an bewaffneten Polizisten. Zu viele Dummköpfe bekommen Waffen im Krieg. Dragan schaut auf die Berge. Die meisten Serben haben das unfruchtbare Bergland, sagt er. Die Albaner sitzen in den ertragreichen Ebenen. Normal wird es hier nicht mehr werden.

An der Grenze in Tetovo sind die Schlagbäume geschlossen. Tausende Vertriebene stehen dahinter. Seit Tagen. Dürfen nicht nach Mazedonien. Wieder frage ich einen mazedonischen Soldaten, warum. Er antwortet wütend: Wir brauchen sie hier nicht. Und sehen Sie, die Decken, die nach drüben geschickt werden, sind aus Nato-Beständen. Warum kauft man nicht mazedonische Decken, dann hätten wir auch was davon. Viele Angehörige der Albaner auf jugoslawischer Seite haben sich auf mazedonischem Schlammboden niedergelassen. Sie sehen ihre Verwandten stehen, schwanken, frieren, können nichts tun als zu winken. Da zu sein, wenn die Dämmerung kommt. Und in den Dörfern nahe der Grenze haben die Menschen wieder Angst. Viele sind geflohen. Vor den Serben, vor der Nato, egal, wovor, die Angst ist da, denn die Nato ist hier, ist ein Ziel der Serben. Es ist Krieg, da kann sich keiner raushalten.

Im Hotel Continental ist Feierabend. Viele berichten seit Jahren nur über Kriege. Sie können nicht mehr anders, denn nach einem Krieg kommt einem das normale Leben langweilig und unecht vor, denn das, was in einem Krieg geschieht, ist, was Menschen in sich tragen, verdeckt, was ausbricht und zu einer Lautstärke führt, die alles andere als zu leise erscheinen läßt. Ein normales Leben können sie sich nicht mehr vorstellen, die Kriegsreporter. Sie werden hier gebraucht.

In der Nacht fahren gespenstisch viele Busse vom Lager Blace weg. Zum Flughafen, nach Griechenland, nach Albanien. In den Bussen stehen und hocken die Flüchtlinge mit leeren Gesichtern. Ab und zu wird der Bus erhellt von den Lichtern der Fernsehteams. Für Sekunden richten sich die Flüchtlinge auf, versuchen sich übers Haar zu streichen, den Schmutz wegzuwischen, das Fernsehen ist da.

Die Reporter nehmen ein letztes Bier in der Bar Europa. Direkt neben dem Lager ist hier Tag und Nacht Betrieb. Reporter und Helfer spülen ihren Ekel herunter, trinken, bis ihr Gefühl der Ohnmacht in etwas Weicheres, Traurigeres umschlägt.

Am sechsten Tag setzt sich der Medienfuhrpark wieder in Bewegung. Als die Reporter in Blace eintreffen, finden sie nur eine riesige Müllhalde. Kein Mensch. Niemand. Oberhalb des Lagers sind frische Gräber. Wie viele Tote mit Blick in die alte Heimat dort liegen, weiß niemand. Die Flüchtlinge wurden über Nacht irgendwohin gebracht. In den Nachrichten heißt es, Milošević liebe die Kosovo-Albaner und lade sie zur Rückkehr ein. Keiner kann überprüfen, was mit den Albanern geschieht, die Milošević lieb hat. Die Grenzen sind vermint.

Die Flüchtlinge sind weg. Nichts zu tun. Im Hotel Continental kehrt Ruhe ein. »Ben Hur« statt CNN-Nachrichten. Morgen werden viele nach Albanien fahren, versuchen, doch in das Kosovo zu kommen oder nach Belgrad. Leer werden die drei Hotels in der Stadt dennoch nicht. Vielleicht geht es in Mazedonien auch los. Ein Bürgerkrieg. Ein Serbenangriff. Ein Journalist zu seinem Kollegen: Die Gräber sollten wir noch machen. Machen wir morgen, antwortet der andere und sieht wieder zu »Ben Hur«. Der Krieg ist hier nicht. Noch nicht. Vielleicht passiert wirklich nichts mehr. Dann werden die letzten Geschichten aus dem Müll gemacht, den der Krieg hinterlassen hat, das Land wird lange nicht zur Normalität finden. Aber das ist nicht wichtig. Der Krieg ist ja woanders.

Am siebten Tag wird ein mazedonischer Grenzer von Serben erschossen, Rußland ist nervös, die Amerikaner sind nervös. Die Chinesen sind sowieso nervös. Die Jungs bei der Nato haben Angst. Das Kosovo ist zwei Stunden entfernt. Die Dame am Flughafen, es ist eine andere, sagt: Ach, Sie waren da unten. Ich kann die ganzen Berichte nicht mehr sehen. Gott sei Dank ist das alles weit weg.

aus: Stern

Nicht böse. Nichts.
Nicht erschienen im »Spiegel«,
weil ... keine Ahnung

Amelie Fried — ein
antifaschistischer Schutzwall

Gäbe es keine Vorurteile, wäre es vielleicht weniger Angst auf der
Welt und weniger Haß darum. Amelie Fried wirkt auf den ersten
Blick wie eines, mit dem es sich nicht auseinanderzusetzen lohnt,
weil wir schon zu wissen meinen, was sich hinter solcher Fassade verbirgt.

Was soll da sein, unter dem Dekor der Gattung »Gattinnen gut-
verdienender PR-Manager«, die den Tag über mit sich verbringen, das heißt, ihn mit nichts zu füllen. Frau Fried, denkt man,
wirkt wie eine von jenen, denen es zu verdanken ist, daß sich von
ihrem ersten Roman »Traumfrau mit Nebenwirkung« 60 000 Hard-
cover-Ausgaben verkauften. Das gepflegte Buch, das hochprei-
sige, schnelle Geschenk, welches eine Dame der anderen in den
Schönheitssalon bringt, in dem sie liegt, um zu entspannen.

Von der Wohltätigkeitsarbeit, dem Sitzen in der Redaktion einer
Frauenzeitschrift, von der Jagd nach der Schönheit und Perfek-
tion, dem einzigen Lebensinhalt. Frauenromane, denkt der gebildete Mensch mit leiser intellektueller Überlegenheit und zieht
die Augenbrauen nach oben, ohne sich die Mühe zu machen, darüber nachzudenken, warum Frauen eigene Romane brauchen.

Amelie Fried wirkt auf den ersten Blick wie Amelie Fried. Sauber,
überpflegt, unkompliziert und von allen störenden Gedanken befreit. Nimmt man sich jedoch Zeit für diese Frau, will etwas über
sie erfahren und sich nicht mit Klischees begnügen, liest man

über ihre Studienabschlüsse (Dokumentarfilm, Fernsehpublizistik, Kunstgeschichte, Theaterwissenschaften) und sagt leise: Hut ab, Amelie. Seit 1984 arbeitet sie als Moderatorin von Kultursendungen wie Kinderalla, Klargestellt, Live aus der alten Oper, III nach 9, und als freie Journalistin für die Zeitschriften »Elle«, »Eltern«, die »Abendzeitung«, die »Süddeutsche Zeitung« und »Max«. Sie erhielt für ihre Arbeit den Grimme-Preis, den Telestar-Förderpreis, den Bambi und den deutschen Jugendliteraturpreis.

Nach dem Erfolg ihrer Bücher »Traumfrau mit Nebenwirkungen« und »Am Anfang war der Seitensprung«, die beim Verlag Hoffmann und Campe erschienen, hat Amelie Fried einen Grad an Massenakzeptanz erreicht, den sie nun für ihr drittes Buch »Der Mann von nebenan«, das bei ihrem neuen Verleger Heyne Ende August veröffentlicht wird, geschickt nutzt.

In ihrem, bislang politischsten Buch verbirgt sich unter dem Mantel der leicht zugänglichen Frauenliteratur ein brisantes Thema, das durch Frieds Popularität genau in die Bevölkerungsgruppe gelangen wird, in der es versteckt schlummert. Hera hat ein heißes Eisen angepackt. Den Rassismus, die Feindseligkeit gegen alles Fremde, alles nicht Einzuordnende, das ausgemerzt werden muß, vernichtet gehört.

»Der Mann von nebenan« ist ein Buch über Deutschland. Über die deutsche Landschaft, mustergültig in der bayrischen Provinz gefangen und erlegt wie ein deutscher Hirsch. Über das deutsche Volk, das nirgends deutscher ist als in jenem von Fichten, Friseuren und Mountainbike-Fahrern zerfurchten Gau. Und vor allem über die deutsche Frau, in der gärt, was meist nur im deutschen Manne vermutet wird: das deutsche Wesen, an dem noch immer die Welt genesen soll. Und daß sie heute zwischen Kreativität, Esoterik und Emanzipation durchaus geschickt zu verstecken weiß.

Tatsächlich erscheint die Protagonistin Kate (der Name geschickt gewählt: Kate, eigentlich eine Fremde, vielleicht gar Engländerin, unbewußte Ablehnung des Lesers) zuerst ganz harmlos. Als gescheiterte Hürdenläuferin (Leni Riefenstahl) zieht sie frisch verlassen von ihrem Gatten, einem Porschefahrer, mit ihrem Sohn und nunmehr dem Beruf einer Flötenbauerin (Wagner, Walhalla) aufs Land. Deutschland ist schön, seine Landschaften und Menschen auch. Mit drei von ihnen, allesamt gutaussehende deutsche Frauen, befreundet sich Kate. Bis hierher und oberflächlich gelesen der typische Hergang eines Frauenromanes. Frauenpower, Y Ging, Landschaften und Selbstfindung, zu der die gefühlsfreie Benutzung einiger Samenspender gehört. Die Protagonistin gesundet, es geht auch ohne Mann, und das Leben allein ist prima. So könnte der Roman sein, wäre er nicht von Amelie Fried mit einem politischen Anliegen geschrieben.

Den Frauen, die, wie bereits erwähnt verkleidete Rechtsradikale sind, ist der Nachbar ein Dorn im esoterischen dritten Auge. In ihrer nationalistischen Dummheit, die hier beschrieben ist als altkluges Emanzengewäsch (»Männer brauch ich nur zum Vögeln, sonst nichts«), und mit fragwürdigen Beschäftigungen wie dem Trinken von Kameldungtee, dem Tarotkartenlegen, dem Vergraben von Plazentas an Orten der Kraft, sind die Frauen all das, was wir, würden wir genau hinschauen, verachten. Zum Denken nicht geworden, das Leben erfüllt von Mutterglück und Gartenarbeit. Sehr geschickt bringt uns Amelie Fried das Grauen nahe, das in jedem von uns schlummern könnte oder schlummert, in einer Bevölkerungsgruppe, in der wir es nie vermutet hätten: der modernen, emanzipierten, gutgekleideten Frau.

Die nun wird in ihrer Behäbigkeit gestört vom Nachbarn, der im Buch als guter Deutscher getarnt auftritt. Dieser Nachbar ist der Inbegriff alles Bösen, ein Vergewaltiger, ein Querulant, ein fieser Zeitgenosse, kurz der verkleidete Ausländer, der Farbige, der Türke, und der macht den Frauen mit stiller Infamie ihr Leben, das aus Angeln, Geschlechtsverkehr und Flötenspiel besteht, zum Alp. Aber da wie immer in Ausländerfragen vom Staat, dem kommunistischen Regierungspack, keine Hilfe zu erwarten steht, schreiten die Mutterkreuzlerinnen nach dreihundert Seiten zur Lynchjustiz. Zuvor werden als Metapher für die Wehrsportgruppe Pendel-Seancen (Hanussen?) abgehalten. Karten befragt und dann zur Tat geschritten: Das fremde, subversive Element wird getötet. Erschlagen, der Schädel eingehauen, und auch die Gattin des Ausländers, im Herzen eine Deutsche, beteiligt sich an dem Massaker. Die Ruhe im Bayern ist wiederhergestellt, und die Frauen feiern dies mit einer Ballonfahrt, Zeppelin, Reichsbund, teutsche Luftfahrt, Fahrt in die Hölle, fertig. Schluß. Das Ende bleibt offen. Gibt dem Leser Raum für eigene Ideen und Reflexion über Gut und Böse.

Die Sprache, die Amelie Fried für ihre Prosa gewählt hat, ist volksnah und läßt keine Berührungsängste in der angepeilten Zielgruppe aufkommen. Das ist eine Sprache, die der Nationalist, die denkfaule Gattin und die reaktionäre Reinigungskraft versteht. Sätze wie »Das Kleid der Frau war blutdurchtränkt«, »All die Häuser mit grün drumherum, randvoll gefüllt mit Menschen« oder auch »Er entledigte Kate ihrer restlichen Kleidung« sind nur ein Gefäß, in dem Fried erstaunlich poetische Bilder aufzulösen scheint, damit sie sich besser schlucken lassen: »Mit geöffnetem Mund und erwartungsvoll geblähten Nüstern stand sie da und wartete, aber die befreiende Entladung blieb aus«, heißt es, und gemeint ist nichts weiter als ein kleines, gleichsam proletarisches Niesen.

Amelie Fried zu lesen heißt, sich über den eigenen Rassismus hinwegzusetzen, der in jedem wohnt, sich hinter intellektueller Überlegenheit verbirgt. »Der Mann von nebenan« ist ein Buch wie ein Aufschrei, getarnt als Bäuerchen nach Genuß eines Glases Moët Chandon. Ein Buch wie eine buchgewordene Lichterkette. Ein Buch, von dem wir noch hören werden.

Erstveröffentlichung

Studenten

Studenten, komische Mütter

Es wird von mir noch ein paar Texte an dieser Stelle geben. Das sag' ich jetzt so daher, vielleicht ist es nicht wahr, weil die Bude abbrennt, ein Atomkrieg beginnt oder ich heirate.

Das letztere ist sehr unwahrscheinlich, weil, ich liebe nur mich. Aber vielleicht wird es hier nur noch ein paar Texte von mir geben, und das macht mich eher ein klitzekleines bißchen böse. Heißt es doch, ich bekomme kein Geld und muß wieder ins Heim. Alles, was böse ist, muß ins Heim. Und keiner wird mich dann mehr fragen: Frau Berg, Frau Berg, so ein reizendes, elfengleiches Geschöpf wie Sie, wo nehmen Sie immer nur all das Schlechte her, die Welt ist doch prima, hatten Sie denn eine schlimme Kindheit? Und ich werde nicht mehr meinen Kopf schief halten und sagen: Nun, unter uns, und ich sag' das nur Ihnen, weil Sie Journalist sind, ich bin in einem Keller groß geworden, wo ich nackig gefesselt war und Tausende von kindskopfgroßen Kakerlaken über mich glitten wie feuchte Luchse. Und der Journalist beißt sich, erregt von seinem Ekel, die Handgelenke auf. Bis zum Knochen, der schimmert wie ein lachender Mond, und die Sehnen schnappen ihm um die Ohren.

Wieder einmal hat das Böse gesiegt. Aber nun, wo alles egal ist, kann ich einfach so vor mich hinschreiben. Kinder sagen ja gern die Wahrheit. Die unverfälschten Dummheiten aus den Hirnen ihrer Eltern. Und als wäre das noch nicht genug, sind an Kindern immer Mütter befestigt. Mit milde lächelnden Heiligengesichtern. Juhu, ich fickte und bin stolz darauf, lächeln diese Gesichter. Werdende Mütter, die es total sexy finden, in roten Stretchminikleidern herumzulaufen. »Die Schwangerschaft ist doch was voll Natürliches, das ist doch ein Bekenntnis zu meiner Weiblichkeit, wenn ich mit meinem dicken Bauch rumrenne in dieser roten Stretchwurst, die mein zellulöses Gesäß nackig läßt«, sagen sie dann. Wie sie strafend dräuend schauen, wenn man sich im Beisein ihres Kindes eine Kippe, groß wie ein Blasrohr, ansteckt. Ohh, die Blasrohre. Warum meinen werdende oder frische Mütter, ihnen stünde eine Sonderbehandlung zu? Weil sie ungeschützten Geschlechtsverkehr hatten vielleicht? Wer Geschlechtsverkehr hat, verdient harte Bestrafung. Oder meinen sie, es sei ein Verdienst, dem Vermehrungsauftrag von Gott nachzukommen? Damit die Menschheit fortlebt gar? Knirschendes Lachen.

Was ich sagen wollte, sei still, du kleiner niedlicher Hund … (der kleine niedliche Hund, ein puscheliger Pudelwelpe, hüpft neben meinen Füßen). Ich war, auch wenn Sie das nicht glauben mögen, ein böses Kind. Erinnern Sie sich an Hiroshima, Platz des Himmlischen Friedens, Mogadischu. Das war ich. Da war ich sechs (du kleiner niedlicher Hund, komm doch mal … – jaul, jammer, winsel, röchel, verend, verend).

Doch nun bin auch ich älter geworden, ich spüre meine Knochen, und ich bin des Bösen müde. Zwei Jahre habe ich versucht, Sie in den Wahn zu treiben. Vielleicht ist es mir bei dem einen oder anderen geflückt. Geflückt ist gut, muß ich mir merken, werde ich im Heim vielleicht noch brauchen. Und irgendwann ist mal Schluß. Mit meiner Mediengewalt. Das krisch einmal eine feministische Studentin (ihh, nimm die Eier aus dem Kühlschrank) meinem Kumpel Wiglaf Droste, dem Täter, ins Ohr, die kleinen emanzipierten Studentenfäuste erhoben: Der Sau hat die totale Mediengewalt. Der Sau. Ja, das krisch sie, und sie war, so wahr ich hier stehe, mit der Leiche eines Pudels über der Schulter, häßlich wie die Nacht.

Studenten sind auch Scheiße. Hocken in putzigen kleinen Städten und sind so leer, daß sie ihre Hirne prima mit den guten Gedanken anderer füllen können, und denken dann, es wären die ihren und die putzigen kleinen Städte seien die Welt. Sie verachten jeden, der nicht so tolle Gedanken hat, und hocken abends in alternativen Zentren, die überall auf der Welt nach verfaultem Kohl riechen, und reden über die Gedanken anderer. Dergestalt mit fremden Phrasen abgefüllt, werden sie dann nach zehn Jahren auf den Arbeitsmarkt entlassen, wo sie kläglich scheitern (du, die Arbeitslosigkeit macht mich echt betroffen, das ist alles so kapitalistisch hier) und mein Geld kosten.

Nun gehe ich noch ein bißchen schießen. Einfach so, damit der Rückstoß meiner Beretta mir die Tränen in die Augen treibt. Oder sind es doch gar Tränen des Abschieds? Tränen der Trauer darüber, zurückgestoßen zu werden, bald wieder nichts zu sein, nicht mehr als eine lecke Jolle im trüben Hafenbecken des Menschseins, denn das war die erste meiner letzten Kolumnen.

aus: Zeit-Magazin

Bewußte Menschen. Auch blöd

Ökologisch leben

Wirklich üble Geschichten beginnen oft so: Eines Morgens stand er auf und warf seine Kartoffelschalen in einen Kartoffelschalensack.

Ökologie beginnt harmlos. Weich und sanft, wie ein Lied von Rammstein, so entschließt sich ein Mensch, an die Welt zu denken. Die Welt, denkt er, und weiter denkt er nicht, sondern beginnt bewußt zu handeln. Er hebt also an, seinen Müll in zwei verschiedene Häufchen zu teilen. Ein gutes Häufchen, ein böses Häufchen und des Nachts hört man die Häufchen gegeneinander kämpfen, sie laufen los, die kleinen Häufchen, sie hauen sich die Häufchenköpfe ein und so weiter.

Der Mensch beginnt seine Ausscheidungen in verschiedene Kübel zu tun, und bei jedem Abfall vermeint er ein leises: »Ssso« in sich klingen zu hören. Ssso, da hast du's, nimm dies.

Und der Mensch spürt ein Gefühl. Er kann es noch nicht benennen, doch will er mehr davon.

Er beginnt geschlerzte Hefeprodukte zu essen. Das schmeckt anfangs Scheiße, doch der Stolz, an einem Hund vorübergehen und ihm gerade in die Augen sehen zu können, überwiegt den Ekel vor der schlabbrigen Mahlzeit. Und so wird innerhalb kurzer Zeit aus einem normalen Menschen einer mit universellem Bewußtsein. Handelt es sich um einen Frauenmensch, so verändert sich die Stimme, sie wird schlaff wie ein alter Lappen, das Make-up verschwindet aus dem Gesicht und weicht einer Talgcreme aus

Wurz, die Kleidung wird formlos und ungebleicht und die Nägel mit einer Bioraspel kurzgeschoren. Die Frau riecht nach Mensch und sagt: Ich liebe es, nach mir zu riechen.

Handelt es sich um einen Mann, so verändert sich seine Stimme, sie wird wie ein alter Filzschuh, die Stimme, um der Welt nicht wehzutun, der lieben Welt, der süßen Welt, und wir sind doch alle Brüder, wir bewußten Brüder in einem feindlichen Heer aus Weltzerstörern. Die rauchen und Kaugummi auf die Straße spucken. Die Zerstörer, die Schweine, Scheißschweine, und die Haare gehen dem ökologischen Mann in Erdkugelform aus, und kurzum, der ökologische Mensch hat einen Lebensinhalt gefunden. Mehr und mehr verdrängt die Aufgabe, ökologisch zu leben, das Ziel. Was für eines war das wohl. Der bewußt lebende Mensch hat keine Zeit mehr, darüber nachzudenken. Er muß in den Bioladen hasten, muß Rückgabeflaschen spülen, muß Menstruationsschwämmchen ausklopfen, mit Batterien zum Sondermüll reisen, muß seine verschiedenen Häufchen ordnen und entsorgen, muß sich Talgcreme anrühren und Schrot dinkeln, er muß seine Wäsche unchemisch mit Steinen klopfen und Hausinsekten mit Essiglake echt lieb wegmachen. Das braucht 24 Stunden am Tag und führt den Menschen zu den einfachen Dingen zurück. Zu einem allumfassenden Gefühl der Überlegenheit. Warum etwas, was mit Häufchen begann, immer in Tantragruppen und Rückführungskursen enden muß, ist noch nicht klar. Vielleicht geht es um Weichheit, Schmusigkeit, um ein großes Kuschelgefühl mit der Welt, die den ökologisch lebenden Menschen in jedem Fall zum Therapeuten treibt, denn das Leben ist unerträglich hart. Der Kampf ist so hart, mag doch gar nicht mehr kämpfen, der ökologisch lebende Mensch, gegen all die Dummköpfe, Schwachköpfe, Dreckschweine, 80 Milliarden Feinde, zu Unrecht auf unserer geborgten Erde, die sich benehmen, wie auf einer Party bei Feinden, die Erde zuaschen, vollkotzen, mit Tierschuhen zertrampeln. Dreckschweine, kämpfen, totmachen, ab auf den Sondermüll. Und so kämpft der ökologische Mensch einen aus-

sichtslosen Kampf. Und hat keine Zeit mehr zu nichts, auch nicht,
mal mit der Erde zu reden, denn täte er das, würde er von ihr ein
»Leck mich am Arsch und laß mich zufrieden, du Schlabbersack«
hören.

aus: Annabelle

Alles über Anziehsachen

»Die Nacht der scharfen Texte, geiles Zeug von
Weibern. Den Autor, er bekennt es tapfer, machte
das begehrlich ... Sibylle Berg hat sich nicht
ausgezogen. Gewiß, wir hätten empört getan, aber
so wären wir vielleicht doch ihrer Individualität
begegnet.«

Henryk Goldberg, Thüringer Allgemeine

Berufe, die glücklich machen

Boutiquenverkäuferin

Die Ausbildung zur Boutiquenverkäuferin ist hart. Sie dauert drei Jahre und umfaßt mehrere Fächer. Psychologie, Sadismus, strategische Kriegsführung, Etikette bei Hofe, Nagelpflege, Make-up und Bulimie zum Beispiel. Nach den drei Jahren bekommt die vornehmlich blonde Fachfrau leicht einen Job, denn Fachkräfte sind rar, und der Beruf ist kein Zuckerschlecken. Die Fachkraft kommt morgens um zehn in einen klösterlich kargen Verkaufsraum, dort muß sie nun acht Stunden lang stehen. Alleine, einsam, unbefriedigt, und das macht ihr keine gute Laune, doch in ihrer Ausbildung hat sie gelernt: Gute Laune ist für Proleten. Die Tür geht, im schlechtesten Fall, irgendwann auf. Der Kunde, der Feind, tritt ein. Das Schweigen ist eisig wie die Schnauze eines Polarfuchshundes. Mit klirrender Stimme, der durch langes phonetisches Training jede weiche Unterwelle entnommen wurde, fragt die Verkäuferin nach dem Begehr des Feindes. Die schlimmste aller möglichen Antworten ist: Och, ich wollte nur mal so schauen. Diese Aussage kommt einer Kriegserklärung gleich. Nur mal so schauen, denkt es im Kopf der Boutiquenverkäuferin. Rumwühlen, mit Schokoladenfingern, Wurstfingern, Bauernfingern in Kashmereteilchen grabbeln, sich einbilden, das sei hier Jelmoli, dann die Pullover auseinanderziehen, zerknüllt wieder in die Fächer stopfen und vor allem: selber schauen, die geschmacklose Person, wo doch nur ich ausgebildet bin, um Menschen einzukleiden, und überhaupt, die kann sich doch eh nichts leisten.

Der Kunde, der jetzt noch Nerven hat, geht mit unsicheren Schritten auf ein Gestänge zu, auf dem Modeskulpturen hängen. Keines unter 3000 Franken und zum Anziehen ungeeignet. Aber der Kunde kann das ja nicht wissen, die Verkäuferin schon. Die Chance, daß ein Feind, den sie als solchen erkannt hat, etwas kauft, steht 1:1 Mio. Und so steht sie neben ihm, in einem Abstand, der die persönliche Abstandsgrenze eines Menschen unbedingt verletzen muß. Der Kunde spürt den eiskalten Atem der Verkäuferin im Nacken, dort prallt er ab, pfeift um die Ecke, klatscht in die Nase. Der Atem riecht nach Brillanten in Pfefferminzsauce. Der Kunde beginnt befangen die Modelle durchzublättern, er scheut sich, auf die Preisschilde zu schauen. Die Verkäuferin hüstelt. In dem Hüsteln ist alles enthalten, um den Kunden zu demütigen, es wurde von der Verkäuferin ein Jahr geübt, und der Kunde empfängt es auf der genau richtigen Frequenz. Der Hüstelton löst folgende Assoziationskette aus: »Was tue ich hier. Was will ich. Ich kann mir das alles nicht leisten. Und wenn, kann ich es nie anprobieren, weil ich häßlich bin. Häßlich und ungepflegt und dick. Und arm. Ich bin ein Versager. Warum habe ich es zu nichts gebracht. Mein Mann ist auch ein Versager. Warum ist er nicht Schönheitschirurg. Ich bin nichts. Ich will nichts. Ich darf nichts wollen.«

In aller Regel ist der Kunde dann so weit. Er rennt gehetzt aus dem Laden. Reicht die Scheidung ein, kündigt, begeht einen Selbstmordversuch, landet in der Psychiatrie, danach auf der Straße mit einem handfesten Drogenproblem. Nur wenige bleiben noch ein paar Minütchen länger im Laden. Es sind entweder Masochisten, die sich wahnsinnig gerne demütigen lassen, oder masochistische Lesben, die trotzig werden, wenn man sie nicht mag. Nehmen wir mal an, der Kunde bliebe. Er geht womöglich so weit, ein Kleid im Werte von einer Tagesration Mais, Wasser und Transistorradios eines Entwicklungslandes von der Stange zu heben. Der Verkäuferinnenarm wird direkt vorschnellen und der Kundin das Kleid entreißen, und mit Ekel in der Stimme wird sie fragen: Wollen sie es probieren? Die nächste Hürde. Denn dieser Satz (gelernt in einem halben Jahr) klingt wie: Sie wollen es doch nicht etwa anziehen, sie lächerliche, häßliche Loservettel. Nur die ganz Starken nicken jetzt. Sie gehen in eine Umkleidekabine die mit Operationslicht und einem Zerrspiegel ausgestattet ist. Sie entkleiden sich. Mehr muß ich dazu nicht sagen. Und wagen, das Kleid anzulegen. Das natürlich zu eng ist. Das natürlich beschissen aussieht. Die Verkäuferin nach einer größeren Nummer fragen? Niemals. Nun vertreibt es auch die noch so mutige lesbische Masochistin aus dem Laden, und der ist endlich wieder ruhig und rein. Befreit von Weibern. Abends kommt der Besitzer des Geschäftes vorbei und läßt sich von seiner Verkäuferin Rapport geben: Na, wie ist es gelaufen? fragt er, und die Verkäuferin sagt: Prima, heute habe ich vier Frauen gedemütigt. Und überall des Abends sieht man Boutiquenbesitzer in ihren Autos dahinfahren und lächeln. Sie fahren in ihren Club, in dem sich nur Herren treffen. Die sitzen dann und lesen sich Berichte vor, und die Berichte sind Parteiprogramme, und die Partei heißt »Weg mit den Weibern«-Partei.

aus: Annabelle

Wissenschaftlicher Text

Die Schönheit des Damenstrumpfes

Ich habe einmal einen Mann gefragt, was denn eigentlich für einen Mann so aufregend an Damenstrümpfen sei. Ich konnte mir das nicht erklären. Ein Strumpf ist halt ein Strumpf, und so zwei Frauenbeine mit Nylonstrümpfen ohne Schuhe auf einer, sagen wir mal, rotgemusterten Couch sind doch eher etwas Abstoßendes. Die Kuppen der Füße immer ein bißchen dunkler vom Schuhleder, durch Schweiß zum Abfärben genötigt, und dann reiben die Füße in den Strümpfen lockend aneinander, und das klingt wie ein künstlicher Fingernagel, rosa, der auf dem Deckel einer Tupperwaredose schubbert. Der Mann sagte: ist doch geil. Ist geil, alles klar, und als ich Zeit darauf mal einen Herrn für mich einnehmen wollte, zog ich Strapse mit Strümpfen an und ein Kleidchen drüber. Der Abend ließ sich gut an, der Mann kam neben mir zu sitzen, und wir redeten. Er redete, ich war erstarrt und dachte nur: Potz Blitz, unter dem Kleid bringen die Strapse gar nichts. Drum fing ich an, wie besemmelt meine Beine umeinander zu werfen. Bei jedem Lacher warf ich die Beine in die Höhe, damit der Mann die tollen, geilmachenden Strümpfe sehen konnte. Der Mann ging dann weg. Und der Strumpf behielt sein Geheimnis, das auch durch die Fakten seiner Entstehungsgeschichte nicht gelüftet wird.

Im Jahre 1678 wurde der Damenstrumpf von dem Nürnberger Homosexuellen Günther Meier erfunden. Günther war ein Frauenhasser, und er dachte an die Putzsucht der Weiber, denen er eine gehörige Lektion erteilen wollte. An seiner Haushälterin erprobte er den Damenstrumpf. Und fürwahr, es sah so richtig scheiße aus, was er da erfunden. Wie ein Geschirr bei Gäulen. Das Stück freien Fleisches zwischen Unterhose und Strumpf, in das sich die baumelnden Strumpfhalter schnitten, quoll unästhetisch über die Ränder. Günther lachte sich einen Ast, hatte jedoch nicht mit der Perversität der Männer gerechnet. Der Strumpf wurde ein Bestseller, und Günther starb reich, jedoch verbittert. Einen anderen Erklärungsversuch des Phänomens Damenstrumpf versuchte die Universität Helsinki, die in einer wissenschaftlichen Studie zu folgenden Thesen gelangte:

Thesen, warum Frauen immer noch Nylonstrümpfe anziehen und Männer das mögen:

1. Strümpfe mit Strapsen stammen aus einer vergangenen Zeit, in der der Strumpfhosenzwickel noch nicht erfunden war. Der Mann assoziiert also: alte Zeit, vergangen. Mutter, o Mutter, ja Mutter ...

2. Der ausgezogene Strumpf ist ein astreines Werkzeug. Der Mann denkt: Oh, ein Strumpf, damit kann ich irgendwie eine Bank überfallen. Er nimmt der Frau den Strumpf weg, läuft mit dem in der Hand in eine Bank, will Geld, wird übermannt und erschossen = Todessehnsucht.

3. Der Mann denkt: Oh, ein Nylonstrumpf, damit kann ich mich prima erhängen = Todessehnsucht.

4. Der Mann denkt: Ein Damenstrumpf. Wie toll, der gleicht einem Reptil. Ich liebe Reptilien. Ich könnte mal wieder mit einer Schlange ... oder einem Dackel ...

5. Der Mann denkt: Oh, Damenstrümpfe, die haben ja diese schwarzen Kuppen und klingen so ekelig. Da muß ich die Frau ja nicht begatten, sondern kann meinen Freund Rudi von hinten nehmen.

6. Der Mann denkt: Ein Damenstrumpf, toll, den kann ich in die Steckdose stopfen, mit einem Nagel überbrücken = Todessehnsucht.

7. Der Mann denkt: Oh, Nylonstrümpfe und Strapse, das sieht ja aus wie das Geschirr bei einem Pferd. Ich liebe Pferde … (siehe auch Punkt 4).

8. Der Mann denkt: Ein Damenstrumpf, wie schön. Den zieh' ich der Alten aus und strangulier' sie damit, bis der Tod eintritt = irgendwie auch Todessehnsucht.

9. Der Mann denkt: Ein Damenstrumpf. Wenn ich den mit einem Flanschhaken durch die Nase bis in meinen Kopf ziehe, könnte es sein, daß der Tod eintritt = Todessehnsucht.

10. Der Mann denkt: Eine Frau mit Nylons. Die muß es ja drauf anlegen. Nee! Nicht mit mir, da geh' ich doch wieder weg. (Geht schnell weg, wird von der Straßenbahn erfaßt = Todessehnsucht.)

Diese Studie belegt: Einmal mehr herrscht ein großes Mißverständnis zwischen Männern und Frauen. Und damit ist die Sache jetzt mal hinreichend erklärt.

Netter Mann. Gutes Gespräch

Gott und die Welt

ZEIT-Magazin: *Grüß Gott. Schön, daß Sie unser Treffen ermöglichen konnten. Als höheres, das Universum beherrschendes Wesen haben Sie bestimmt viel zu tun.*

Er: Ist o. k.

Ich hatte in meiner stillen Zwiesprache mit Ihnen schon angedeutet, daß ich da einige Fragen habe, die im Zusammenhang mit einem Artikel stehen, den ich für eine qualitativ hochwertige Publikation ...

Er: Ist ja auch egal. Ich habe mir auf Ihre Anfrage hin wieder mal ein paar Videos zu dem Thema Streetfashion, Jugend und so weiter reingezogen. Köstlich. Junge Menschen, die sich als Außerirdische verkleiden, mit weißen Plastikperücken, Felljacken und orthopädischen Schuhen. Sehr amüsant.

Was finden Sie daran so komisch?

Er: Das Äußere ist immer ein Indiz für den inneren Zustand. Und der ist erfreulich daneben. Die Mode ist für den jungen Menschen zur Sucht geworden. Sie glauben nicht mehr an Frieden, an die Rettung der Welt oder so etwas. Das Wichtigste ist für sie, sich als Individuum zu profilieren. Die Klamotten müssen immer verrückter werden, die Selbstverstümmelungen immer schockierender. Haben Sie in diesem Zusammenhang schon von dem neuen Trend zur Schmuckamputation gehört?

(Die Interviewerin hält schweigend eine Dreifingerhand hoch)

Er: Sehr schön. Wollen wir nicht ein bißchen über Schwarze Löcher reden?

Später. Mich würde mehr interessieren, was Sie im Zusammenhang mit der Mode der Jugend so amüsiert?

Er: Gibt es irgendeinen Grund, Sie in kosmische Pläne einzuweihen? Aber vielleicht kommen Sie ja selber drauf: Warum glauben Sie, haben die vergangenen Generationen so großartige Dinge hervorgebracht? Die achtundsechziger Studienräte, die achtundsiebziger Sex Pistols und die Endachtziger den Trump Tower?

?

Er: Weil sie in ihrer Jugend die Hoffnung hatten, die Welt zu verändern. Weil sie in Ruhe rebellieren konnten, weil sie Kraft hatten durch einen gemeinsamen Sinn.

Und die Generation der Neunziger hat das nicht? Und was ist der Plan? Verstehe ich nicht.

Er: Das liegt daran, daß Sie blöd sind. Die Generation da unten hat wieder einen Sinn gefunden. Die Jugend hat den Spaß entdeckt. Spaß-Sport, Spaß-Musik, Spaß-Mode und Spaß-Partys. Gar nicht so dumm, denn der Spaß kommt dem Existenzsinn des Menschen recht nahe. Auf der Suche nach anderen Inhalten kann er nur scheitern, sein Gehirn ist dafür nicht eingerichtet. Die Jugend hat also eigentlich einen Zusammenhalt: die Rebellion gegen Pflicht und Stumpfsinn.

Und was ist jetzt Ihr Plan?

Er: *(kichert, spuckt dabei etwas Ambrosia)* Ich habe dafür gesorgt, daß der Jugend jede Form von eigener Darstellung, von Rebellion sofort wieder weggenommen wird. Die furchtbare Musik schockiert niemanden mehr, weil sie Tag und Nacht im Fernsehen auf eigens dafür eingerichteten Sendern läuft ...

... und die Mode?

Er: Das letzte Aufbäumen des jungen Individuums zerstöre ich schon im Ansatz. Was die Kids sich auch Verrücktes um den Leib hängen, wird ihnen im Handumdrehen von Trend-Scouts, von Designern und Firmenspionen wieder abgejagt. Kaum haben sie eine originelle Idee, schon läuft sie morgen über die Laufstege. Liegt in den Läden. Käuflich für die Masse, für jene, gegen die die Jugend rebelliert. Der Kommerz frißt seine Kinder. Die Mode überholt sich selber. Und immer, wenn Zeit sich überholt, explodiert etwas. In diesem Fall die Hoffnung.

Warum machen Sie das?

Er: *(singt)* Nimm der Jugend das Anderssein, das Schockieren, den Glauben an Einmaligkeit, und sie wird sich selbst erledigen. Wenn eine Jugend nicht mehr gepflegt rebellieren kann, wenn es nichts mehr gibt, das die ältere Generation erschreckt, dann resigniert sie. Dann sieht sie keinen Sinn mehr in ihrer Existenz. Cool, oder?

Noch mal, warum?

Er: Die Jugend will nicht mehr leben, sich nicht mehr vermehren. Der Mensch stirbt aus. Das ist, was ich will, denn die Menschen ermüden mich, öden mich an, um es mal salopp zu sagen. Ich werde sie am Kommerz verblöden und zugrunde gehen lassen.

Haben Sie nicht an der Entstehung der Menschen irgendwie mitgewirkt?

Er: Meine Güte, das war doch nur Spaß. Ich habe sie mal meiner Tochter zu Weihnachten geschenkt. Und Sie wissen, wie Kinder sind: ein paarmal damit gespielt, und dann ab in die Ecke.

Warum gerade jetzt?

Er: Bei meinen derzeitigen Experimenten lasse ich unbewohnte Gegenstände in Schwarzen Löchern verschwinden. Sind die Gegenstände bevölkert, macht es einen wirklich abstoßenden Lärm. Die leere Erde wäre ein wundervoller Gegenstand für ein Schwarz-Loch-Experiment.

Wie werden Sie sich fühlen, wenn Ihr Plan funktioniert?

Er: Ich glaube, ganz gut. Ich werd' gucken, wie die Erde in das Loch fällt. Dabei werde ich eine rauchen und Milchkaffee trinken.

aus: Zeit-Magazin

Alles über kulturelle Angelegenheiten

»Und auch von der Sprache ist nicht mehr viel übrig.«

Hubert Spiegel,
Frankfurter Allgemeine Zeitung

Fernsehkultur

Das Glück im Fernsehlabor

In der Nacht träumte mir, daß keiner mich liebt. Niemand. Meine Geschichten liest, weil sie deprimierender Mist sind, ich mich aufknüpfe und so weiter. Ich erwachte dann, mein Bett war aus verschiedenen Gründen durchnäßt, und ich ging hart mit mir zu Gericht. Warum kann ich den Menschen nicht ein klein wenig Freude schenken wie Herr Kishon? Oder Herzensgüte wie Frau Lind? Warum kann ich ihnen kein Kind gebären? Die letzten Fragen kann ich nicht beantworten, aber ich schwör's mir: will nicht mehr Trübsinn schreiben, sondern nur noch dufte Sachen. Es ist also ein neuer Morgen, die Sonne scheint nicht krebskrank, sondern licht in mein kleines Zimmer, spiegelt sich drollig in den Butzenscheiben. Was für ein goldiger Tag, rufe ich und winke aus dem Fenster ein paar Arbeitslosen zu, die daraufhin explodieren. Beschwingt hopse ich, närrisch vor Glück zu leben, die Stiege herab, im Hausflur weidet ein Lämmchen und wackelt mit seinem rosigen Schnäuzchen. Ich begrüße das Tier, es mummelt und hat lustige Räder an den Tatzen. Ein Rollschaf, seit einigen Tagen tot – wie süß. Ich gehe durch die Gassen meiner kleinen Stadt. In einem Café hebe ich einen und beobachte voller Güte ein paar junge Menschen, die bei einer Fernsehproduktion arbeiten. Sie kommen gerade vom Dienst, nach 24 Stunden Schicht schauen sie immer noch prima aus. Die Städte werden immer voller von diesen Leuten mit Ringelpullis, alle unter Sechzehn, schön und informiert. Sie werden in Fernsehlabors hergestellt, mit wenig

Gehirn und viel Arbeitseifer. Arbeiten, ohne den Wunsch nach Feierabend, arbeiten, essen, danach Tabletten und arbeiten weiter. Machen Dinge, ohne die keiner leben kann, und wissen darum. Wenn das die Zukunft ist, hab' ich sie gern. Neulich war ich aus Umständen bei so einer Show. Kandidatin Hilde kam aus Ulm. War ganz aufgeregt, die Hilde, wußte doch, daß nach ihrem Auftritt ihr Leben zum Guten gewendet sein würde und sie berühmt. Hilde hatte Wasser in den Beinen und ließ sich auf die Kandidatencouch platschen. Da kam auch schon ein fescher, putzmunterer Moderator herbeigesprungen. Das Publikum tobte wie besemmelt.

Der Moderator: Hallo, liebe Gäste. Unser Thema heute: »Ich krieg' nichts Großes in den Mund.« Dazu begrüßen wir Hilde aus Pfaffenhofen, die nichts Großes in den Mund bekommt. Hilde, stimmt das?

Hilde: Also, ich grüße alle Ulmer.

Moderator: Genau. Und wie groß muß denn so ein Gegenstand sein, damit Sie ihn nicht in den Mund bekommen?

Hilde: Äh.

Moderator: Genau, wir haben hier mal drei Gegenstände vorbereitet, Sie zeigen einfach auf den, den Sie nicht in den Mund bekommen. Da sind ein gurkenähnlicher, ein wassermelonenähnlicher und, *last but not least,* ein feuerlöscherähnlicher Gegenstand. Na, Hilde, welcher paßt nicht in deinen Mund ...

Hilde zeigt auf den Feuerlöscher.

Moderator: How, how, how, is' ja verrückt, bekommt die Hilde keinen Feuerlöscher in den Mund. Das wollen wir doch mal sehen. Hilde, mach mal den Mund auf.

Hilde macht den auf. Moderator treibt den Feuerlöscher in Hildes Mund. Hilde platzt.

Das war eine schöne Sendung. Gibt es bald 24 Stunden lang. Talk- und Zeige-Shows. Wo wir sehen, wie andere reden, schlafen, streiten, austreten und so weiter. Das können wir dann gucken, müssen nichts selber machen, haben viel Zeit zum Fernsehen.

Das ist toll. Ich bin so froh. Weiter hüpfe ich durch die Straßen. Ich könnte alle küssen, dort diese Jungen, gutaussehenden Menschen mit Stoppelschnitt und sauberen Stiefeln, damit treten sie lachend in einen adretten Ausländer. Ich grüße, gehe weiter, ein paar Kinder liegen in der Gosse, die Müllabfuhr streikt seit einigen Wochen, aus allen Mülltonnen dringt Unrat. Mit Liebe von Menschen geschaffen, quillt auf die Trottoirs, Maden tummeln sich, ein paar Obdachlose essen davon. Überall tanzen junge Fernsehmitarbeiter, werfen sich mit ihren Ringelpullis, beißen sich die Haarspangen vom Kopf und reden mit denen im Mund über Fernsehformate. Dann geht auch schon die Sonne unter, harmonisch rot in rot birst eine Chemiefabrik, Häuser stürzen ein, und ich singe und singe und singe. Die Menschen sind gut, die Erde und Gott auch (der bekommt jetzt ein Fernsehformat), und nie mehr will ich daran rummäkeln.

aus: Zeit-Magazin

Fanpost

Zu den Artikeln Sybille Bergs vom 30. 5. 27. 6. und 25. 7. in der Kolumne 'Junges Deutschland'

Etwas möchte man als Leser doch zu gerne verstehen: Warum explodieren denn die Arbeitslosen gleich, wenn ihnen Sybille Berg an einem Morgen, an dem die Sonne „nicht krebskrank, sondern licht" scheint, aus dem Fenster zuwinkt? Ärgern sie sich so über die gute Laune dieser jungen Frau oder explodieren sie aus demselben Grund, aus dem am Abend dieses „goldigen" Tages eine Chemiefabrik „harmonisch rot in rot birst"? Die Leser werden es nie erfahren. In einem anderen Artikel Frau Bergs kann man lesen, warum: Die Autorin glaubt, ihre Leser könnten nicht denken ("Mann, denkt doch endlich mal selber, echt. Könnt ihr nicht, wollt ihr nicht. Denken ist nicht."), und dummen Lesern ist man natürlich keine Erklärungen schuldig. Das soll wahrscheinlich komisch oder sogar ironisch sein. Offensichtlich verbirgt sich dahinter aber auch noch etwas ganz anderes: die Ohnmacht einer Kolumnistin, die überdies - man wird immer wieder darauf hingewiesen - auch noch Bücher schreibt.
Die Themen Frau Bergs sind neben einigen aktuellen Problemen wie Ausländerfeindlichkeit, Fernsehverdummung und Armut die Vergänglichkeit, die Einsamkeit, die Beziehungsunfähigkeit des modernen Menschen und die Angst vor dem Tod. Themen also, die nahezu alle Schriftsteller und viele Journalisten nicht nur dieses Jahrhunderts bewegt haben. Nur kann Frau Berg sich nicht zu diesen Themen bekennen; sie versteckt sich hinter einer Attitüde, die es ihr erlaubt, auf alle diese Themen kurz anzuspielen, dann aber in völlig humorlosen, flapsigen, bemüht-originellen und noch dazu schlecht formulierten Sätzen (sicher ist auch das Absicht) darüber hinwegzugehen, als ob ein normales Schreiben nicht mehr möglich sei. Hingegen findet es die Autorin mitteilenswert, daß ihr Bett am Morgen auch noch „aus mehreren Gründen durchnäßt" ist. Wahrscheinlich soll das „postmodern" oder „post-postmodern" sein. Eine solche sprachliche und inhaltliche Beliebigkeit ist jedoch auch dann schwer erträglich, wenn sich darin unsere gesellschaftliche Situation widerspiegeln sollte. Daß es auch anders geht, beweisen ja die Artikel der drei anderen Kolumnisten, insbesondere die des seiner Intelligenz und Bissigkeit wegen immer höchst anregenden Maxim Biller.
Frau Berg ist sich anscheinend selbst im klaren darüber, was von ihren Texten zu halten ist. In ihrem Artikel „Das Glück im Fernsehlabor" gibt sie zu, Angst davor zu haben, daß niemand ihre Geschichten liest, „weil sie deprimierender Mist sind" und in einem anderen Text fragt sie bereits nach dem ersten Satz ("Nicht lange her, da war ich in Mallorca."), wer das denn wissen wolle.
Darauf soll ihr ehrlich geantwortet werden: niemand. Frau Berg sollte wirklich einmal hart mit sich ins Gericht gehen und sich die Zeit nehmen, in Ruhe an ihrer Sprache zu arbeiten; vielleicht kann sie sich die vielen Manierismen dann noch abgewöhnen (wenn sie wenigstens davon abließe, ständig die Verben wegzulassen!).
Frau Bergs Artikel erscheinen in der Kolumne 'Junges Deutschland'. Dieser Titel erinnert an eine vergangene Epoche der deutschen Literatur, die an großen Journalisten wahrlich nicht arm war, man denke vor allem an Ludwig Börne und Heinrich Heine. Vielleicht sollte Frau Berg bei diesen Publizisten einmal nachlesen, wie witzig, treffend-aktuell und brillant formuliert zugleich Feuilletons sein können.

Leser F. A. aus Karlsruhe

Werbekultur

Netter Feierabend

Wie ich mich auf den Abend freue. Ein richtig knuffiger, kleiner Abend wird das. Zuerst lasse ich mir ein Eselsmilchbad ein, in dem man nette junge Esel badet, auf den Badewannenrand kommen Teelichter, die ich während des Bades versenke. Ich höre sie schon wimmern und schreien, die kleinen Biester, aber ich werde keine Gnade kennen. Nun, vielleicht doch. Ein klitzekleines Teelicht werde ich verschonen. Es wird ein trauriges Waisenleben führen. Alleine. Warum soll es ihm besser gehen als mir. Während ich die Teelichter und eine goldige Robbe kaputtmache, habe ich eine eine Maske auf meinem Gesicht, die mich 20 Jahre nach vorne strafft. Nach der Maske sehe ich dann also aus wie 60jährig, und derweil kocht lecker asiatische Instantsuppe. Die esse ich dann im Bett, während ein Liebesfilm läuft. Besonders gerne mag ich Liebesfilme, wo am Ende einer der Liebenden stirbt.

O. k., das wird mein Abend. Klingt das nicht gut? Ich sag ja immer, ab und zu braucht man ein bißchen Zeit für sich. Das kann ich nur empfehlen. Allen Frauen, die die Abende mit wirklich gut aussehenden, lustigen Männern verbringen. Männern, deren Eltern aus Japan und Indien stammen, die lange Haare haben und Chirurgen sind. Und mit denen die Frauen etwas basteln, dann eine Kissenschlacht machen, auf der Spüle kopulieren, während ein Häschen im Topf kocht, das sie dann zusammen aufessen, während der Mann die Frau streichelt, und danach liest er ihr Ge-

schichten vor. Nein, liebe Frauen, laßt euch nicht länger unter-
drücken, nehmt euch Zeit für euch. Ich mache das ja auch. Heute
abend. Jeden Abend. Also, ich meine, immer seit ungefähr fünf
Jahren mache ich es mir supernett. Manchmal frage ich mich
schon, wozu wieder eine Maske, was nützt meiner Wohnung, daß
ich 20 Jahre nach vorne gestrafft aussehe. Überdies hasse ich Liebesfilme. Und jetzt, nach drei Minuten Schnulze erfolgt auch
schon die erste Werbeunterbrechung. Eine Schleimbacke erzählt, daß es ohne Werbung keine Spielfilme gebe und keine Arbeitsplätze. Ich fasse es nicht. Da läuft Werbung für die Werbung.
Geht es eigentlich noch. Sie setzen tatsächlich frustrierte Singles
emotional unter Druck, sich Werbung anzuschauen, in der 16jäh-
rige Frauen mit Männern Kissenschlachten machen. Werbung,
die versucht, mir zu sagen, daß ich durch den Gebrauch von Ge-
sichtsmasken einen Mann bekomme, der mir vorliest und Halb-
inder ist. Der Mensch im Fernsehen wiederholt mit eindringli-
cher Stimme: »Werbung schafft Arbeitsplätze.«
So weit sind wir also gekommen. Bald wird es Demonstrationen
für die Werber geben, die unterprivilegiert und Randgruppe sind,
und es werden sich AGs bilden, die Dauerwerbesendungen
schauen, als Zeichen der Solidarität. Lichterketten für Art-Direk-
toren. Ich schalte den Fernseher aus, schlafe und habe schlechte
Träume. Die Werbeagentur Hödelmann, Schmidbaum & Gladbaum. Fredy Hödelmann, Creativ Director 50, Zopfträger, kommt
in seine 800 m²-Loft-Werbeagentur. Mit leiser, ich möchte fast sagen: gebrochener Stimme sagt er seiner Sekretärin Usch (16 und
magersüchtig), es ist so weit. Es geht zu Ende mit uns. Usch
schweigt beredt. Hödelbaum, erledigt: Ich mußte meinen Por-
sche verkaufen. Und jetzt, fragt Usch tonlos und streicht sich
fahrig über ihr Armani-Jankerl. Jetzt muß ich BMW fahren. Usch
fällt in Ohnmacht. Schmidbaum, 45, Art Director, schaut von seinem Scribble für Katzenfutter (Überschrift: Hmmmm, geil) auf,
ist es wahr, flüstert er, und selbst seine lustige Brille scheint auf
einmal gealtert zu sein. Hödelbaum nickt, wie nur ein geschla-

gener Mann nicken kann. Schmidbaum denkt an sein Weingut in der Toskana, an seine Wohnung im coolen Industriequartier und an seine Joseph-Beuys-Sammlung, er fällt ebenfalls in Ohnmacht. Eine elegant schwarz gekleidete, ebenfalls magersüchtige Frau, Frau Gladbaum, Kundenkontakterin kommt dazu. Worte braucht es nicht mehr. Es ist alles aus, flüstert sie tonlos. Keine Schönheitsfarm im Oriental Hotel in Bangkok mehr, keinen Spaß im Carlton Hotel in Cannes bei den Werbefilmfestspielen. Und alles nur, weil frustrierte Singleweiber irgendwo draußen im Land keine Werbung mit 16jährigen mehr schauen wollen. »Dabei«, schnappt Hödelmann noch einmal kurz, »ist wichtig, was wir tun.« Dann verscheidet er. »Wichtig, für wen«, fragt Gladbaum, ehe sie verstirbt. Der Alessi-Kessel pfeift ein letztes Mal resignierend. Die Agentur explodiert, alle Agenturen in der ganzen Welt explodieren, und stellen Sie sich vor, ab morgen wäre die Welt werbefrei. Mehr sag ich dazu jetzt nicht. Sie können sich ruhig auch mal was überlegen, es mit Ihrem schönen halbindischen Freund besprechen, ich bin ja nicht dazu da, Ihnen alle Gedanken abzunehmen. Außerdem hab ich jetzt Feierabend. Und den werde ich wirklich genießen.

aus: Annabelle

Kinderkultur

Papa in der Unterwelt

Er sieht aus wie einer, der sich verloren hat, der alles verloren hat, einer, der auf ein Mädchen wartet, das Mädchen, seit Stunden, die nicht gekommen ist unter die Uhr, und dann hat der Platzregen eingesetzt, und der Trenchcoat ist alt, so steht er da, und knetet die Hand mit der Hand. Was soll er sagen, er ist doch nur ein Mann und weinende Frauen und Kinder machen ihn sprachlos. Und er streicht ihnen über die Häupter, fahrig und unbeholfen, wie über ganz kleine Kükenköpfe, so streicht er und läuft aus der Wohnung, schnell und laut, damit er die eigenen Laute nicht hören muß. Er hält erst vor dem Tor. Lehnt dagegen, einen letzten Blick auf sein gestohlenes Leben werfend. Und tritt dann ein. Das Tor schließt sich hinter ihm, für immer, wird ihm klar, als er die 300 Treppen in die Tiefe steigt. In zwei Jahren erst wird er seine Frau wiedersehen, seine Kinder viel später. Vielleicht. Vielleicht auch nicht.
Die neue Unterkunft ist gepflegt, der Fernseher geräumig, und die Nachbarn scheinen freundlich. Und alt. Als der Mann sich des Abends zum Schlaf begibt, denkt er, daß er es vielleicht überleben wird. Vielleicht sich sogar an das Abhandensein von Tageslicht gewöhnen kann, hier unter der Erde. Kann man sich doch an alles gewöhnen.
Oben ist dunkel geworden. Die Frau weiß ihren Mann dreihundert Meter unter sich, hundert Jahre entfernt. Sie beißt sich in die Hand, sucht nach einem Schmerz, denn schlimmer als zu wei-

nen ist, nicht mehr weinen zu können aus lauter Einsicht in die Sinnlosigkeit dessen. Die Kinder sind in ihren Zimmern. Auch sie sind traurig, den Vater entfernt zu wissen, doch sie haben keine Zeit, sich in Unabwendbares zu vertiefen, sie müssen arbeiten.

Der Junge, er ist 14, muß sein Buch beenden. Schon vor Wochen hat sein Lektor ihm dringend der Eile gemahnt. Die Konkurrenz ist auch wer, und nicht mehr lange würde er der jüngste Autor des Landes sein. Überall sitzen 10jährige an ihren Computern, um ihre Autobiographien zu vollenden, Trilogien mit dem reichen Schatz ihrer Erfahrungen zu füllen, drum ist es für ihn höchste Eisenbahn. Und so blättert er in den Literaturkritiken seines letzten Romanes, vergißt den Verlust des Familiengliedes darüber und macht sich an seine Prosa, wohlwissend, daß sein Weh ihr dienen wird.

Das Mädchen hört die neuen Tapes durch. Ihre Karriere läuft astrein. Nachdem sie mit 13 ihre Modellaufbahn aus Altersgründen aufgeben mußte, gelang ihr ein prima Durchbruch in der Musikszene. Nebenbei malt sie. Action Painting. Mit VW Golfs, Gewehren und so. Das Mädchen ist 15, und nur kurz denkt es an Vater. Und errechnet, wieviel Zeit ihr noch bleibt. Noch lange 15 Jahre sind es. Das Mädchen atmet erleichtert auf. In fünfzehn Jahren erst ist sie alt. Und wer will schon noch leben, wenn er alt ist.

Die Frau derweil wälzt sich in ihrem Bett. Die Narben der letzten Schönheitsoperation beginnen zu pochen, wie immer, wenn ihr nicht wohl. Sie holt sich ihren Schnapphamster ins Bett, wie immer, wenn die Narben pochen. Der Schnapphamster schmiegt sich mit einem Grunzen an sie. Ihm ist es egal, daß ihr Fleisch mit 28 echt überreif.

Draußen gehen die Lichter nicht aus. Hinter jedem Licht ein Zimmer, in dem Kinder kulturelle Werte herstellen. Bilder und Bücher und Musik, auch die Zeitungen passen sich mit kurzen Idiotentexten den Bedürfnissen unausgereifter Hirne an. Eine normale Nacht in einer normalen Welt.

In der Unterwelt warten die Alten auf ihre Erlösung. Auch der Vater liegt dort. Er betrachtet den künstlichen Vollmond vor seinem künstlichen Fenster. Bald wird er einen künstlichen Darmausgang gelegt bekommen. Das ist das Alter. Der Verfall, der Gestank, die Verblödung. Er ist doch schon dreißig und mußte aus ästhetischen Gründen in die Unterwelt, wie alle, die die Schallgrenze überflogen. Für einen Moment denkt sich der Mann, ob es nicht ein Fehler war, die Kinder- und Jugendverehrung zu unterstützen. Sich dreinzuschicken, ohne Widerworte. Doch was hätte er tun sollen? Jeder Einwand wäre ihm als Neid des Alten ausgelegt und im Munde erstickt worden. Und so dreht er sich auf die Seite, der Mann, er denkt an seine Jugend und Babyzeit, an sein pralles Fleisch, an die ungenutzen Möglichkeiten, sein Leben, wie ein RTL-Film so schal und keine Tränen mehr, kein Schmerz, nur durchsichtige Dinge, breiige Masse der Einfallslosigkeit, die über dreißigjährigen Hirnen zu eigen, wartend, auf den Schlaf, oh, komm, daß er niemals enden möge.

*eigentlich: Zeit-Magazin, doch abgelehnt
(deshalb: Erstveröffentlichung) – warum eigentlich?*

Asiatische Kultur

Noch mehr Dinge, die man lieben kann.
Menschen, die auf Händen laufen

Neulich las ich von Mönchen in einem fernen Land, die jeden Morgen auf einen Berg klettern, zu einem Gott beten und auf den Händen den Berg wieder herunterhopsen. Fand ich das gut. Zuerst dachte ich mir nur, ob sie die typischen Mönchskutten an den Füßchen festbänden zu dem Zweck oder ob die über ihr Gesicht fallen, und dann dachte ich, ob Mönche Unterwäsche tragen und wie ich schauen würde, bei einem Spaziergang, kämen mir zehn Mönche mit Kutten über dem Gesicht auf den Händen entgegen, ob sie grüßten? Dann ging ich doch ein wenig tiefer. Dachte, ich wäre König. Das denke ich mir oft, und es ist ein schöner Gedanke. Wäre ich König, säße ich in einem großen Bett, von dem Bett aus ginge eine Rutschbahn direkt in ein Warmwasserbecken und ein mit Hermelin bezogener Kran würde mich aus dem Becken wieder ins Bett tun. Das würde ich nie mehr verlassen. Ab und an empfänge ich Vertraute und würde ein paar Gesetze erlassen. Mit so einer typischen Handbewegung, die Hand elegant nach unten, ein wenig nachlässig, erlassend eben. Alle Vertraute wären hübsche Männer mit Falten um die Mundwinkel, runden Bäuchen und langen Haaren, sie müßten auch in Faunkostümen für mich tanzen, mir den Bauch kraulen und mich mit Kartoffelbrei und Erbsen füttern. Die Gesetze, die ich erlassen würde, wären weise und sinnvoll. Sie gingen so:
Weise und sinnvolle Gesetze:

- Hasen und Lämmchen dürfen nicht mehr gegessen werden.
- Alle Männer müssen lange Haare haben.
- Bankangestellte müssen rote Pappnasen tragen.
- Banken werden abgeschafft.
- Polizisten müssen mit Tretrollern fahren.
- Die ganze Welt wird Schweiz.
- Alle Kakerlaken werden eingesammelt und mit den Bankangestellten zusammen auf einem Schiff aufs Meer ausgesetzt.
- Alle Medien werden abgeschafft.
- Jeder Bürger muß sich Geschichten ausdenken, die aufschreiben und bunte Bilder dazu malen.
- Alle Bürger, die blöd rummeckern, ohne einen Grund zu haben, und Gründe gibt es nicht, wenn ich König bin, kommen mit Kakerlaken und Bankangestellten aufs Meer.
- Ich bekomme die Wohnung eines Bankangestellten in Zürich mit Dachterrasse.
- Alle Menschen dürfen nur noch auf Händen laufen.

Das wären die ersten Gesetze, die ich erlassen würde, ich schaute danach auf die Straßen, wo alle auf Händen rumlaufen würden. Das würde das Tempo langsam machen, wer auf den Händen läuft, sieht die Welt verkehrtrum, und das kann einiges geradestellen, sie würden auf den Händen laufen, die Menschen, müßten Obacht geben, daß sie nicht auf die Schnauze fallen, würden lachen und könnten sich nicht hauen. Und ich läge in meinem Bett, ließe mir den Bauch streicheln und wäre ein richtig guter König.

aus: WochenZeitung (Zürich)

Theaterkultur

Theater heute

Fred

Jeden Tag beginnt Fred in seinem Café. Hatte er mal gelesen, daß
es sich so gehört, für einen Dichter. So sitzt er also im Café, am
Tisch in der Ecke, um den Hals einen Seidenschal, auf dem wei-
chenden Haar eine Baske, er schaut, ob jemand schaut, wenn jemand schaut, schaut er in die Luft und schreibt das dann auf. Das
Nichts. Dann liest er die Zeitung wie jeden Tag. Zuckt zusammen
und beginnt das Schwitzen. Da steht es. Sein Name, sein Stück.
Morgen hat es Premiere und da steht es. Dick und fett und nicht zu
übersehen. Von der ganzen Welt nicht. Fred läßt die Zeitung auf
dem Tisch liegen und verläßt das Café zügig, denn ihn hält es nicht
mehr auf dem Stuhl. Er muß laufen, laufen. Springen könnte er,
wäre es nicht unziemlich, für einen Dramatiker in der Luft herum-
zuhopsen, die Beinchen rudernd auf die Fresse und dann im
Dreck, das Dichtergesicht. So geht Fred nur sehr schnell, nach
Hause. Um zu baden, sich zu rasieren und zu schauen, wie Ruhe
zu finden sei. Doch keine Ruhe in Sicht, und fast ist ihm wie damals
beim Dichtertreffen in Klagenfurt. Wo alle auf ihn sahen. Ihm zu-
jubelten. Und danach wieder vergaßen. Bis morgen. Wo sie kämen.
Der Ruhm und die Unsterblichkeit. Nur eine Nacht entfernt. Und
Fred findet keinen Schlaf. Immer wieder drängt es ihn, Stuhl zu lassen, und es ist ihm widerlich. Das Aufschlagen der Ausscheidungen, die Gerüche wahrzunehmen, denn nur die Exkremente erinnern ihn unangenehm an das, was ist. Ein Genie, das scheißt.

Pit

Pit steht vor dem Spiegel. Er dreht sich langsam nach links und rechts und prüft sein Profil. Er schaut leidend, ergriffen, unglücklich und zaghaft streicht er über sein Spiegelbild, dabei betrachtet er seinen sehnigen Arm, seine ausdrucksstarke Hand. Morgen ist es soweit. Seine erste große Rolle. Und Pit hat Angst. Oder ist es einfach nur Aufregung. Erregung? Seit seiner Pubertät wollte Pit nichts anderes, als Schauspieler zu werden. Zu zeigen, was in ihm ist (ein Bagger, ein Gnu, ein Toaster), in tausend Charaktere zu schlüpfen, König zu sein, Mörder, Gebrochener. Alle Facetten seiner Seele ausleben und dafür bewundert werden, von jenen, die ihm diese Wandlungsfähigkeit neiden, ihm neiden, daß er lebt, wovon sie nur träumen. Wenn Pit nicht auf der Bühne steht, geht es ihm selten gut. Mit Freunden unterwegs sein, laut sein, das ist in Ordnung, aber wenn es still ist oder er allein, fühlt er sich oft überfordert. Von der Welt, die grau ist und kalt nicht gemacht, für einen wie ihn. Und die Frauen. Die ihn nicht verstehen. Kein Verständnis haben. Keine hat Rücksicht genommen. Darauf, daß er kein normal Sterblicher ist. Darauf, daß es ihm schwerfällt, sich zu entscheiden. Wie auch entscheiden, wofür, und wer soll das tun.

Erika

Erika hat sich eine Theaterkarte gekauft. Die hat 70 Mark gekostet, und Erika fragt sich, wer es sich eigentlich noch leisten kann, ins Theater zu gehen. Als sie vor zwei Monaten das letzte Mal im Theater war, hatte sie nichts verstanden, und nach einer Stunde war Erika eingeschlafen. Warum sie es immer wieder versuchte, wüßte sie gar nicht genau zu sagen. Vielleicht, weil es sonst kaum noch etwas gibt zum Hingehen. Etwas, wo man sich kultiviert fühlen könnte. Und weil sie nicht glauben mag, was alle sagen: Das Theater ist tot, sagen sie doch meine Güte, das hatte Nietzsche von Gott auch mal behauptete, und erst gestern hatte Erika Gott getroffen. So wird sie morgen ins Theater gehen. Vielleicht wird sie leiden. Doch das ist in Ordnung, denn Kunst muß weh tun und ohne Schmerz keine Evolution. Erika wird ins Theater gehen, morgen, und vielleicht passiert ja mal ein Wunder, und es ist, wie Theater sein könnte. Besser als Kino. Weil da Menschen sind, zum Anfassen, die berühren, erregen und träumen machen.

Bernhard

Bald ist es soweit. Bernhard wirft sich seinen Schal energisch um den Hals und schreitet aus. Die Füße nach außen, steif und gewichtig. Er wird es ihnen zeigen, den Schweinen, den Ignoranten. Man muß die Leute aufwecken, man muß sie zu Reaktionen prügeln. Die Leute fühlen nichts mehr, wollen nichts mehr, nichts regt sie mehr auf, alles gesehen, gehabt, nichts wollend außer konsumieren und schlafen. Konsumieren wollen Sie? Ersticken! Bernhard wird die Welt zum Übergeben rühren. Daß sich Überdruß und Ekel gleich Lava über die Menschheit ergösse. Bernhard läuft durch die Straßen der deutschen Stadt. Wie er Deutschland verachtet. Die Menschen verachtet. 16 Millionen Deutsche sind krankhaft fettleibig. Da könnte man ein ganzes Land draus machen. Voll mit fetten, ignoranten Deutschen. Das dann fluten. Sein letztes Stück war nach fünf Aufführungen abgesetzt worden. Weil keiner verstanden hatte, worum es ging. Weil ihn niemand verstand. Und darum würde er es ihnen zeigen. Dem dämlichen Bildungsbürgerpack, denen, die Shakespeare sehen wollten, die im Traum Goethe ficken. Er würde es ihnen zeigen.

Pit

Pit geht. Hin und her und seinen Text nochmal durch. Der Regisseur hatte eine völlig neue Methode der Arbeit ausprobiert. Action Theater. Er probt mit jedem Darsteller einzeln und keiner weiß, was der andere tun wird. Das gibt authentische Gefühle, hatte er gesagt, der Regisseur. Ein Arschloch, wie alle Regisseure. Und wie alle Regisseure haßt er Schauspieler. Pit schnaubt verächtlich. Ab morgen würden ihn alle kennen, und den Regisseur? Ein fetter, alter Mann unter vielen. Was ist das nur für ein Scheißtext: Hey Alter, mach mal ne Fliege. Eyh, gib mal was Stoff rüber .... Scheißtext. Kann doch keiner mehr schreiben, heute. Vielleicht werde ich mal ein Stück schreiben, denkt Pit, denn er weiß, daß er das kann. Eigentlich denkt er, daß er alles kann. Weil er alle sein kann, und manchmal will es Pit scheinen, als existierte er gar nicht. Aber das ist nicht schlimm, denn er hat für den Fall, daß er unter Menschen sich selbst verlustig geht, immer eine Rolle, in die er sich begeben kann. Pit ist sich klar, daß es kaum so tiefe und schwierige Menschen hat wie sich. Darum ist er Künstler geworden. Um zu vergessen. Daß er ist.

Fred

Fred hatte für sein Stück 10 000 DM erhalten. Eine Woche lang kaufte er sich, was er wollte. Weiber, Drogen, Bier, Tiere. Nun wieder pleite. Und angewidert von der Welt. Ein gerechtes Feuer der Abscheu lodert in ihm. Das Wissen mehr wert zu sein, als fast alle seiner Mitmenschen, ist ihm kein neues. Er weiß darum, seit er 16 und sich zum erstenmal in den Gedanken eines Hesse, Kafka und Schopenhauer fand. Bislang hatte er noch nie ein Theaterstück verkauft. Zehn davon lagen unbenutzt in seinem Dichterschreibtisch, und erst nach der Veröffentlichung seines ersten Buches war der Intendant des großen Hauses auf ihn zugekommen. Dann hatte er gedichtet, wie atmen war das, war es herausgebrochen, der Haß, den er zehn Jahre seines Lebens in sich gehütet hatte, damit er wüchse, auf alle, die ihn Jahre seines Lebens verkannt hatten, genötigt hatten, in düsteren Kneipen zu arbeiten, in häßlichen Lagerkellern. Seine Stunde würde kommen. Morgen.

Erika

Erika zieht sich hübsch an. Man weiß ja nie, wen man im Theater trifft. Ein paar Großmütter und viele Paare. Er Anwalt, sie Haus-

frau mit einer unseligen Leidenschaft für die Aquarellmalerei. Egal.
Männer sind doch egal. Erika lebt alleine, aber sie macht etwas mit ihrem Leben. Ins Theater gehen zum Beispiel. Erika freut sich. Ins Theater zu gehen ist eben etwas anderes als ein Kinobesuch. Irgendwie kathedral. Wie ein Besuch in einem Museum. Erika geht los.

Pit
Pit läuft in der Garderobe auf und ab. Er atmet tief. Er versucht sich zu beruhigen. Ihm ist schlecht. Er möchte kotzen. Gleich geht es los.

Bernhard
Gleich ist es so weit. Ist alles zu spät. Kann man nix mehr machen. Diese Deppen, Schauspieler, blöde dumpfe Werkzeuge. Die Zuschauer in Abendkleidern.
Mit Sekt. Sekt. Bernhard lacht. Stehen und reden dummes Zeug. Das wird ihnen vergehen. Ist doch gleich was.

Fred
Der Anzug sieht gut aus. Ich sehe gut aus. Alle sehen mich an. Meine Worte werden sie gleich hören. Ich könnte schon wieder.

Pit
Ich bin gut, ich bin gut. Einatmen. Ausatmen. Ich bin der Beste.

Erika
Erika stöhnt leise. Da hatte sie sich so gefreut, und nun springen Nackte auf der Bühne herum. Die Glieder baumeln, die Busen schlackern. Die Nackten sagen schlechte Sätze auf und gebärden sich. Erika möchte in den Boden sinken, so peinlich ist ihr. Die Nackten beschmieren sich mit einer Ersatzflüssigkeit. Erika sieht nach links und rechts, ob sie gehen könnte, wenn sie sich traute.

Rechts und links ist voll und Pause ist nicht. Erika sieht entmutigt auf die Bühne. Noch zwei Stunden. Erika nickt ein.

Fred
Gott, ist das gut.

Bernhard
Gott, bin ich gut.

Pit
Pit fühlt, daß er nicht gut ist. Sein Text klingt fahl und unecht und das willkürliche Auftauchen der Schauspieler verunsichert ihn. Da kommen wieder zwei. Sie werfen Pit auf eine Mülltonne und nehmen ihn rektal. Danach urinieren sie auf die Bühne. Pit versucht die Schmerzen im Analtrakt zu verdrängen. Es ist für die Kunst, für seine Kunst, und ab morgen wird er einer der wichtigsten Schauspieler des Landes sein. Sicher.

Erika
Oh, mein Gott, der arme Junge. Sie ficken ihn doch tatsächlich auf offener Bühne. Sie pinkeln auf die Bühne. Was lerne ich daraus? Nach dem GV ist gut urinieren. Ich will heim. Derrick schauen.

Pit
Pit erkennt, daß das Messer, mit dem der bullige Schauspieler auf ihn zukommt, echt ist. Er fühlt den Schmerz nicht, als das Messer in ihn dringt. Berühmt. Sehe ich gut aus, ist es authentisch. Ist es ...

Bernhard
Gut. Gott, wie gut.

Pit
Ist tot. Blutet aus. Bleibt liegen.

Erika

Gähnend geht Erika nach Hause. Was ein beschissener Abend. Sie legt sich ins Bett und schaltet den Fernseher ein.

abgelehnt vom Schauspielhaus Hamburg,
deshalb: Erstveröffentlichung

Dicht-, Sport- und Nazikultur

Rilke, hilf ihnen!

Die langweiligsten Kolumnen der Welt fangen an mit: Immer wieder schreiben mir Leser ... Die blödesten Leserbriefe der Welt beginnen mit: Sie sollten mal bei Hesse, Goethe, Rilke oder Heine nachschlagen. Die konnten noch schreiben. Sie nicht. Ihren Namen wird man sich nicht merken müssen. Püh, hab' ihn schon vergessen, Frau Meier ...

Kam gestern so ein Brief, kommen immer solche, gibt immer welche, die mit schmerzenden Genitalien mehrere Seiten vollschreiben, im Anschluß vermummt vor Skulpturen demonstrieren, Bilder mit Sachen bewerfen, im Theater erbrechen, extra. Krämpfe bekommen, prinzipiell (die sagen auch: prinzipiell und meiner persönlichen Meinung nach), bei allem, was heute gemacht wird, weil es heute gemacht wird, und die Gegner der Sachen, die heute gemacht werden, nichts gegen die Sachen haben, aber viel gegen die Zeit, die so dreckig ist, daß nur noch Dreck entsteht.

Süße Romantiker, eigentlich, und darum stören mich ihre Briefe auch nicht. Wirklich nicht. Gar nicht, ist in Ordnung, und so grün die Wiese vor meinem Haus, liegt dort, wie hingeworfenes Tuch, seiden glänzend, von Tau benetzt, getränkt von Himmelstränen scheuer Göttinnen oder Zwerge, Tränen am Morgen, der, kaum erwacht, schon erkaltet, zeugt von Unheil über den Wipfeln der immergrünen Bäume, die trotzend zu höhnen scheinen dem vergehenden Leben. Morgenrot und dorten in sich versunken, vergessen das, was sie gestern war, gebrochen wie ein junger Trieb, erhebt Sibylle den Blick in die Wolken.

Ihr Haar, kaskadengleich benetzt es – wie die Feuchte das Gras – ihre Schultern, die weißen, bloßen. So schwach, die Sonne hinter den Wolken, die wie fliegende Pferde am Firmament eilen, so unstet und gleich weißen Drohern, die erschaudern machen eine Einsamkeit, die ist wie die Stille, die sich des Abends über den Planeten senkt, die in Sibyllen ist, wie ein Ton, so kühl, daß sie erschaudert, fröstelnd den Leib zu decken sucht, den zarten, der so kalt ist von einem Eise, das sie umhüllt, in ihren Tiefen.

Zuvor gebrach es ihr an nichts, da waren die Wolken nurmehr wie weiße Kitze, der Welt zum Labsal gereichend, bis kam, was alles vergessen machen sollte. Die Depesche erreichte sie gestern. Und nicht zu fassen vermag ihr Herz, nicht begreifen ihr Verstand, ein Wehren und leere Worte von ihren Lippen. Nicht mehr schreiben, vergessen, was an Worten war, nichts tun mehr, dem ihr Sehnen galt, ihr Hoffen und alles, was sie vordem, erloschen. So erhebt sich Sibylle denn, wie wandelnd in fremden Welten, und einem verblühten Falter gleich entgleitet die Depesche ihren klammen Händen, dort im Nichts ein neckender Arschwind, von Osten, von dort, wo ihre Wiege stand, ergreift das Geschmier, trägt es zum nahen Weiher tanzend. Dem Weiher, dem Briefe folgend, Sibyllen, kaum, daß ihre Füße den Boden netzen, hin, hinein. Ins nasse Grab, wozu ein Leben, lebte nur durch die Worte, die nicht gehört werden wollen, nachgebend, dem Wasser, dem Schritt, dem Zug ins Naß, den Hades, der Fährmann wartet popelnd, das Bild von Werken, die, nie zum Lichte kommend, schon gestorben, vor dem Auge, das bricht. Das junge Leben, ausgelöscht und bleibend nur auf einem kleinen Weiher, eine Depesche, von Frieder v. Ammon, Karlsruhe, weiß und tanzt auf den Wellen, die sind wie das Leben.

So, ihr Nasen, ist jetzt alles gut? Ich ersoffen und unglücklich. Aber sonst stört mich so ein Geschreibe und Gedenke wirklich nicht. Ich finde die Zeit heute ja auch nicht besonders, wirklich nicht. Ich gehe lieber in meine Bibliothek, erbreche kurz, nehme ein Rilke-Buch aus dem Schrank, staube es mit dem Rilke-Staubpinsel ab, kuschle mich in den Ohrensessel, auf die Katze, die auch erbricht, schaue das Rembrandtposter und schmökere, schmoke auch ein Wasserpfeifchen, und früher war alles besser. Die Dichter konnten noch dichten, die Menschen glaubten an Gott, und eine Mark war noch eine Mark. Verdammt sei die heurige Zeit mit ihren Autos, ihren Fernsehprogrammen, Kriegen, Raketen, die über Schulen abstürzen, mit ihren Menschen, die kurze Röcke anziehen, geil sagen, miese Musik hören und sowieso taugt nichts mehr was. Ich hasse dieses Jahrhundert. Gottlob ist es bald vorüber, und Trost finde ich nur in kurzen, aber geilen Seancen, die mich in vergangene Zeiten bringen.

So auch heute. Kerze an, Geister beschwört, und wer erscheint mir? Herr Rilke erscheint mir, um mir einen Leserbrief vorzutragen: Sie Schmierfink, schauen Sie sich mal die duften Tafeln aus der Steinzeit an, die konnten noch schreiben damals. Sie nicht. Sie Arsch.

aus: Zeit-Magazin

Wolle auf Schalke

»Realität ist, was weh tut, S. Berg (1962–98)«. Da ist er, mein Stein. Verwelkte Rosen und eingemeißelte Kontoauszüge umranken den blöden Spruch, den häßlichen Haufen. Ein kalter Ort – nix wie weg. Ich fliege Richtung Düsseldorf, weil dort nette Menschen wohnen, und überlege, als alter Optimist, was es Schönes gibt an meinem Zustand. Gut, daß jemand mal berichten kann, wie es dort ist. Von wo es kein Zurück gibt, die Hemden keine Taschen haben etc. Es ist ganz in Ordnung. Das Rumgeflattere nervt ein wenig, erst jüngst hatte ich eine Nierenentzündung wegen der Windhosen, die Skatabende sind nett, die Verpflegung ist über Zweifel erhaben, allein, woran es mir wirklich gebricht, ist die Fähigkeit, mich aufzuregen. Das geht aus Gründen nicht mehr,

242

und wenn etwas nicht mehr geht, merkt man, wie wichtig es war. Das halbe Leben verschwendet der Mensch mit der Suche nach Situationen, in denen er sich tüchtig aufregen kann. Er geht einen Tag vor Weihnachten einkaufen, sieht »Peep«, wird Tierschützer, schafft sich Nachbarn an, liest Hera Lind, reist nach Mallorca, bucht Hotels in Einflugschneisen oder im Iran, und, Teufel, regt er sich dann auf. Natürlich könnte der Mensch meiden, was ihn bös erregt, aber wo sind wir denn? »Ich kann lesen, was ich will, einkaufen, wen ich will, ich zahl' Steuern und bin ein freier Mensch«, schreit der Mensch und birst. Freier Mensch ist gut, und wir verstehen: Nicht um die Sache geht es, sondern darum, daß der Tropf sich erregen kann. Schäumen will er, einen roten Kopf bekommen und der Welt erklären, wie sie zu sein hat. Denn er weiß das: »Ich habe zwei Kriege mitgemacht (alternativ: zwei Kinder großgezogen, mehrere Diplome), ich weiß, wovon ich rede, das ist doch eine Sache des gesunden Menschenverstandes ...« So erregt sich der Mensch, und endlich, endlich, fühlt er ein bißchen Leben. Darum geht es, denn sonst wäre er tot und müßte herumfliegen.

Ich fliege gerade über Schalke. Ein Plakat hat mir den Weg gewiesen. Wolle auf Schalke. Das Bild des Sängers Wolfgang Petry (Wolle) vor einem Stadion (Schalke), und Stadien haben mit großer Aufregung zu tun, darum flieg' ich da hin. Fünfzig Millionen Menschen musizieren, klatschen und singen – doch meist regen sie sich auf: Ey, mach zu! Möller, du schwule Sau! Hau wech den Scheiß! Ein Fallrückzieher von Schalke, eine Trippelflanke, weicher Schanker zu Gries, Überträger zu Mölles, ab zu Mömsen, der explodiert, wegwischen und Ausseits. Die Menschen, alle 500 Milliarden, springen und grölen, in der Gruppe ist das laut und toll, Köpfe wackeln, Fäustchen beben: Was passiert da genau? Dr. Ramsgauer, Chefarzt der Uniklinik Schalke: »Durch das sich Aufregen wirft die Wirbeldrüse Emorphine aus (das heißt Endorphine und ist hier nicht relevant. Anm. d. Red. *Titanic),* der Blutdruck steigt auf 356, die Herzfrequenz auch, das Haarwachstum wird angeregt, und der Mensch erreicht einen orgasmusgleichen Zustand, der nach etwa einer Viertelstunde wieder abklingt.« Dann muß neue Aufregung her, neuer Ärger, neues Giftschleudern. Der Mensch, der sich aufregt, fühlt sich für Sekunden wichtig, vergißt sein Wurmsein, fühlt sich im Zentrum der Welt, im Recht, im Recht.

Und darum gehen Menschen zum Fußball? Zum sich Spüren, nicht wegen des Sports. Sportliche Leistung, daß ich nicht lache. Lachen kann ich nicht mehr, nur fliegen (o klasse, sie kann nur noch fliegen, kann nicht mehr schreiben! Nanana, sag' ich, überlegt euch, was ihr da sagt. Wollt ihr euch dann vielleicht über Elke Heidenreich aufregen?).

Der Mensch liebt den Fußball wegen der Gemeinschaft, wegen des kollektiven Orgasmus, wegen Mannsein und Endorphinen, wegen Prügel und wegen leben, leben, leben. Das wäre nicht nötig. Wissen die Fußballfans aber nicht und gehen zum einzigen ehrlichen Spiel, alle anderen Sportarten sind für Weiber. Schalke verliert. Da flieg' ich mal schnell zur Seite, denn in diesem Moment rollen Köpfe, fliegen Dliedmassen (ja, Dliedmassen, haben mit Emporphinen zu tun) ins Stadion, tanzen kleine Lämmer, sie haben Zylinder auf und Trompeten in den Tatzen und spielen das Solidaritätslied. Für eine Stunde oder zehn, solange ein Fußballspiel dauert, gibt es die, wenn sich Fremde küssen oder prügeln, wenn sie weinen und tanzen und sich vereinen, im Allgleichen, Großen, sich empören. Dann ist alles zu Ende. Sie schleichen aus dem Stadion, die Menschen, in eine Welt, in der man fein still sein muß, vor Wut in Kissen oder Teppiche beißt, Magengeschwüre bekommt, weil nirgends Ort ist für die, welche sich gerecht, gepflegt empören möchten, die müssen dann Anzeigen erstatten, Leserbriefe schreiben. Tauben vergiften oder Nachbars Hund, drum sollte die ganze Welt ein Großes werden. Wolle drauf und ab dafür.

aus: Zeit-Magazin

Alles Nazis!

Auf einer verschneiten Parkbank sitzen drei Leichen. Sie kneten die kalten Knöchlein und schweigen aus Gründen. Im Winter sieht man sie gut, die Toten, wegen der fehlenden Schatten, und immer wieder fragen mich verzweifelte Leser, wie kann ich eine Leiche erkennen, Gott, und was passiert mit mir, wenn ich den Löffel abgebe, werde ich ein Wurm (die hält man in Blistern), ein Dackel oder was? Und ich antworte: Nichts passiert nach dem Tod, du Rübennase. Eine Leiche sieht aus wie du, und man kann sie nur daran erkennen, daß sie nicht mehr die Wahrheit sagen darf und leer lächelt. Siehst du so einen, dann merke auf: 's ist ein Leichnam, der büßt. Nicht mehr die Wahrheit sagen dürfen, was eines denkt, sich hinter hohlen Wörtern lügengleich verstecken müssen, nicht mehr anders können, als leer herumfaseln. Das ist die Strafe, die jeder Mensch zu erwarten hat, wenn er zu Lebzeiten das Maul gehalten hat, wenn er gelogen, nur mit sich selbst geredet hat, die Strafe für alles, was nicht gesagt, und wenn – dann unwahr. So tapst sie herum, die gemeine Leich', verbannt zum ewigen Falsch- und Blödsinnreden.

Viele Leichen wirken auf den ersten Blick wie Intellektuelle. Neulich auf der Buchmesse waren auch wieder viele da. Sie leiden sehr. Man kann dem ewigen Grauen nur entgehen, wenn man, während man glaubt zu leben, Lügen vermeidet, Feigheit flieht. So fliehe ich, vor dem Schicksal, denn nur noch Müll reden können macht beim stärksten Toten Magenschleimhautentzündungen, und wie ich so flieh', denke ich, daß ich nunmehr allen alles sagen werde, ab gleich, und gerade da kommt einer, den ich anremple. Flugs packe ich den Herrn und rede zu ihm wahr. Stellvertretend für alle deutschen Menschen soll er sich das hübsch anhören, und irgendwo muß ich ja beginnen.

Im Schmetterlingswürgegriff, der dem Palstek ähnlich ist, halte ich den Alten und beginne mit zischender Stimme meine Wahrheit zu sagen: Hör mal, Deutscher, ich habe mich heute sehr über

dich geärgert, du hast wieder über Rammstein genölt, diese großartige Kapelle beschimpft, behämt, als Nazis bezeichnet, du dummer Sack, immer wenn dir nichts mehr einfällt, läßt du das große böse Wort heraus, alles Nazis, die was machen, was du nicht verstehst. Du kotzt mich an, Deutscher, sage ich nun lauter, mit deinen Minderwertigkeitskomplexen, dem Rotwerden, dich einnässen, wenn du ein Bild an den Nagel hängen und dabei den Arm in ausgestreckter Position am Kopf vorbei führen mußt, deinem Scheißkomplex, der dich bissig macht und unhöflich, der Schnappneurosen macht und nichts Gutes entstehen läßt. Deutsche Menschen, die sich aussetzen, etwas erschaffen, es zeigen, bekommen deshalb in die Fresse von den Medien, dem Sprachrohr der Dummheit des Deutschen: Rammstein sind Nazis, Anselm Kiefer ist ein Nazi, Heiner Müller war Stasi, das ist wie Nazi, Christoph Schlingensief wird auch ein Nazi sein, und Wiglaf Droste ist eh für den Arsch und krank und alles Schweine, weil Deutsche, das kann ja nichts sein, der ist ja wie ich, so schlecht, denkt der Deutsche, auf den schlage ich ein, weil ich mich ja nicht schlagen kann, wo ist übrigens meine Geißel? sagt sich der Deutsche und tut's: Juhnke ist o. k., das ist ein Kretin, den kann ich akzeptieren, Veronica Ferres ist fad, wie ich, die laß' ich leben, und der deutsche Schlager, der ist bekloppt, mehr steht mir nicht zu, den find' ich gut, sagt sich der Deutsche, alle ab in einen Blister, in den See getaucht, bis sie sich eines Besseren besinnen. Besinnen sich aber nicht. Tauchen wieder auf, schütteln sich und tragen ihr schlechtes Kollektivgewissen mit sich, wie verzogene Mundwinkel, wie den Geruch nach alter Binde, der Deutsche, könnte sein wie jeder andere Mensch. Nicht besser, nicht schlechter, ein Mensch halt, und ist – ein Arschloch, mit Schuld, Schuld, Schuld, die aus ihm tropft, die die Straßen verschmiert und Deutschland unter eine Schleimglocke setzt.
Der Mann unter mir ist verstorben, oder war schon tot, wie die meisten hier, ob ich noch lebe, weiß ich nicht, aber ich werde sagen, was ich denke, nur für mich, weil ich eine frohe Leiche wer-

den will, so gehe ich nach Hause, dort liegt Mutter, nach Hause und werde kämpfen, für eine innerdeutsche Zwangspsychoanalyse, die dieses Volk heilt. Und hernach wird das Land bevölkert mit lachenden, heiter springenden, tanzenden Menschen, die sich freuen und stolz sind auf die, die etwas machen. Die miteinander Wahrheit sprechen und im Sommer baden. Alle werden sich lieben, und ich werde euch retten, rufe ich und beginne, mich mit Benzin einzureiben, ja, ja, . . .

(Herren fangen die Autorin, sperren sie in einen Blister. Deckel drauf. Ruhe. Endlich.)

aus: Zeit-Magazin

Alles über Herren mit seltsamen Berufen

»Mündliche und schriftliche Sprache gehen zuchtlos durcheinander.«

Eva Corino, Berliner Zeitung

Der Totmacher

Der Ort liegt da, wie besoffen, wie im Koma liegt er da, in der Mittagshitze. Ein Nest in Polen. Eine staubige Straße und Regen drauf, ganz offen, das Dorf zu säubern von versautem Leben. Eine ausgehöhlte Fabrik. Bekloppte Hunde kläffen, als gäb's da was zu bewachen. Links und rechts als Häuser getarnte Ruinen, als Menschen verkleidete Säufer. Wanken am Straßenrand, zum Kiosk, zum Saufen, die Beine nur von Gummistiefeln am Boden gehalten. Saufen, damit die Stunden weggehen, weil es keine Arbeit gibt. Weil die Stunden fad sind, nicht weggehen ohne Arbeit. Das einzige saubere Haus ist die Kirche. An der Straße. Die führt ins nächste Dorf, ins nächste Dorf durch ganz Polen. Und ein Entkommen ist nicht drin. Nicht dem Staub weglaufen, den Säufern, der Armut und nicht der Kirche. Polen ist überall, der Sozialismus ist überall, und Stumpfheit liegt auf dem Land wie grauer Schmier.

Hier wird 1966 Leszek Pekalski geboren. Sein Vater ein debiler Traktorist, seine Mutter eine Magd, die Zeugungsnacht eine Vergewaltigung. Dreck, vom ersten Tag an. Mutter und Großmutter schlagen ihn, als ob der Bankert wegginge dadurch, drücken seine Hände auf die heiße Herdplatte, dreschen die fleischgewordene Schande, prügeln die Scheißgefühle aus ihm, bis da nichts mehr ist. Mit eingezogenem Kopf läuft Leszek, das Nichts, durch das Dorf, erwartet überall Prügel. Kriegt er auch, weil die Kinder im Dorf von ihren Eltern wissen, daß Leszek Dreck ist und Dreck gedroschen gehört. Weil er stinkt, stottert, weil er zu Boden guckt, gehört er gedroschen. Und kein Ort zum Hingehen. Nirgends.

Leszek kommt in eine Sonderschule, in ein Heim, in ein Internat – Prügel gibt es überall, anwidern tut er sie alle. Nach der Schule wird er Maurer. Ist nicht gut in seinem Job, arbeitet nie lange, bis er wegen eines Rückenleidens zum Frühinvaliden wird. Da kehrt er zurück in sein Dorf. Zu seinem Onkel. In einem runtergekommenen Haus steht er, der Leszek, der versagt hat, in einem dunklen Flur, der stinkt, nach Moder, nach verfaulten Abfällen. In der guten Stube werden die Wände zusammengehalten von Heiligenbildern und Kruzifixen, und zu reden gibt es nichts. Der Onkel zeigt ihm ein Zimmer. Eine Stiege hoch, in den ersten Stock. Zwölf Quadratmeter groß. Tapete wellt von den Wänden. Pappe da im Fenster, wo Scheiben sein sollten. Ein Bett. Auf dem sitzt Leszek. Sitzt da, der Leszek und weiß nicht, was machen mit seinem Leben.

Leszek liest die Bibel, Leszek stemmt Gewichte. Ist so fad. Zu Hause ist nirgends. In ihm nicht und draußen nicht. Sitzt er in diesem Zimmer, auf dem Bett, und weiß die Feinde draußen, die Leere draußen. Und drinnen. Und wartet, daß die Zeit vergeht. Vergeht nicht, die Scheißzeit. So gern hätte er etwas für sich, das die Langeweile wegmachen würde. Faßt er sich an und weiß auf einmal, was ihm helfen würde. Was sein Leben ändern würde. Einen eigenen Menschen, eine Frau, muß er sich suchen. Ganz wach macht ihn die Idee. Leszek antwortet auf Heiratsannoncen. Monatelang. Manchmal trifft sich eine Frau mit ihm. Sieht er, wie sie die Nase rümpft, die Frau.

Wie ihr ein Lachen im Gesicht steckt. Ihn auslachen. Keine will seine Frau werden. Er sucht. Eine Frau, eine Frau, damit alles gut wird. Leszek bittet den Pfarrer um Hilfe. Der lacht. Lachen. Aber dann endlich findet Leszek eine Frau, die ihn will. Da freut er sich. Aber. Aus der Hochzeit wird nichts. Die Ehe wird verboten, weil die Frau doch mongoloid ist. Kriegt Leszek keine Frau. Und will am Ende wenigstens so eine Gummipuppe, aus der Stadt. Sein Onkel soll ihm eine kaufen. Der Onkel versäuft das Geld. Keine Puppe. Keine Frau. Keine Idee mehr. Nur wieder die Stunden, die zähen, das Poltern unten im Haus, wenn der Onkel umfällt vor Suff. Das blöde Gegacker der Hühner, die matte Sonne durch das Pappfenster. Zum Platzen ist ihm. Und kein Gefühl. Für sich nicht, für nichts, nur etwas, was wächst in ihm. Die Langeweile vielleicht, die sich zusammenballt, umwandelt zu etwas anderem.

Fieser Klumpen, wird dicker beim Stillsitzen. Bis Sitzen nicht mehr geht. Dann läuft er los. Über die Dorfstraße, die Blicke der anderen im Rücken. Bewegen ist gut, macht ihn ruhiger. Wenn er still sitzt, könnte er schreien.

So kommt der Leszek durch Polen. Er zieht durch Dörfer, die alle gleich aussehen, durch graue Städte. Es ist gut, unterwegs zu sein. Schön das Reisen. Beeren sammeln. Vögel hören. Im Wald schlafen. Er weiß um alle Orte, kann sich gut orientieren. Auch in der Nacht. Auch wenn die Nacht kommt. Kommt die Nacht, ist Polen verlassen. Alle sitzen in ihren Häusern, trinken. Keiner draußen, bis auf die Frau. Leszek sieht sie auf einem Feldweg. Leszek geht zu dieser Frau. Weiß nicht, warum. Eine hübsche Frau. Endlich eine Frau. Sie soll seine werden. Leszek faßt die Frau an, im Reden ist er nicht geübt. Die Frau ist erschrocken. Wehrt sich, schreit, stößt. Wie alle, wie immer. Da bekommt der Leszek eine große Wut. Da schlägt er die Frau. Die schreit noch mehr. Und noch fester schlägt Leszek die Frau, die seine werden soll, damit sie ruhig ist. Nur ruhig. Und die Frau fällt hin. Dann ist sie ruhig. Liegt da, sagt nichts mehr. Auf dem Feldweg, nachts, irgendwo in Polen. Liegt da, wie eine Puppe.

Endlich hat Leszek etwas, was ihm gehört. Er zieht sie aus, er untersucht die Frau. Sie wehrt sich nicht. Fein. Eine warme, weiche Frau. Das tut gut. Das riecht gut. Frauenhaar, Frauenkörper. Auf ihr liegen. Neben ihr. Bewegt sich nicht, kann er alles in sie stecken, kann er stark sein. Mann sein. Und eine Aufgeregtheit ist in ihm wie noch nie. So ist es mit Frauen. So ist es, nicht mehr klein und häßlich zu sein. So ist es, etwas zu fühlen. Bis sie dann kalt wird und steif, die dumme Frau. Im Morgengrauen. Da geht er weg von ihr. Es war so gut. Und einfach. Nicht schlimmer, als ein Tier totzumachen. Nicht drüber nachdenken. Gar nicht denken. Weiter.

Und dann geht Leszek also weiter und denkt nicht an Gut und Böse, nur daran, eine neue Frau zu finden, damit dieses Gefühl nicht weggeht. Leszek ist auf der Suche, und endlich weiß er, wonach. Überall trifft er Frauen. Auf einsamen Waldwegen, an Bushaltestellen, in Kirchen. Er klingelt an Haustüren. Immer, überall trifft er Frauen. Alte, junge, Kinder, einen Säugling, weil nichts Besseres da ist, auch mal einen alten Mann, weil er sich bedroht sieht, einmal einen Polizisten. Der Gedanke an Menschen, an Frauen, an Mädchen verschafft eine große Erregung, und er findet immer welche. Macht sie ruhig. Mit Beilen, Messern, Stöcken, schlägt die Köpfe gegen Mauern, taucht sie unter Wasser. Seine Menschen. Er onaniert auf die Menschen, versucht, sie zu vergewaltigen, steckt Zweige in sie. Verbrennt sie, zerschneidet sie, verstümmelt sie, beißt sie. Immer neue Spiele. Immer mehr. Töten. Will er eigentlich nicht. Nur wehren sollen sie sich nicht. Ruhig macht er sie. Damit sie ruhig liegen, und er ist der Gott der Welt. Sein Schwanz ist Gott. Und er kann alles mit ihnen machen. Bis sie wieder steif werden, hart werden. Eklig werden, und er weiter muß. Immer mehr braucht er.

Und da ist wieder eines, ein kleines Mädchen. Was muß es auch alleine durch den Wald laufen, wo da doch der Leszek wartet. Malgorzata ist dreizehn, und die Schule war früher zu Ende als sonst. Und darum läuft Malgorzata durch den Wald. Dreizehn Jahre alt und trifft Leszek. Sie lebt noch, als Leszek sie vergewaltigt. Sie lebt, trotz des Blutes, das aus ihrem Kopf kommt, trotz der Knochen, die im Hirn stecken. In ihrem Schmerz, ihrer Angst bis zum Wahnsinn, zerbeißt das Mädchen sich die Finger, bis das Weiße rausschaut. Dann stirbt Malgorzata doch. Und merkt nicht mehr, wie Leszek ihre Schulbrote ißt, um sich zu stärken, damit er recht lange mit ihr spielen kann.

Leszek erholt sich vom Reisen. Daheim, in Osieki. Dann sitzt er wieder da, auf dem Bett. Schaukelt vor und zurück. Hört den Onkel unten, die Hühner draußen und weiß, daß sie ihn nicht mehr erwischen können, nichts mehr tun können. Weil er die Macht hat. Alle Macht der Welt. Und sein Leben nie wieder langweilig sein wird. Und dann steht er auf, geht die Stiege runter, aus dem Haus. Läuft so lange, bis er wieder diesen Hunger hat.

Hunger muß schlimm sein. Sylwia ist seit kurzem Verkäuferin in einem Laden in Kolczyglowy. Sie ist blond und dünn und guckt, als hätte sie Angst vor der ganzen Welt. Vor ihr steht ein Mann, eigentlich eher ein Junge. Ziemlich klein, dünn, schwarze, zerzauste Haare, dunkle Augen. Vor dem muß sie keine Angst haben, der tut ihr leid, so ohne zu Hause und mit Hunger. Und darum verspricht Sylwia ihm etwas zu essen. Will sie ihm zum Waldrand bringen, auf dem Weg nach Hause. Der junge Mann geht, und Sylwia denkt den Tag über immer wieder an ihn. Sie hatte noch nie einen Mann mit ihren siebzehn Jahren; und vielleicht ist sie auch ein bißchen neugierig, wie es ist, mit so einem Mann zu reden, als sie abends mit einer Tüte zum Wald geht. Der junge Mann wartet schon auf sie. Er freut sich über die Brötchen. Ein schöner Abend im Juni 1991. Sylwia sitzt neben dem Mann und merkt irgendwann, an diesem Abend, daß etwas nicht stimmt mit ihm. Sylwia bekommt ein bißchen Angst. Und möchte dann gehen. Geht aber nicht mehr.

Und dann wird es Morgen, und ihre Eltern finden Sylwia. Ihre einzige Tochter im Gebüsch, tausend Meter von ihrem Haus weg. Blutüberströmt, ihre Augen sind weit aufgerissen, sie ist nackt. Sie hatte noch nie einen Mann und ist jetzt tot, die Sylwia.

Der Mord an Sylwia Rudnik konnte innerhalb von zwei Jahren nicht aufgeklärt werden. Bei der Entsorgung der Akte erinnerte sich eine Justizsekretärin an einen anderen Fall. Im selben Bezirk war das, eine Vergewaltigung. Der Täter, ein 26jähriger Mann, wurde, nachdem er zwei Jahre in Freiheit auf seinen Prozeß gewartet hatte, vor kurzem zu einer Bewährungsstrafe verurteilt. Da gab es Ähnlichkeiten. Da mußte sie doch mal Bescheid sagen. Leszek Pekalski wurde am 14. Dezember 1992 bei seinem Onkel in Osieki festgenommen. Er gestand den Mord an der Verkäuferin. Um ihn einige Tage später zu leugnen. Ein Mitgefangener, Spitzel von Beruf, überredete Pekalski dazu, sein Geständnis zu schreiben. Was auch immer er sich davon erhoffte, Pekalski schrieb. Wochenlang, 60 Seiten voll. Und hatte am Ende 57 Morde zugegeben. Detailliert schilderte er sein Vorgehen und fertigte Tatortskizzen an. Das war vor drei Jahren und der Beginn eines der zähesten Untersuchungsverfahren in der neueren Geschichte Polens. Lethargisch, bürokratisch und fast gleichgültig wird das Verfahren vorangetrieben.

Eine Schlamperei folgte der anderen: Wäre das Zimmer Pekalskis direkt nach der ersten Verhaftung durchsucht worden, hätte sich zerfetzte Unterwäsche und Schmuck mehrerer Opfer in seinem Bettkasten gefunden. Vielleicht würden dann zehn Menschen noch leben, die vermutlich im Zeitraum zwischen den beiden Verhaftungen Pekalskis ermordet wurden. Die Aufklärung eines Mordes scheiterte daran, daß die Ermittler nicht in der Lage waren, einen zwei Jahre alten Busfahrplan aufzutreiben. Jahrelang saßen zwei Unschuldige für Verbrechen im Gefängnis, die Pekalski später zugab. Siebzehn Morde konnten nur durch die Mithilfe Pekalskis rekonstruiert werden, der die Polizei immer wieder zu Tatorten führte. Ein sechs Monate altes Kind war unter den Opfern und die dreizehn Jahre alte Malgorzata, die sich die Finger aufgebissen hatte, wie die Obduktion ergab, deren Schulbrote Leszek aß, wie er erzählte. Zehn Personen werden heute noch vermißt. Drei Frauen überlebten, vergewaltigt, entstellt. Eine kann Pekalski eindeutig identifizieren.

Ansonsten liegt gute Unklarheit über den zum Teil ein Jahrzehnt zurückliegenden Morden. Gibt es noch mehr Opfer, oder waren die 57 Personen Erfindungen Pekalskis? Hundert Aktenordner voll Stückwerk und eine psychiatrische Untersuchung gibt es, sie weist Pekalski als klassischen Sexualtriebtäter mit Neigung zum Nekrosadismus aus. Außerdem sind da ein Geständnis und ein paar Leichen, aber keine klaren Beweise, weil es bei einem Mord selten klare Beweise gibt. Irgendeiner ist ja immer tot.

Und so ist alles offen, wenn Pekalski demnächst wegen siebzehn Morden und drei Vergewaltigungen angeklagt wird. Am Galgen würden ihn alle gerne sehen, dann wär' die Sache aus der Welt. Aber auf den Galgen hat Pekalski keine Lust. Wo es ihm jetzt so

gut geht und ihn alle nett behandeln. Dick ist er geworden in den letzten drei Jahren. Seßhaft und träge, von den vielen Süßigkeiten. Journalisten empfängt er nur, wenn sie ihm seine Wünsche erfüllen. Tüten voll Pornoheften, Schokolade, Keksen. Journalisten kommen viele, weil jeder gerne Mörder guckt. Ist ein gutes Grauen, dem Leszek gegenüberzusitzen, auf Armlänge, die Bewacher im Nebenraum. Und Leszek auf einem Stuhl, ganz auf der Kante, kaut an seinen Fingern, ununterbrochen, springt auf, setzt sich wieder. Ganz schnell spricht er. »Alles ist ein Irrtum. Ich habe nichts Schlechtes getan. Ich liebe Gott.«
Dann nimmt er noch einen Bissen von seiner Fingerkuppe und erzählt weiter. »Ich mag noch nicht mal Krimis gucken. Ich bin nicht schlecht.« Noch immer kann er niemandem in die Augen sehen, der Pekalski, das arme Schwein. Da schaut er lieber in die Tüte, wo die Schokolade drin ist und die Pornohefte. »Danke, da freu' ich mich«, sagt er und sieht dann so versonnen, wie es einem, der die Augen nicht still halten kann, möglich ist, von der Tüte weg zum Fenster raus. »Ich habe das Reisen sehr geliebt. Tiere auch. Aber hier geht es mir gut. Ich will nicht raus. Im Dorf wollen sie mich umbringen. Ich bedaure, daß ich Menschen Schmuck und Geld weggenommen habe. Von den Personen, um die es sich handelt, habe ich erfahren, daß sie inzwischen verstorben sind.«
Sagt der Leszek. Er stinkt ein bißchen und sieht enttäuschend banal aus, ein kleiner Mann, der nichts anderes gemacht hat in seinem Leben, als Dresche zu bekommen und vielleicht 57 Menschen umzubringen. Oder auch nicht. Denn Pekalski hat vor kurzem alle seine Geständnisse widerrufen. Weil er solche Angst hat vorm Sterben, denn »Sterben«, sagt er, »muß ganz scheußlich sein. Ich will nicht sterben. Ich hatte doch gar keinen Menschen für mich. Da will ich wirklich noch nicht sterben.«

Das Land der frohen Mörder

Die Stadt. Ist das kaputte Herz in einem verwesten Leib. Erzähl mir was von Kambodscha. Was soll ich dir erzählen? Kambodscha gibt es nicht. Der Krieg hat es zerfetzt, nur noch Splitter da, die tun, als seien sie ein Land, und sind nur Dreck. Kambodscha, der zweitgefährlichste Ort der Welt, den gefährlichsten kennt keiner genau. Wohl alle tot, die da waren. Die Stadt ist wie ein Ameisenhaufen. Jemand hat einen Stock reingesteckt, und nun laufen sie, ganz schnell, und warum, ist nicht klar. Nichts Schönes da, zum Hinlaufen. Breite, staubige Straßen. Halbeingestürzte Kolonialhäuser, verschimmelter Beton. Da will man nur schnell durch. Irgendwohin, und überall muß es besser sein. Die können, fahren Moped. Dem Rest fehlt dazu ein Arm oder ein Bein. Und jeder zweite trägt eine Uniform. Von welcher Armee ist egal. Waffen, wo man hinsieht. Armut und Müll und Gestank und Waffen. Das einzige, was viele haben, ist eine chinesische Maschinenpistole. Daran halten sie sich fest, die Männer in Phnom Penh. Die Verlierer. Hier hat jeder verloren. Die Würde, die Familie, die Heimat oder die Hoffnung. Die Mopeds schleudern den Staub in die Luft, doch da ist kein Platz mehr. Wie flüssig ist sie oder eine Mischung aus Sand und Moder und irgendwas, das stinkt. Ein Zustand ohne Wort dafür, von Menschen, die nichts kennen außer den Krieg, das riecht nicht gut, das verschmiert die Luft. Die sich auf die Lunge legt, auf den Körper, auf das, was glauben will, das Leben sei gerecht. 600000 in Phnom Penh. Und nichts Schönes. Nirgends.

Der Krieg. Wohnt in Kambodscha seit 28 Jahren. 1969 bombardierten die USA das Land, um vietnamesische Widerstandskämpfer, die sich in Kambodscha versteckten, zu eliminieren. 1970 stürzte der Generalstabschef Lon Nol mit amerikanischer Hilfe König Sihanouk und gründete eine Republik. Der König verbündete sich im chinesischen Exil mit der Roten Khmer, einer radikalen kommunistisch-terroristischen Organisation. 1975 besetzte die Soldaten der Roten Khmer unter der Führung Pol Pots das Land, stürzten die Regierung, riefen das demokratische Kampuchea aus und brachten rund ein Drittel der Bevölkerung um. Pol Pots Idee war, einen nach chinesischem Modell funktionierenden Agrarstaat zu schaffen. 1978 vertrieben die Vietnamesen Pol Pot und gründeten eine Marionettenregierung, die wiederum von den Roten Khmer bekämpft wurde. Die Vietnamesen verließen das Land 1989. Zwei Jahre später unterzeichneten alle Parteien, einschließlich der Terroristen der Roten Khmer, ein Friedensabkommen, und der König kehrte ins Land zurück. Heute regieren die beiden Premierminister Hun Sen und Ranariddh Sihanouk, Sohn des kranken Königs Norodom Sihanouk, das Land. Die Roten Khmer halten immer noch den Nordwesten des Landes besetzt. Sie kontrollieren dort den Handel mit Mahagoni, das Geld aus den illegalen Geschäften fließt, so wird vermutet, zum großen Teil in die Kassen der Regierung.

Die Journalisten. Sitzen im Korrespondentenclub und warten. Auf eine Geschichte. Einen neuen Mord an einem einheimischen Kollegen. Auf einen Überfall. Auf die Vietnamesen, einen neuen Krieg, darauf, daß Pol Pot vorbeischaut. Keiner weiß, worauf. Warten mit müden Gesichtern. Trinken Whiskey gegen Malaria, gegen die Hitze, gegen den Ekel. Ein Scheißland, ein Scheißjob. Ventilatoren, livrierte Bedienstete. Ein Blick auf den Mekong, der nicht fließt, sondern liegt, wie eine verstopfte Vene. Ein Journalist einer Presseagentur spuckt auf den Boden. Lebt seit vier Jahren hier. Glaubt an nichts mehr. Und versteht nichts. Hier gibt es nichts zu verstehen. Das ist das Chaos. Noch einen Whiskey.

Die Ausländer. Leben gefährlich. Gestern nacht wurde wieder einer überfallen. Wer nach Einbruch der Dunkelheit draußen rumläuft, ist selber schuld. Wer nach Kambodscha kommt, ist selber schuld. Ein paar kommen und wollen helfen. Minen suchen, die Not bekämpfen, der Welt die Augen öffnen, solche Sachen. Der Rest sind Arschlöcher. Und selber schuld. Kommen her wie Glücksritter. Denken, hier wäre das große Geld zu machen. Thailand ist teuer geworden. Kommen her, wie auf einen Kriegsabenteuerspielplatz. Fahren mit Motorrädern, kaufen sich für fünf Dollar vietnamesische Huren, lümmeln am Swimmingpool des Ausländerclubs herum. Auf dem Schießplatz sind wieder welche. Zwei Dänen, die mit irrem Blick Maschinengewehre leerknallen. Die sind schon verloren. Von den Einheimischen verachtet, zum Leben zu blöd, werden sie hier hängenbleiben, wie so viele. Bis ihr Geld alle ist. Dann werden sie versuchen als Englischlehrer zu arbeiten, werden zu den Nutten gehen, die fast alle Aids haben, und irgendwann wird die Sonne ihr Gehirn ausgebrannt haben, und sie werden verrecken, in irgendeiner Ecke.

Die Vergangenheit. Ist nicht da. Nirgends in der Stadt ein Mahnmal, nix zum Blumenhinlegen. Vor 22 Jahren begann Pol Pot, Phnom Penh von der dekadenten Stadtbevölkerung zu säubern. Intellektuelle, Künstler, Gläubige, Brillenträger, Alphabeten und, aus Sorge um die Blutrache, auch deren Frauen und Kinder – alle mußten sterben, die Pol Pots Wahnvorstellung von einem genügsamen Agrarstaat hätten im Wege stehen können. Und sind jetzt weg. Da gibt es keinen mehr, der Bücher oder Theaterstücke über die Vergangenheit schreibt, Bilder malt, und die, die es noch gibt, die überlebt haben, wollen nur vergessen. Frag einen auf der Straße, er wird lächeln und dir antworten: Pol Pot ist Vergangenheit. Er hat meine Mutter getötet, meinen Vater, meine Familie. Ja, wir wurden aufs Land vertrieben, wir wurden geschlagen, gefoltert, viele sind verhungert. Aber es ist Vergangenheit, jetzt haben wir ja Frieden. Sagen sie, als wollten sie es beschwören. Der einzige Platz in Phnom Penh, der zeigt, daß der Terror keine Erfindung ausländischer Medien ist, heißt Tuol Sleng.

Die Schule. Mitten in der Stadt. Eines von hundert Vernichtungslagern. Von außen nicht schlimm. Ein paar häßliche Sechzigerjahrehäuser, Bäume und Blumen. Klassenzimmer. Von außen nichts dabei. Nur nicht reingehen. Kommt keiner raus, wie er reinging. Den Ekel wirst du nicht mehr los. Tagelang, wochenlang. In jedem Raum ein Bettgestell, Metallfesseln, alte Blutlachen und Schreie von den Wänden, Schmerz und etwas, das größer ist, als es der Magen verträgt. Neben dem Bett immer nur ein Foto. Als die Vietnamesen kamen, haben sie den Raum so vorgefunden, wie er jetzt aussieht, nur lagen auf den Bettgestellen Körper. Verkrümmt, mit herausgequollenen Augen, aufgerissenen Bäuchen, Haut, geplatzter Haut, Innereien. Zu Tode gefoltert. Nicht schnell. Nur ein Raum, mit einem Bettgestell und dem Bild einer Leiche an der Wand. Und es ist, als wäre der Körper noch warm, läge noch vor dir. Tausende waren hier. Alle wurden fotografiert. Vorher. Nachher. Wegen der Ordnung. Kinder. Frauen. Männer. Furcht bis zum Wahnsinn im Blick, und nicht mehr hoffen können. Von Tausenden kamen zwölf lebend raus.

Der Überlebende. Sitzt lächelnd vor seinem Haus und schnitzt. Schaut er über die Straße, sieht er das Lager. Im Chan ist heute 53 Jahre alt. Er zeigt Fotos, von damals. Als er im Lager war. Von 1978 bis zum Januar 1979. Lebt noch, weil die Vietnamesen kamen. Im letzten Moment. Er erzählt gern, wie es war, das Jahr in Tuol Sleng. Erzählt lächelnd von den Elektroschocks, davon, wie Finger- und Fußnägel herausgerissen wurden, von Skorpionen, die auf seinem Körper ausgeschüttet wurden, von Brustwarzen, die mit Zangen traktiert, von Wasserbottichen, in die er kopfüber gehängt wurde. Und, wie er irgendwann aufhörte, den Tod zu fürchten, ihn herbeisehnte. Aber das ist Vergangenheit. Im Chan lächelt. Das Land wollte er nie verlassen. Es ist doch seine Heimat. Und wie hätte er die verlassen sollen, ohne Geld. Er denkt nicht mehr an damals. Aber er kann nicht schlafen. Irgendwas ist da kaputtgegangen, im Kopf, durch die Elektroschocks. Und wenn er nicht schlafen kann, in der Nacht, hat er manchmal Angst. Davor, daß Pol Pot zurückkommt, begnadigt wird, die Macht übernimmt. Und er wieder ins Lager muß, das gleich neben seiner Haustür liegt und das er sieht. Jeden Tag.

Die Amnestie. Wurde im vergangenen Jahr von König Sihanouk erlassen. Das Todesurteil von 1979 gegen Ieng Sary, den selbsternannten Bruder Pol Pots, hinfällig. Ieng Sary gibt heute Interviews, wird von der Regierung hofiert und weist jede Schuld von sich. Schuld hat keiner. Im ganzen Land. Schuld hat letztlich nur noch Pol Pot. Und der ist nicht da. Angespornt von der großzügigen Vergebung, ziehen sich allmählich auch die Roten-Khmer-Kämpfer aus dem Dschungel zurück. Sie haben die Nase voll davon – auf Pol Pot zu warten, Minen zu legen, Dörfer zu überfallen. Genug von der Hitze und dem ewigen Gewehreschleppen. Jeden Tag laufen ein Dutzend Männer über. Sie werden Land, ein Haus und Geld bekommen. Es ist einfach. Keiner wird sie zur Rechenschaft ziehen. Die Kameraden haben Einfluß. Da wird doch nichts passieren.

Der Journalist. Trinkt Whiskey. Wenn ihr ein bißchen was verstehen wollt, schaut euch das an. Neue Uniform, und der Rest kommt unter den Teppich. An die ganz hohen Tiere kommt man nicht. Außer an eines. Kommandant Chhouk Rin. Der wohnt in der Region Kam Pot, in der Nähe sind alle seine Soldaten in einem Überläuferdorf. Aber nehmt jemand mit einer Waffe mit. Aus Phnom Penh rauszufahren ist gefährlich.

Die Gefahr. Kann man nicht sehen. Nicht spüren. Die Sonne scheint. Auf dem Weg in den Süden. Keine Gefahr zu sehen. Oder ist es einfach nur Glück?

Das Land. Sieht nett aus. Mit Zügen fahren geht nicht. Züge werden von der Roten Khmer überfallen. Mit dem Auto fahren geht. Ist aber gefährlich. Alle Meter illegale Wegekontrollen. Schwerbewaffnete Regierungsarmeeangehörige hocken da, halten willkürlich Autos an, kassieren Wegezoll. Mit Einbruch der Dunkelheit beginnen sie sich zu langweilen, betrunken zu werden. Beginnen zu schießen. Wir fahren mit dem Auto. Ein wackliger Jeep, ein Fahrer mit Gewehr, ein Journalist zum Übersetzen. Auf dem Weg in den Süden. Mörder gucken.

Der Kommandeur. Chhouk Rin. Keiner weiß genau, wo er wohnt. Ob man ihn findet. Irgendwo in den Bergen von Phnom Vour. Kam vor drei Jahren aus dem Dschungel, mit seiner Truppe. Vorher hatte er noch schnell seinen letzten Job erledigt. 1994 wurden unter seinem Kommando drei Touristen aus einem Zug gekidnappt und später hingerichtet. Den Kommandeur treffen wäre schön.

Ein Strandrestaurant. Das Meer. Sieht ungefährlich aus. Könnte ein hübscher Platz für Touristen sein. Am Nebentisch ein kleiner Mann mit einer goldbehangenen jungen Frau. Der Mann sieht aus wie der Chhouk Rin auf den Zeitungsphotos. Weil er Chhouk Rin ist. Er freut sich. Über seine Bekanntheit. Das ist ein bißchen, wie Himmler im »Hofbräuhaus« treffen. Morgen kommt eine Regierungsdelegation in sein Dorf, das Dorf, in dem seine Dschungelkämpfer wohnen. Alles gute Männer jetzt. Die in die Zukunft sehen. Wir sehen uns morgen.

Das Dorf der Soldaten. Liegt nur ein paar Kilometer von der Stadt Kam Pot entfernt, ist am Ende der Welt. Die Straßen voller Löcher, in denen Rinder versinken könnten, die Berge vermint. Keiner kommt da hin. Außer der Sonne und Nhim Vanda. Der Delegationsminister stattet den Überläufern einen Besuch ab. In das Dorf Chamcar Bei fährt man durch ein hölzernes Tor. Wie zu einer Ranch, wie in ein Lepradorf. Eine kilometerlange Sandstraße dahinter. 93 geklonte Holzhütten und Hitze, keine Bäume, kein Grün. Ein Dorf, aus dem Boden gestampft. Da hocken sie jetzt, Chhouk Rins Soldaten mit ihren Familien, und lernen leben. Die meisten waren bis zu zwanzig Jahre lang Dschungelkämpfer. Was anderes können sie nicht. Der Delegationsminister hat zwei Schauspieler und ungefähr fünfzig bewaffnete Soldaten im Gefolge. Die Presse ist auch da und fotografiert den Frieden. Die Dorfbewohner haben ihre Uniformen geputzt und spielen glückliche Bauern. Die glücklichen Bauern heißen Ouk Tem, Chum Noung oder Kiev Cham. Nicht lange her, hatten sie Pol Pot Treue geschworen. Menschen getötet, gefoltert, ihr eigenes Land vermint. Aber das ist Vergangenheit.

Die Soldatenbauern sind zutraulich. Freundlich lächelnd, antworten sie. Alle sagen dasselbe. Wir haben keine Angst, vor nichts. Wir haben getötet, wir haben viele Menschen getötet, aber wir sind froh, jetzt hier zu sein. Bauern zu sein. Nein, wir haben kein schlechtes Gewissen. Wir waren Soldaten. Es waren doch Befehle. Wir waren jung. Schuld hat Pol Pot. Dann nehmen sie ein paar Zigaretten und lächeln.

Trostloser Ort. Wie Raubtierkäfige. Kleine Parzellen. Unbeholfen bepflanzt. Das einzige, was die frühere Adrenalinüberproduktion aufrechterhält, ist jetzt das Kindermachen. Das ganze Nest ist voll von Kindern. Ein Dreijähriger läßt sich Feuer geben und raucht erst mal eine.

Chhouk Rin, der jetzt auch ein wenig reden mag, hockt auf einer Decke. Zwanzig seiner ehemaligen Soldaten stehen mit Waffen um ihn herum. Sie lächeln. Kleine Männer, dünn. Und lächeln und haben bis vor kurzem getötet. Ein Befehl ihres Kommandeurs, und sie würden wieder schießen. Weil sie doch Soldaten sind.

Vor drei Jahren hat Chhouk Rin drei Touristen erschießen lassen. Warum? Er hebt die Schultern. Es war ein Befehl. Chhouk Rin war von Anfang an bei den Roten Khmer. Und Pol Pot hat er oft getroffen. Das Leben als Dschungelkrieger war gar nicht lustig. Einmal sind ihm tausend Leute an Malaria gestorben. Ein Killer, die Malaria. Der Dschungelkrieg, die ganzen Morde, hätte alles nicht sein müssen. Schuld waren nur die Vietnamesen. Aber das ist Vergangenheit. Chhouk Rin lächelt. Er sieht nett aus und hübsch. Entspannt. Mit einer Hand zermalmt er ganz langsam ein großes Insekt. Und dann wird gegessen. Der Minister sitzt mit Chhouk und zwei anderen ehemaligen Kommandeuren bei Tisch. Es wird viel gelacht. In Entfernung stehen die Soldaten, die guten Menschen, und freuen sich. Daß Frieden ist. Der Minister möchte, daß die ganze Welt erfährt, daß alle sich über den Frieden freuen. Und daß die Roten Khmer sich auflösen. Und daß alle deutschen Touristen eingeladen sind zu schauen, wie schön das Land ist. Kaum noch Minen. Sicheres Land. Beißt in einen Hühnerschlegel und hört sich die Frage an, was wohl die Millionen Hinterbliebenen der Pol-Pot-Opfer empfinden müssen, wenn sie sehen, daß Killer von der Regierung besucht, beschenkt werden, und antwortet: Das Wetter ist auch immer schön in Kambodscha, schreiben Sie das.

Die Minen. Liegen ein paar Meter neben dem Dorf. Ein Soldat, vor einem halben Jahr noch bei den Roten Khmer, jetzt gut, begleitet uns mit einer Panzerfaust. Besser so. Das Minenfeld, verbranntes Land. Eine Mine zu legen dauert zwei Minuten. Sie zu entschärfen bis zu zwei Stunden. Täglich rückt die CMAC, eine internationale Minensuchorganisation, aus, entschärft an die hundert Minen. Bleiben noch ein paar Millionen. Die Roten Khmer haben diese billige Waffe im ganzen Land verscharrt. Gegen die Vietnamesen, gegen die Kambodschaner, gegen sich selbst. Die Idee der Tretmine ist einfach. Die Mine tötet nicht. Reißt was weg, und um den Halbzerfetzten müssen sich die Familienangehörigen kümmern. Das schwächt den Feind. Welchen auch immer. Es wird noch lange dauern, bis alle Minen entschärft sind. Und so lange werden Minenopfer in die Krankenhäuser eingeliefert. Jeden Tag ein paar.

Die Nacht. Kommt schnell. Die Nacht ist gefährlich. Weg aus dem Lager der guten Menschen. In ein Hotel. Der junge kambodschanische Journalist, der uns begleitet, fängt an zu reden. Bisher hat er immer nur gelächelt und erzählt, daß er sich über den Frieden freue. Und nun redet er. Von Kollegen, die wegen kritischer Berichte getötet wurden. Von der Wut des Volkes auf die korrupte Regierung. Auf die Spendengelder in Millionenhöhe, die versickerten. Über sein Land. Das kein gutes Land sei. Für niemanden. Über die Angst. Die nicht benennbar ist. Immer da. Schaut er sich suchend um, in der Nacht, und sagt, daß er gar nicht sagen könne, was das für eine Angst sei, wovor – wo doch keiner noch etwas zu verlieren habe. Die Vergangenheit ist da, und kann man nicht tun, als gäb's die nicht? Zerreißt die Seele eines Landes, der Menschen. Die Vergangenheit mit einem Tuch drüber, darauf kann nur ein Haufen Trümmer stehen. Nichts Festes. Ein Haufen Dreck. Sagt der junge Journalist. Das ist Kambodscha.

aus: Zeit-Magazin

Fanpost

Empfänger/Destinataire/To:

DIE ZEIT magazin
Redaktion

FAX: 040 3280 508

---

6. April 1997

Sehr geehrte Damen und Herren,

ich kritisiere ungern Kollegen. Bei Ihrer Kamboscha-Reportage
"Das Land der frohen Mörder", im "magazin" vom 4. April, müßte ich
mir die Zunge abbeißen, wenn ich schweigen und nicht meine Meinung
sagen würde.

Einen derart unausgegorenen Bericht über Indochina kam mir noch
nie vor die Augen. So simpel wie es in Ihrer Geschichte dargestellt wird, ist die Situation dort wirklich nicht. Ich kann nur
annehmen die Autoren des Berichts, Frau Berg und Fotograf Bert
Heinzlmeier, haben das Land gerade erst entdeckt.

Mit freundlichen Grüßen

Leser B. A. aus Deisenhofen

Sehr geehrte Herren,

ich lebe seit 1968 in Thailand und betreibe eine Handelsfirma, welche Maschinen und ganze Anlagen aus der EG spez. BRD nach Thailand vermittelt

Im Jan. d J. besuchte ich mit meiner Frau und meinem Sohn Angkor Wat und wir waren dabei auch 3 Tage in Phnom Penh.

Wir schlenderten durch die schoen herausgeputzten Kolonialstrassen, besuchten das sehenswerte Nationalmuseum, verweilten in verschiedenen Parkanlagen und fuhren Abends, mittels oeffentlicher Taxis und ohne jegliche lokale Hilfe zu einer cambodgianischen. Tanzshow des RAMAKIEN und anschliessend zu einem herrlichen Speiselokal am Mekong River Soldaten oder bewaffnete Zivilisten sind uns nicht begegnet

BMW und MERCEDES Vertretungen sind offensichtlich gut im Geschaeft.

Im Foreign Correspondents Club verbrachten wir einen hochinteressanten Abend mit bestens informierten und sachkundigen lokalen und auslaendischen Landeskennern

Im Mai d.J. werden die "German Allstars" aus Bangkok nach PP fliegen um dort einige Fussballfreundschaftsspiele auszutragen.

PP ist mitten im Umbruch und dabei, seine Identitaet und Lebensfreude zurueck zu gewinnen Viele private Haeuser werden gerichtet, Geschaefte eroffnet. Fabriken , Schulen, Strassen und Krankenhaeuser gebaut ....

Beim Lesen Ihres Artikels erhebt sich die Frage nach dem "Objektiven Journalismus   " und ob Cambodgia nicht mehr geholfen werden koennte, wenn man positiv ueber dieses Land und seine grossen Anstrengungen, die Vergangenheit zu bewaeltigen, berichten wuerde Gerade wir Deutsche koennten dazu viel "Fachwissen" beisteuern

Mit besten Gruessen

Leser H. W. aus Bangkok

Alles, über wie ich Lyrikerin werden wollte

»In ›Sex II‹ also steht die Scheiße knöcheltief …
Am Ende haben sich gut drei Dutzend Tote
angesammelt, die meisten von ihnen qualvoll
verendet.«

Diemut Roether, Badische Zeitung

Verblichen

Hat man die Jugend dir genommen
sei gewiß wird nichts mehr kommen.
Nie wird der Frühling dir mehr riechen,
wirst nur noch lahm zur Grube kriechen.
Du kannst berühmt sein oder reich
ich sag dir, ist alles gleich.
Ich war so jung und so verliebt.
Ein Satz, den es dann nicht mehr gibt.

Verloren

Ein Kind im Uterusse schwimmt
es ist zu nix speziell bestimmt.
Die Frau wird's auf die Erde drücken.
Zu ihrem eigenen Entzücken.
Was es dann mit dem Leben macht.
Darüber wird nicht nachgedacht.
Du kleines Kind, ich sage dir:
Bleib besser ganz weit fort von hier.

Verödet

Wie ist es tot, wie ist es leer,
wenn nur der Sonntag niemals wär.
Alle Tage sind so schön,
da kann der Mensch zur Arbeit gehn.
Der Sonntag ist dann öd und leer,
ach, wenn der Sonntag nur nicht wär.